Social Forces Participation in
the Supply of Elderly Care Services

社会力量参与
养老服务供给

路径与机制
Path and Mechanism

韩　烨 / 著

社会科学文献出版社
SOCIAL SCIENCES ACADEMIC PRESS (CHINA)

目　录

第一章 导论

一 研究背景

（一）老龄化社会背景下老年抚养比攀升

我国自 1999 年正式进入人口老龄化社会，老龄化程度不断加深。如表 1-1 所示，第七次全国人口普查数据显示，2020 年全国人口中（不含港澳台）60 岁及以上人口约 2.64 亿人，占总人口的比重为 18.70%，其中 65 岁及以上人口约 1.91 亿人，占总人口的比重为 13.50%。与 2010 年第六次全国人口普查数据相比，60 岁及以上人口的比重上升了 5.44 个百分点，65 岁及以上人口的比重上升了 4.63 个百分点。截至 2021 年底，全国 60 岁及以上老年人口达 2.67 亿人，占总人口的 18.9%；65 岁及以上老年人口达 2 亿人，占总人口的 14.2%。[①] 根据联合国的划分标准，一国 60 岁及以上人口比例超过 20%，65 岁及以上人口比例超过 14%，即步入老龄化社会。由此可见，我国人口老龄化趋势呈现速度快、程度深的特点。

[①] 《国家卫健委：2035 年左右 60 岁及以上老年人口将破 4 亿 占比将超 30%》，央视网，https://news.cctv.com/2022/09/20/ARTInjejQDvmMaZi5jzTPHYT220920.shtml，最后访问日期：2023 年 9 月 12 日。

表 1-1 全国人口普查年龄构成情况对比

单位：人、%

年龄	2010 年		2020 年	
	人口数	比重	人口数	比重
0~14 岁	222459737	16.60	253383938	17.95
15~59 岁	939616410	70.14	894376020	63.35
60 岁及以上	177648705	13.26	264018766	18.70
其中：65 岁及以上	118831709	8.87	190635280	13.50
总　计	1339724852	100.00	1411778724	100.00

资料来源：根据国家统计局官方网站第六次、第七次全国人口普查数据整理。

从抚养比来看，我国总抚养比、老年抚养比和少儿抚养比均呈上升趋势。其中，总抚养比从 2011 年的 34.4% 上升到 2021 年的 46.3%，同比上升 11.9 个百分点；老年抚养比从 2011 年的 12.2% 上升到 2021 年的 20.8%，同比上升 8.6 个百分点。随着劳动力人口占比逐年下降，老年抚养比和少儿抚养比加速上升（见表 1-2），我国劳动年龄人口的家庭照护压力增大，老年人口的养老服务需求呈逐年攀升趋势。

表 1-2　2011~2021 年我国人口年龄结构和抚养比变化情况

单位：万人、%

年份	年末总人口	0~14 岁人口	15~64 岁人口	65 岁及以上人口	总抚养比	少儿抚养比	老年抚养比
2011	134916	22261	100378	12277	34.4	22.2	12.2
2012	135922	22427	100718	12777	35.0	22.3	12.7
2013	136726	22423	101041	13262	35.3	22.2	13.1
2014	137646	22712	101032	13902	36.2	22.5	13.8
2015	138326	22858	100992	14476	37.0	22.6	14.3
2016	139232	23252	100943	15037	37.9	23.0	14.9
2017	140011	23522	100528	15961	39.3	23.4	15.9
2018	140541	23751	100065	16724	40.4	23.7	16.7
2019	141008	23661	99622	17725	41.5	23.8	17.8
2020	141178	25412	96707	19059	46.0	26.3	19.7
2021	141260	24678	96526	20056	46.3	25.6	20.8

注：2010 年为根据当年人口普查数据推算数据，其余年份为根据年度人口抽样调查数据推算数据。总人口中包括现役军人。

资料来源：根据国家统计局官方网站历年统计年鉴获得，参见 https://data.stats.gov.cn/easyquery.htm? cn = C01。

（二）家庭照护需求外溢面临社会风险

在中华传统孝文化的影响下，家庭养老一直是我国主要的养老模式。但随着经济社会发展和人口老龄化程度不断加深，传统家庭养老赖以存在的基础逐渐发生改变，照护模式也随之发生变化。一方面，市场经济的高速发展和经济体制改革带动大量劳动年龄人口参与就业，其中女性劳动参与率提升尤为明显。这部分群体从农村流向城市、从经济欠发达地区流向经济发达地区，人口跨区域流动就业的大趋势使得"老少分居"现象日益普遍。具体表现为，年轻的家庭成员普遍参与就业，没有时间和精力对老人进行照料，从而导致传统家庭照护服务的供给能力削弱，照护需求外溢。另一方面，我国主要家庭模式由大家庭逐渐转向核心家庭，家庭规模小型化也导致家庭所能承担的照料责任十分有限。政府、市场、家庭、个人多方主体应当共同发挥作用，在家庭养老功能减弱的现实背景下承担照护责任，成为应对新时代老年照护风险的选择。

（三）老年人的晚年照护需求与日俱增

老化是人的生理过程。随着年龄的增长，老年人会经历生物老化、心理老化、社会老化和自然老化过程，产生人体器官衰退、反应能力下降、疾病增加、生活方式转变等变化，影响其自理能力。国家卫健委发布的数据显示，截至 2018 年底，我国患有慢性病的老年人有 1.5 亿人，占老年人口总数的 65%，失能、半失能老年人有 4400 万人，慢性病占死亡原因的 91.2%（吴玉韶，2019）。有科学研究表明，75 岁以上的长者平均每人患有 5 种老年病，我国慢性病患病率为 17%，其中 60 岁以上人群患病率是一般人群患病率的 2.5～3.0 倍（符美玲等，2013）。除慢性病、失能等老年人普遍面临的生活挑战，独居等也深刻影响着老年人的晚年生活。截至 2018 年底，我国城乡空巢老人比例平均超过 50%，大城市的空巢老人比例达到 70%，据预测，到 2030 年我国空巢家庭比例将达到 80%（杨秀婷等，2010；吴玉韶，2019），空巢、独居现象日益突出将带来一系列社会、经济、医疗问题。此外，在重大公共卫生事件发生时，体质更加虚弱、免疫力更低的老年人是最脆弱的易感人群。在失能化、高龄化、空巢化的时代背景下，老年人群体作为慢性病高发人群、流行病和传染病易感人群，对于康复护理、健康保健、心理咨询、生活照料、医疗卫生等服务的需求日益旺盛。

目前，养老服务市场存在的较为突出的问题是高龄、失能老年人的康复护理、心理咨询、健康保健等服务需求难以得到满足。以老年慢性疾病患者和肿瘤晚期患者为主的长期住院患者需要持续性的治疗和康复服务，由于在家中或社区内难以获得专业化医疗护理服务，这部分群体尽管符合出院条件也不愿出院，导致长期住院、床位不足问题严重，浪费医疗资源，加重了老年人及其家庭的经济负担。老年人的身体特征要求在他们进行医院、社区服务中心、养老机构或家之间转介的过程中，老年服务的供给要保持连续性。目前，社区卫生服务能力不足，难以得到患者信任，不同服务机构之间也为获取各自利益进行博弈。这就会导致老年人难以顺畅转介，得不到连续、便捷的服务，影响治疗、保健效果和身体健康状况。据预测，到2030年我国失能老年人将增加至6168万人，2050年达9750万人；80岁及以上高龄老年人到2030年达4300万人，2050年将超过1亿人；空巢和独居老年人到2030年将递增至1.8亿人，2050年将达到2.62亿人。① 老龄化速度加快，为老年人提供完善、高质量的健康老年服务，满足老年人的多样化养老服务需求迫在眉睫。

（四）制度优化助推养老市场全面放开

在老龄化、高龄化、失能化程度不断加深的趋势下，社会及老年人自身对老年生活照料、老年医疗护理等多样化的养老服务需求也愈加迫切。中央政府高度重视，将促进养老服务发展作为工作重点，出

---

① 《全国老龄办：4年后我国失能老人将达4200万，80岁以上高龄老人2900万》，新华社，http://www.xinhuanet.com/politics/2016 - 10/26/c_1119794196.htm，最后访问日期：2023年9月12日。

台了一系列政策文件，为全面开放养老服务市场、推动社会养老服务供给多元化提供支持和引导。

2013 年 9 月 6 日国务院印发《关于加快发展养老服务业的若干意见》（国发〔2013〕35 号），确定了深化改革加快发展养老服务业的任务措施，提出到 2020 年全面建成以居家为基础、社区为依托、机构为支撑的覆盖城乡的多样化养老服务体系。① 自此，以政府、市场、非营利组织和家庭为主体的养老福利责任架构逐渐明晰。"十三五"期间，我国养老服务进入发展的关键阶段。2016 年为积极应对人口老龄化困境，国务院办公厅印发了《关于全面放开养老服务市场提升养老服务质量的若干意见》（国办发〔2016〕91 号），提出全面放开养老服务市场、提升居家社区养老服务质量和构建养老服务供给体系的相关指导意见，对促进养老服务业更好更快发展起到了重要作用。② 2017 年财政部、民政部、人力资源和社会保障部联合发布《关于运用政府和社会资本合作模式支持养老服务业发展的实施意见》（财金〔2017〕86 号），2019 年民政部印发《关于进一步扩大养老服务供给促进养老服务消费的实施意见》（民发〔2019〕88 号），均体现出发挥社会力量、积极引导社会力量参与养老服务的思想，为社会化养老服务发展提供了政策支持。2019 年，国务院办公厅印发《关于推进养老服务发展的意见》（国办发〔2019〕5 号），中共中央、国务院印发《国家积极应对人口老龄化中长期规划》，进一步完善了养老服务体系的发展目标，明确要健全以居家为基础、社区为依托、机构充分发展、医养有机结合的多层次养老服务体系。2021 年，《中共中央 国务院关于加强新时代老龄工作的意见》更是提出，要健全养老服务体系，包括创新居家社区养老服务模式、规范发展机构养老和完善多层次养老保障体系。党的二十大报

---

① 《国务院关于加快发展养老服务业的若干意见》，中华人民共和国国务院，https://www.gov.cn/zhengce/content/2013 - 09/13/content_7213.htm，最后访问日期：2023 年 12 月 12 日。

② 《国务院办公厅关于全面放开养老服务市场提升养老服务质量的若干意见》，中华人民共和国中央人民政府，http://www.gov.cn/zhengce/content/2016 - 12/23/content_5151747.htm，最后访问日期：2023 年 9 月 12 日。

告提出，要完善基本养老保险全国统筹制度，发展多层次、多支柱养老保险体系。全面开放市场是顺应时代发展需求的产物，一定程度上意味着以市场供需关系决定的多元化养老服务业态的逐渐形成，即以社会力量为主体的养老服务供给格局日渐形成。

二　研究意义

（一）理论意义

目前，有关社会力量①参与养老服务供给的研究主要集中在对政策的分析解读或对某一地区供给过程中存在不足的区域性研究，或着重探究政府主体的责任及对策。本研究在现有研究成果基础上，力图打造以老年人多样化养老服务需求为导向，多元供给主体协同作用，供给内容丰富、途径多元、运行机制协调高效的供给格局，以解决社会力量参与养老服务供需不匹配、区域不平衡、城乡不均衡等问题，从而为社会化养老服务体系优化发展提供理论与实践指导。

1. 丰富和拓展养老服务供给的理论研究，拓展养老服务供给的研究视角

本研究在梳理供求理论、制度变迁理论、公共服务供给相关理论和积极应对人口老龄化战略下的中国实践基础上，对相关研究理论进行"本土化"改进，尝试构建具有中国特色、符合中国实际的养老服务供给理论框架，并在此基础上分析当下我国养老服务的供给主体、供给内容、供给模式和供给运行机制，为构建社会力量参与养老服务供给机制提供创新性研究视角，在理论与实践结合上进一步继承和创新。

2. 依托调研反观理论框架的系统性与创新性，尝试构建社会力量参与养老服务供给的多维模式

现有研究多以老年人及家庭为视角，从需求角度探究养老服务呈

---

① 现有研究对"社会力量"的概念暂无统一口径，本研究在第三章详细阐释。

现的问题。本研究在此基础上增加机构视角，做到需求与供给结合。一方面，通过微观调研了解和分析我国养老服务需求、供给现状以及养老服务区域供需差异，能够为优化我国社会力量参与养老服务供给模式提供坚实的实证依据和理论支撑。另一方面，本研究由点扩面探寻我国社会力量参与养老服务供给的城乡差异化路径，更加注重问题的全面性与系统性，尝试构建并完善社会力量参与养老服务供给的城乡模式，以实现其有序、自主、向好发展，为相关学术研究提供有益补充。

（二）现实意义

随着我国老龄化趋势日益严峻，老年群体高龄化、失能化、空巢独居等现象给传统家庭养老模式带来了巨大挑战，养老服务供给多元化成为满足老年人养老服务需求的必然趋势。对民办机构、社区、企业等社会力量参与养老服务供给的路径与机制进行研究既顺应政策和市场的发展趋势，也具有现实必要性，因此，本研究具有较强的现实意义。具体表现在以下几个方面。

1. 为促进养老服务高质量可持续发展提供案例借鉴

科学的调查能够反映老年人的真实生活状况及养老需求，对比养老需求与实际供给，以供需缺口为导向精准对接专业化、个性化、多样化养老服务，增强老年人的幸福感和获得感。本研究以国家政策为指引，重点聚焦养老服务供给在城乡间面临的不同问题，立足当下老年人的现实情况，分类施策，确保养老服务供给质量稳步提高。

2. 创新性地提出社会力量参与养老服务供给的多维模式

本研究对社会力量参与养老服务供需失衡问题的根源进行学理上和实践上的双重探究，以此提出城市模式和农村模式，有助于明确各个供给主体的职责和角色，形成多元主体协同、城乡协调、供需匹配的高效供给运行机制，从而提高养老服务供给质量和供给效率，保障老年人生活质量。同时，可帮助决策者在已有经验及实践共识的基础上完善政策，从而为未来政策制定提供指引和方向，为创新老年保障和服务模式、探讨积极可行的惠老政策、推动老龄事业的持续发展提供智力支持。

三 总体思路与研究内容

（一）总体思路

本研究遵循提出问题、分析问题、解决问题、得出结论的研究思路。首先在第一章导论部分分析研究背景，提出研究问题。正文共有九章，第二章和第三章分别对养老服务供给的理论基础和分析框架进行探讨；第四章回顾了我国养老服务供给的发展历程；第五章、第六章和第七章分析了我国社会力量参与城市养老服务的供给现状、供需矛盾和影响因素；第八章探讨了社会力量参与农村养老服务供给面临的障碍；第九章归纳了典型国家及我国部分地区养老服务供给的实践与经验；第十章对我国社会力量参与养老服务供给进行政策优化设计，提供路径支持。第十一章提出了本研究的不足及进一步研究的展望。具体研究大致可分为四个阶段。

一是资料数据收集和准备阶段。对现有相关文献和理论进行梳理，回顾我国养老服务供给历史，制定本研究的内容框架，进行调研前期准备并设计调查问卷和访谈提纲。二是设计社会力量参与养老服务供给分析框架阶段。合理界定社会力量参与养老服务供给的内容维度，从供给主体结构、动力机制、运行机制等方面设计本研究的分析框架。三是社会力量参与养老服务供给现状研究阶段。尝试通过定性与定量相结合的方式，对老年人养老服务供需矛盾、城市和农村养老服务供给状况及困境等方面进行实证研究，收集一手数据资料。四是社会力量参与养老服务供给对策研究阶段。在分析社会力量参与养老服务供给突出矛盾基础上，结合典型国家和我国部分地区养老服务供给经验，搭建"形成发展脉络—提供路径支持"的主体框架，系统地提出我国社会力量参与养老服务供给的优化对策。

（二）研究内容

根据总体思路，本研究的内容主要分为十一章。

第一章，导论。明确选题背景，阐述选题的理论及实践意义；介绍研究总体思路、主要内容、研究方法及技术路线，并提出本研究的创新点。

第二章，研究回顾与理论支点。对国内外现有养老服务供需相关研究进行梳理和评析，对养老服务、社会力量、养老服务供给等核心概念进行界定和阐释，对供求关系理论、制度变迁理论、社会服务供给相关理论、积极应对人口老龄化国家战略下的中国实践进行梳理，为研究社会力量参与养老服务供给奠定理论基础。

第三章，社会力量参与养老服务供给的分析框架，主要对社会力量参与养老服务供给的主体结构、动力机制、运行机制进行分析，在此基础上创新性地提出社会力量参与城市养老服务供给的三种模式和社会力量参与农村养老服务供给的两种模式。

第四章，社会力量参与养老服务供给的发展演变，主要从新中国成立至改革开放前、改革开放初期至20世纪末、21世纪初期至党的十八大前、党的十八大至今四个阶段对我国养老服务供给进行回顾和梳理，探究养老服务供给特点、问题和有益参考，为解决社会力量参与养老服务的供需矛盾及平衡问题提供历史借鉴。

第五章，社会力量参与城市养老服务供给的微观调研情况。设计调查问卷，对全国范围老年人进行抽样调查，从老年人基本结构特征、老年人对养老服务的需求现状、养老服务的供给现状以及养老服务供给区域差异四个方面进行描述分析。

第六章，社会力量参与养老服务供给的影响因素与反思。采用分层和随机抽样相结合的方法，收集城市182家养老服务机构和社区照料中心的基本情况。以167家民办养老服务机构为样本，运用 Logistic 模型对养老服务机构运营可持续问题进行影响因素的实证分析。

第七章，社会力量参与城市养老服务供给面临的问题及挑战。采取案例研究方法，以 H 市、C 市、S 市为个案缩影，抽取社会力量嵌入型、社会力量瞄准型和社会力量偏好型三种类型的养老服务机构，对机构负责人、管理人员、护理人员、老人等进行半结构式访谈，深入挖掘其面临的问题和挑战。

第八章，社会力量参与农村养老服务供给现状及面临的阻碍。抽取 X 省 S 村和 A 省 C 村，对村干部、农村老年人和社会组织工作人员进行半结构式访谈，全面了解社会力量缺失型、社会力量被动型两种农村养老服务供给模式的供给现状及供给困境。

第九章，典型国家及我国部分地区养老服务供给实践与经验。选取与本研究框架相契合的典型实践，进行主体结构、动力机制、运行机制分析，总结归纳典型国家及我国部分地区养老服务供给经验，为本研究提供有益参考。

第十章，社会力量参与养老服务供给的路径选择。在分析城乡社会力量参与养老服务供给的突出矛盾基础上，结合典型国家及地区养老服务供给实践与经验，从价值理念、主体责任、动力机制、运行机制等多个层面为我国社会力量参与养老服务供给提供路径支持。

四　研究方法与技术路线

（一）研究方法

本研究主要采用定量研究和定性研究相结合的研究方法。

1. 问卷调查法

在城市，在考虑地区人口老龄化程度、经济发展水平、长护险试点影响、养老服务政策体系落实等因素的基础上，抽取我国东部、中部、西部、东北地区 15 个城市的 182 家养老机构及社区照料中心开展问卷调查。问卷内容涵盖老年人基本特征、老年人对养老服务的需求、养老服务供给现状以及养老服务供给区域差异四个方面的内容，最终获得老年人样本 1134 个。在此基础上，以 167 家民办养老服务机构为样本，运用 Logistic 模型对养老服务机构可持续发展进行影响机制的实证分析。

2. 半结构式访谈法

在城市，以 H 市、C 市、S 市为个案缩影，对应理论框架建构模式，抽取社会力量嵌入型、社会力量瞄准型、社会力量偏好型三种典

型性养老机构，对相关负责人、管理人员、护理人员、入住老人进行
半结构式访谈，深入探寻社会力量参与城市养老服务供给模式的差异
及其面临的问题和挑战。在农村方面，考虑地区经济发展水平、人口
老龄化程度、调研可及性等因素，对应理论框架建构模式，抽取 X 省 S
村和 A 省 C 村开展个案研究，进行半结构式访谈，全面了解社会力量
缺失型、社会力量被动型两种农村养老服务供给模式的供给现状、问
题及发展困境。

（二）研究过程

1. 问卷调查的抽样过程

为全面了解养老服务供给中社区养老与机构养老的现实发展状况，
摸底老年人的养老服务满意度和养老服务诉求，以供需缺口为导向精
准对接专业化、个性化、多样化养老服务，增强老年人的幸福感和获
得感。本研究采用调查省份—样本城市—案例地区的思路，考虑地区
人口老龄化程度、经济发展水平、长护险试点影响、养老服务政策体
系落实等因素，抽取我国东部、中部、西部、东北地区 15 个城市的
182 家养老机构及社区照料中心开展实地调研。具体以北京、天津、青
岛、金华、广州、周口、平顶山、长沙、成都、乌鲁木齐、沈阳、大
连、哈尔滨、齐齐哈尔、长春等 15 个城市作为资料获取区域，在全国
范围内进行抽样调查。抽样过程主要基于以下几方面考量。

一是地区人口老龄化程度及变化。样本城市的人口老龄化程度较
高，老年人口占总人口比重较高，养老服务需求显著，对社会化养老
服务模式、服务数量、服务质量提出较高要求。表 1 - 3 列举了全国与
上述 15 个城市的总人口、60 岁及以上人口、65 岁及以上人口的总数、
占比及与第六次全国人口普查数据相比的变动幅度。通过对比发现，
部分城市人口老龄化速度快于全国，60 岁及以上人口和 65 岁及以上人
口占总人口比重及变动幅度都高于全国数据，养老形势较为严峻，更
需充分细致地了解老年人的实际生活状况，认清养老服务供给实际困
难，以扩展服务内容、提升服务水平、增强老年人的幸福感和获得感。

表1-3 全国部分城市老年人口比重及增长速率

单位：人、%

地区	市	总人口 （常住人口）	变动幅度	60岁及以上 人口	比重	变动幅度	65岁及以上 人口	比重	变动幅度
全国	一	1411780000	↑5.38	264020000	18.70	↑5.44	190640000	13.50	↑4.63
东部	北京	21536000	↓0.03	3713000	17.20	↑1.78	2460000	11.40	↑1.82
	天津	13866000	↑0.12	2783600	24.62	↑4.36	1930300	17.07	↑8.16
	青岛	10071722	↑1.46	2042649	20.28	↑5.53	1429813	14.20	↑3.94
	金华	7050683	↑0.40	1129238	16.02	↑2.51	817097	11.59	↑2.49
	广州	18676605	↑3.93	2130598	11.41	↑1.67	1460333	7.82	↑1.15
	周口	9026015	↑0.81	1782976	19.75	↑6.49	1370270	15.18	↑6.51
中部	平顶山	4987137	↑1.69	912424	18.30	↑5.31	674900	13.53	↑4.73
	长沙	10047914	↑3.62	1539849	15.33	↑1.68	1115873	11.11	↑2.08
	成都	20937757	3.31	3764069	17.98	3.08	2851183	13.62	3.60
西部	乌鲁木齐	25852345	1.71	2917009	11.28	↓7.42	2005885	7.76	一
	沈阳	9070093	↑11.89	2108131	23.24	↑7.94	1403246	15.47	↑5.10
东北部	大连	7450785	↑1.08	1841190	24.71	↑8.91	1257193	16.87	↑6.16
	哈尔滨	10009854	↓5.89	2200060	21.98	↑9.21	1466109	14.65	↑6.56
	齐齐哈尔	4067489	↓2.73	981626	24.13	↑11.09	657320	16.16	↑7.95
	长春	9066906	↑3.42	1890010	20.85	↑8.12	1282886	14.15	↑6.07

资料来源：根据国家统计局官方网站历年统计年鉴表得。

二是抽样分布的合理性。由于全国各地经济发展水平、养老服务发展程度、老年人养老观念等方面存在较大差异，为确保调研结果的一致性、稳定性及可靠性，提高研究信度和效度，本研究分别在东部、中部、西部和东北地区各抽取 2～5 个城市，东部地区选取北京、天津、青岛、金华和广州，中部地区选取周口、平顶山和长沙，西部地区选取成都、乌鲁木齐，东北地区选取沈阳、大连、哈尔滨、齐齐哈尔和长春，确保样本分布均匀，以全面了解不同经济水平和老龄化程度下老年人对养老服务的需求与养老服务供给情况。

三是长期护理保险制度对养老服务供给的影响。我国老龄化进程伴随着少子化、空巢化、高龄化。尤其是，随着年龄增长老年人易患慢性病及其他疾病，从而导致老年群体的失能、半失能概率大大增加。为应对失能老年人社会照护问题，2016 年 6 月 27 日，人力资源和社会保障部办公厅发布《关于开展长期护理保险制度试点的指导意见》（人社厅发〔2016〕80 号，以下简称 80 号文），由此开启了长期护理保险制度试点工作的进程。2020 年 9 月，国家医保局和财政部联合印发《关于扩大长期护理保险制度试点的指导意见》（医保发〔2020〕37 号，以下简称 37 号文），在全国新增 14 个城市扩大试点。本研究选择了 8 个目前开展长期护理保险试点的国家级试点城市，分别是北京、天津、青岛、广州、成都、乌鲁木齐、齐齐哈尔和长春，通过对比开展长期护理保险制度试点的城市与未试点城市的养老服务供需状况，分析长期护理保险政策运行效果，发现制度试点中存在问题，了解长期护理保险制度对养老服务供给的影响，为完善社会力量参与养老服务供给政策提供有益参考。表 1－4 为各试点城市长期护理保险政策文件。在试点政策指导下，各试点城市以城镇职工基本医疗保险参保人员为主要保障对象（见表 1－5）开展长期护理服务供给，一定程度上满足了失能半失能老年群体的日常生活照护和基本医疗护理需求，减轻了老年人及其家庭的照护压力和经济负担。

表1-4 样本城市长期护理保险试点政策文件

地区	市	长期护理保险试点政策文件
东部	北京	《北京市长期护理保险制度扩大试点方案》（京医保发〔2020〕30号）
	天津	《天津市长期护理保险制度试点实施方案》（津政办规〔2020〕24号）
	青岛	《青岛市人民政府关于印发青岛市长期护理保险办法的通知》（青政发〔2021〕6号）
	广州	《广州市人民政府办公厅关于开展长期护理保险制度试点工作的意见》（穗府办函〔2017〕67号）
西部	成都	《成都市人民政府关于深化长期照护保险制度试点的实施意见》（成府发〔2020〕16号）
	乌鲁木齐	《关于印发乌鲁木齐市长期护理保险办法的通知》（乌政办规〔2021〕1号）
	齐齐哈尔	《齐齐哈尔市深化长期护理保险制度试点实施方案（试行）》（齐政办规〔2021〕1号）
	长春	《长春市人民政府办公厅关于建立失能人员医疗照护保险制度的意见》（长府办发〔2015〕3号）

资料来源：各样本城市政府网站。

表1-5 两次试点城市长期护理保险参保对象

参保对象	第一次试点城市	第二次试点城市
城镇职工基本医疗保险参保人员	齐齐哈尔、广州、成都	天津、乌鲁木齐
城镇职工基本医疗保险参保人员 城乡居民基本医疗保险参保人员	长春、青岛	
城镇职工基本医疗保险参保人员 城乡居民基本医疗保险参保人员（暂不含学生、儿童）		北京市（石景山区）

资料来源：根据两次试点地区长期护理保险试点相关文件整理。

四是地方养老服务政策发展情况。15个城市作为全国东部、中部、西部以及东北地区主要城市之一，工业化和城市化发展较快，经济、社会、文化等方面的发展水平在全国都位列前茅。与此相对应，部分城市也是我国老龄化程度较深的城市的代表，老龄化所带来的经济与社会压力较大。近年来各地政府对老年问题都高度重视。一方面，样本城市的养老服务给付标准、体系化程度都在逐步提高，养老服务覆盖范围也在不断扩大。另一方面，样本城市都注重并积极引导社会力量参与养老服务供给，在相关文件中"政府主导，多元参与"的表述成为养老服务体系建设的基本框架。如北京市出台《北京市养老服务专项规划（2021年—2035年）》（京民养老发〔2021〕118号）①，明确提出完善就近精准养老服务体系，最终实现养老服务通过政府引导、市场主导、社会参与，由服务主体精准传递给老年人的目标。以街乡（镇）养老服务联合体为支撑，通过社区养老服务驿站、街乡（镇）养老照料中心与社区卫生服务中心（站）等区域服务资源协同建设"十五分钟养老服务圈"，将养老机构的服务逐步延伸至社区，助餐、助洁、助行等服务将全面覆盖。长春市人民政府办公厅印发《关于全面放开养老服务市场提升养老服务质量的实施意见》（长府办发〔2018〕53号），明确提出全面构建以居家为基础、社区为依托、机构为补充、医养相融合的多层次养老服务体系的发展目标，对放宽养老行业准入条件、提升机构养老服务能力、全面推动居家养老服务发展等方面做出政策指导。② 周口市人民政府印发《周口市"十四五"老龄事业发展规划》（周政〔2022〕42号），提出支持社会机构开展家庭养老服务、加强社区养老服务设施建设、增强养老机构服务能力、完善农村养老服务网络等促进养老服务高质量发展的指导意见。③

为充分了解当前我国养老服务供给的现状与特点，除案例选择的代表性意义，本研究还注重资料的客观性与详尽性。样本城市的资料至少应该来源于政府（民政部门、老龄委）、社会组织（民办非企业单

---

① 《北京市民政局 北京市规划和自然资源委员会关于印发〈北京市养老服务专项规划（2021年—2035年）〉的通知》，北京市人民政府，http://www.beijing.gov.cn/zhengce/zhengcefagui/202109/t20210930_2505867.html，最后访问日期：2023年9月12日。

② 《长春市人民政府办公厅关于全面放开养老服务市场提升养老服务质量的实施意见》，长春市人民政府，http://www.changchun.gov.cn/zw_33994/xxgk/gkzl/cczhengbao/2018/d08qzb_5260/szfbgtwj_5263/201811/t20181102_2015222.html，最后访问日期：2023年12月12日。

③ 《周口市"十四五"老龄事业发展规划》，周口市人民政府，http://www.zhoukou.gov.cn/page_pc/zwgk/zdxxgk/zfwj/zz/2022n/article863129da447d46b88732e8d781593127.html，最后访问日期：2023年9月12日。

位或者居家养老服务中心）、老年人三种渠道。限于客观条件，并非所有调查地区的资料都较为全面，因此，本研究选取的样本城市均具有体现养老服务供需结构的典型性、代表性，资料的全面性，数据收集的可行性等特征。

2. 问卷调查资料的收集与分析

本次调查对抽样方法和样本确定过程的控制与贯彻较好。通过数据录入、校验，再以核对问卷、电话回访确认等方式，将格式或逻辑上存在明显问题的无效样本从数据中剔除，确保所获数据的质量。

资料收集与分析过程主要由六个阶段组成。第一阶段为调查准备工作阶段（2019 年 1～6 月），具体工作包括调查方案设计、各级样本抽样、追踪样本摸底、问卷设计、试调查、问卷修改、专家论证、追踪样本确定等。第二阶段为审核报批、培训和问卷等调查工作文件准备阶段（2019 年 7～8 月），包括访问员培训，问卷、调研用品准备。第三阶段为上门访问、调查质量控制和问卷回收阶段（2019 年 9 月至2021 年 5 月）①，包括访问员到社区和机构调查，给予问卷填写指导，问卷核查，回收问卷等。第四阶段为数据处理阶段（2021 年 6～12 月），包括问卷后编码、数据录入、问卷扫描、数据格式转换、编辑校验、数据加权处理和数据评估等。第五阶段为研究报告写作、召开专家论证会、数据整理发布阶段（2022 年 1～12 月）。第六阶段为成果转化阶段（2023 年 1～6 月），整理研究资料，撰写论文促进成果转化，准备结项。

3. 案例研究的抽样过程

受地区经济发展水平、基本公共服务城乡不均等供给、养老观念等多重因素制约，养老服务供给在城乡间存在较大差异，即城市养老服务供给忽视系统融合，农村养老服务供给精准化不足。一方面，城市经济发展水平和人均可支配收入较高，基本养老服务设施较完善，但各地在推进社会化养老服务体系建设过程中偏重硬件设施建设。已

---

① 受疫情影响，第三阶段持续时间较长。为保障调研质量，在初次访谈回收问卷后，我们对社区及机构受访老年人进行了回访，以提高信度和效度。

有相关研究表明，在城市中，汲取大量养老资源的养老机构虽获得较快发展，但老年人入住意愿偏低（张丽萍，2012；牛喜霞、秦克寅、成伟，2013；王桥、张展新，2018；阎志强，2018）。相反承接绝大多数养老需求的社区却无法提供多样化服务，养老服务供需失调严重。居家养老服务、社区养老服务、机构养老服务三种形式简单相加，模糊了各种形式的功能定位和相互间的内在联系，无法实现养老服务体系的融合与协调发展。另一方面，农村地区经济基础比较薄弱，用于支持养老基础设施建设的资金不足，农村地区人均可支配收入低，养老服务支付能力有限，再加上养老观念相对落后，致使农村地区养老服务发展迟滞。农村养老服务供给的内容多停留在集体生活照料方面，内容单一且质量较差，老年人实际养老服务需求无法被精准识别与满足。基于养老服务供给的城乡差异，本研究分别对社会力量参与城市养老服务供给和参与农村养老服务供给个案进行参与式观察和半结构式访谈。

案例研究是一种以现实案例或现象为研究对象，主张对单个或少数几个处于一定时间和空间范围的样本进行全面、深入、详尽研究的实证研究方法（殷，2017）。当研究者对当前现象无法或仅能进行极低程度的变量控制时，可通过案例研究方法对现实生活环境中正在发生的现象进行"怎么样"和"为什么"的问题研究（殷，2017）。其本质特征是关注特定的"一点"，通过深入、细致、全面的考察和研究，来达到对这一个案的最好认识和理解。因此，它不仅能获得特定个案丰富生动、具体详尽的资料，反映事物或事件发生、发展及变化的过程，还可以从特定个案的深入洞察中抽象出一般性的概念或者命题，为系统性的总体研究提供理论假设（风笑天，2022：140～149）。本研究重点关注社会力量参与养老服务供给过程中存在的供需矛盾、区域失衡矛盾以及造成供需非均衡问题的根源，主要围绕供给"怎么样"和"为什么"的问题展开，大部分问题的答案需要在实际现场通过对养老服务供给者和需求者的倾听交流、实时对话、实地考察获得，特别是涉及供给者和需求者个人经历、主观感受、政策反思等方面的资料时，更需要在研究者与受访对象细致、深入的接触中才能获得。因此，本研究在进行定量研究的同时，辅以质化的研究取向和策略，运用个案研究方法进行资料的收集与分析，从而确保资料获取的全面性和可靠性。

本研究期待通过归纳分析将个案研究的结论外推到同类型的其他个案中，遵从样本的"类型代表性"，这就要求样本具有典型性，即集中某一类型现象的本质、特征、属性和变量。为达到这一目标，本研究采用抽样方法，寻找集中这一类型现象主要特征和属性的个案（亓彩云，2022）。

具体分为两个层次抽取案例/样本。城市方面①，首先，选择 C 市、H 市和 S 市三个城市作为案例地区。三个城市人口老龄化速度明显快于全国，60 岁及以上人口和 65 岁及以上人口占总人口的比重高于全国水平，变动幅度也大于全国数据，老龄化趋势尤为明显。三个城市具有规模较为庞大的老年人群体，亟须建立完善的养老服务体系。并且在实践过程中，三个城市对社会力量参与养老服务供给偏好不同，产生了不同的养老服务供给模式，因此，选取这三个城市的养老机构作为此次研究的个案，具有典型意义。其次，养老机构作为社会力量参与养老服务供给的主要载体，其性质、特点、市场类别、供给对象、资金实力、政策导向等特征不同，决定了不同目标定位的养老机构的运营模式表现出异质性特征，且可持续发展路径具有差异性。本研究结合实地调研情况，创新性地提出社会力量参与城市养老服务供给的三种模式，即社会力量嵌入型、社会力量瞄准型和社会力量偏好型，并根据不同模式特征，采用目的性抽样方式选取 H 市 X 长者照护中心、C 市 Y 养老照护（医养）中心和 S 市 Z 长者照料中心作为案例机构，通过对机构负责人、管理人员、护理人员等工作人员和居住在机构的老人进行深度访谈，调查城市养老服务供需情况。三家养老机构目标定位、机构特征、发展现状具有典型性，所提供的养老服务模式具有

---

① 根据研究目的，本应在全国东部、中部、西部、东北地区 15 个城市抽取案例，但受疫情影响，只能缩小范围，在东北地区选择 C 市、H 市和 S 市进行案例研究。

代表性，与本研究的研究框架相契合，能够确保调查结果具有借鉴意义。

农村方面，抽样 X 省和 A 省作为案例地区。首先，案例地区老龄化程度较高，但经济发展水平相对不高，养老服务需求显著但服务供给不足。X 省位于中国东南部，处长江中下游南岸，以第二产业和第三产业为主，第一产业占比较低。A 省位于长三角地区，是重要的农产品生产，能源、原材料和加工制造业基地。其次，根据本研究提出的社会力量缺失型、社会力量被动型两种模式，在 X 省 S 村和 A 省 C 村进行调查，通过访谈村内老年人、村干部和社会组织工作人员了解农村老年人养老方式，及其他们对社会组织参与养老服务供给的认知及满意度。S 村是 X 省北部一个行政村，占地大约 30 平方公里，全村一共 54 户 280 余人。C 村地处 A 省西北边界，所属街道占地面积 47.47 平方公里，拥有 14 个居委会，人口 1 万余人。两个村庄空巢、留守老人占比较高，对老人的生活照料和精神慰藉严重缺失。受传统观念及购买力不足影响，基本养老服务供给有限，普惠化养老服务供给存在缺口。社会力量在农村养老服务供给中处于"被动"或"缺位"状态，具有一定典型性与代表性。这与本研究的研究框架相契合，能够确保调查结果具有借鉴意义。

4. 案例研究资料的收集与分析

根据需要，本研究采用了以下三种方法。一是半结构式访谈法。深度访谈是一种非结构化的、直接深入的、一对一的访谈，用以收集被调查者关于某一问题的潜在动机、经历、态度和情绪数据（Jimenez et al.，2019：270 – 278）。笔者在明确写作目标、访谈主题、调查群体后，从服务供给的内容和质量、满意度、存在困难等方面设计半结构式访谈提纲，对城市养老机构的老年人、管理者、护理人员、医护人员以及农村老年人、村干部和社会组织工作人员进行访谈，全面了解养老服务需求者和供给者的真实感受及行为选择，把握社会力量参与养老服务供给的现状及共性问题，为后续论证提供有力的实证性论据支撑。访谈于 2021 年 1 月至 2022 年 7 月进行，前期每次进行 45～60

分钟的面对面访谈，并在 2022 年 3 ~ 7 月进行了回访以充实资料。在访谈开始前，笔者联系了受访者，并提供了与本次研究相关的基础信息（包括研究目的、主题和研究计划）及访谈流程。在获得受访者同意后，笔者通过现场录音和记笔记的方式来记录对话，以收集原始数据。

二是观察法。根据研究需要，本研究主要使用直接观察方法。直接观察方法即研究者身临其境，对正在发生的社会现象进行观察，将看到和听到的信息作为资料。由于养老服务监督、资金筹集等问题涉及机构经营等较为重要的内容，通过半结构式访谈可能无法获得真实有效的信息，因此，笔者深入访谈机构，根据日常观察和亲身感受来补充资料数据。

三是文件分析法。通过地方政府网站搜索与汇总样本城市养老服务相关政策文本及统计数据，了解政策发布情况，结合访谈内容挖掘实际需求与政策之间的差距，为寻找问题根源提供丰富的文本资料支撑。

资料收集与资料分析基本是同时进行的。首先，将收集到的访谈资料、养老机构实地观察资料全部整理成文字资料，并分类编码。其次，对所有资料进行逐字阅读，围绕主要研究问题，提取有意义的语句并形成初始代码，随后将重点放在更广泛的主题层面进行分析，将所有相关的代码整理成主题。最后，审查这些主题是否与初始代码相关，并对它们进行定义。

整个研究过程严格遵循社会调查程序和各项伦理要求。一是遵循自愿原则。对每一位受访者的访谈、观察都事前向其说明了目的、用途、研究成果的公开情况以及录音要求等信息。在征得受访者同意之后才进行访谈及录音。二是为保护受访者隐私，在行文过程中一律采用匿名的方式，所有敏感材料都经过了技术处理。三是遵循客观公正原则。在处理数据时保持研究者的中立身份和态度。

（三）技术路线

本书技术路线由图 1 - 1 所示。

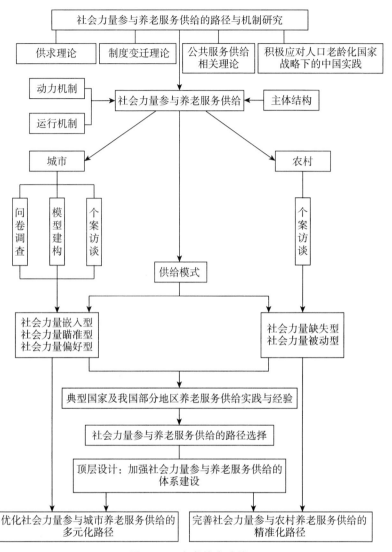

图 1 - 1　本书技术路线

第二章　回看理论：变迁、发展与应用

一　相关理论的发展变迁

（一）供求理论及应用实践

1. 供求理论的发展脉络

供求理论，是有关供给与需求在生产过程中地位和作用的学说。在不同历史时期，经济学家从不同视角分析供求关系，形成了以萨伊的供求理论、凯恩斯的有效需求理论、马克思的供求理论等为核心的理论内容。

（1）萨伊的供求理论

供给学派的理论思想可追溯到 19 世纪主张"供给创造需求"的"萨伊定律"。19 世纪初，萨伊在其《政治经济学概论》中认为，"生产给产品创造需求"，其思想得到李嘉图、穆勒、马歇尔和庇古等著名经济学家的承认和进一步解读，成为古典经济学和新古典经济学的理论基石，并被用以证明资本主义经济会自动调节以达到供求平衡，不会出现生产过剩的危机局面。20 世纪初，萨伊思想被泰勒正式命名为萨伊定律。萨伊定律包含两个方面：一是供给创造了需求，二是供给会创造出等量的需求。萨伊否认存在生产过剩现象，认为商品的供给会为自己创造出需求，而需求能够自动适应供给的变化。在供给与需求的关系中，他认为供给占主导地位，主张通过提高生产能力而非通过刺激需求来促进经济发展。19 世纪初，资本主义市场经济体系还远没有达到完善和成熟的地步，生产力尚未充分发展到物质普遍充裕的地步，经济波动和失业也很常见。因此，萨伊提出通过促进生产来制造需求的理论是与时代背景相吻合的（蒋卓含、卢建平，2017）。他认为，"在一切社会，生产者越多产品越多样化，产品便销得越快、越多和越广泛"（萨伊，1982），以至于认为，"仅仅鼓励消费并无益于商业，因为困难不在于刺激消费的欲望，而在于供给消费的手段，我们已经看到，只有生产能供给这些手段。所以，激励生产是贤明的政策，鼓励消费是拙劣的政策"（萨伊，1982）。

（2）凯恩斯的有效需求理论

20 世纪 30 年代经济大萧条的出现反映出供给学派的理论没有办法完美解释产能过剩的情况，于是凯恩斯对萨伊理论进行了批判，凯恩斯主义由此产生。凯恩斯认为，供给自身创造的有效需求不足以造成自由竞争市场，不能自动实现充分就业，政府必须进行干预，只有实行扩大需求政策，才能消除失业和经济危机。凯恩斯认为，有效需求是总供给与总需求相等而处于均衡状态的社会总需求，即一定时间内，大众的有效需求在国民的平均收入水平中起决定性作用。影响有效需求的主要有消费倾向、对资本未来收益的预期和流动偏好三个因素。同时，他还发现产品市场与货币市场是紧密联系的，并认为产品市场交易中的均衡收入会作用于货币市场，而货币市场中货币的均衡利率又会对产品市场产生影响。要实现充分就业，政府就必须运用积极的财政政策与货币政策，以确保足够水平的有效需求。在供给与需求关系上，他认为有效需求决定供给，需求处于主导地位（凯恩斯，1999）。

（3）马克思的供求理论

古典经济学者对供求问题进行了全面的分析，构建了比较完善的供求理论。但是受政治立场、研究视角的限制，其供求理论存在一些不足。如古典经济学者没有建立科学的劳动价值论，没有科学把握价值和价格的本质及其与供求的相互关系，马克思主义政治经济学是在充分借鉴古典经济学相关理论基础上，进行批判性继承而发展起来的。马克思建立了劳动价值论体系，而供求理论是马克思劳动价值论体系的重要组成部分。马克思深刻地批判了资产阶级经济学所谓的供求价值论，其核心观点如下。

第一，供给与需求的辩证关系。马克思指出，供给是"处在市场上的产品或者能提供给市场的产品"（《马克思恩格斯选集（第二卷）》，1995：475），需求是有支付能力的、实现交换价值的需要。供给与需求存在对立统一的辩证关系。供给和需求只是一个问题的两个方面，它们都由生产产生。属于增加供给的生产活动同时增加了对生产资料的需求和由于增加的对劳动的需求而增加对消费资料的需求。换言之，生产中的生产需求也可以说是供给。马克思提出"供给和需求是由生产本身决定的"（《马克思恩格斯全集（第四十四卷）》，1982：135），深刻阐述了供给和需求的辩证关系。二者在量上没有必然的联系，真正的联系是"社会必要劳动时间"。"总劳动中社会用来生产这种物品的部分，也就是这种物品的生产在总生产中所占的数量，另一方面，社会要求用这种物品来满足的需要的规模之间，没有任何必然的联系，而只有偶然的联系。"（《马克思恩格斯选集（第二卷）》，1995：476）因此，理论上假设的供求均衡只是在不均衡的波动中才存在。

第二，市场供求影响市场价值。马克思指出，"商品的市场价值，就是它们进入市场时具有的价值"（《马克思恩格斯全集（第三十四卷）》，2008：257）。市场价值和社会价值两个概念是相统一的。个别价值是指单个劳动者生产商品所花费的个人必要劳动时间的量，而市场价值则是指市场上生产商品所花费的社会必要劳动时间的量。市场价值是商品价值在市场中的表现，与市场供求具有密切的关系。市场供求并不决定市场价值本身，但是市场供求变化会影响市场价值。这是由两个方面的原因决定的。一方面，市场供求变化决定市场价值的生产条件。一个行业商品市场价值由产量最大的商品的个别价值决定，当市场供求发生变化时，通过市场的作用，商品的生产条件也会发生变动。当供大于求时，出现产品过剩，生产条件最差的企业将减少生产甚至会倒闭，产品将逐步向中等、上等生产条件的企业集中，社会价值将由生产条件较好的企业生产的产品个别价值决定；相反，如果供不应求，出现产品不足，生产条件较差的企业生产的产品也被哄抢，将促使生产条件较差的企业迅速扩张，生产条件较差的企业生产的产品占绝大多数。另一方面，供求变化改变行业的劳动生产率。劳动生产率与商品产量成正比，与单个商品的价值量成反比。供求变动将引起一个行业的劳动生产率发生变化，使不同生产条件下生产的商品数量发生变化，导致市场价值本身发生变动（陈景华，2019）。

第三，市场价格调节市场供求。在现实经济关系中，市场价值作为一个内在的概念，是不能直接表现的，而是通过市场价格表现出来的。用货币表示的市场价值就是市场价格。市场价格由市场价值决定，并受市场供求关系的影响。同时，市场价格也调节着市场的供求关系。市场供求与市场价格是相互作用的。一方面，市场供求的变化会引起市场价格的变化。当某种产品扩大生产规模，市场供给数量增加，超过市场需求，供过于求，生产者之间竞争激烈，销售产品变得更加困难，就会迫使生产者尽量把价格压低。也就是说，市场供给增加会使市场价格降低，低于市场价值。同样需求变动也将影响市场价格的升降。当市场需求增加，产品供不应求，会推动市场价格上涨，上涨到市场价值以上。另一方面，市场价格的变动也会反作用于市场供求，对其起调节作用。当一个商品的生产条件发生变化，市场价值降低，市场价格也将相应降低，价格更低的东西显然更有吸引力，消费者对该产品的需求将会扩大，从而改变市场供求状况，甚至使原来供过于求的商品转变为供不应求。相反，如果商品的市场价值提高，市场价格将会随之提高，消费者的购买意愿下降，该产品的市场需求也将缩小，使原来供不应求的商品转变为供过于求。这就是市场价值通过市场价格调节市场供求的情况。

总结来看，马克思对古典经济学的供求理论进行了批判性继承：一是科学说明了供求与商品价值的关系，二是科学说明了供给和需求的关系与地位，三是科学说明了资本主义制度下供求失衡的根源。马克思通过对资本主义再生产过程的分析，揭示了资本主义不顾消费、不可遏制和无限扩张的资本积累发展趋势，资本主义制度下生产与消费的对抗性矛盾的形成是必然的，资本主义制度本身导致经济危机的结果是必然的。可见，马克思不仅探究供求状况，也探究引起供求状况变化的背后的制度原因。

2. 以供求理论研究养老服务供需的具体实践

将供求理论引入养老服务供需实践研究领域，主要集中在养老服务或长期照护服务的供需研究层面。发达国家进入老龄化社会时间较早，老龄化程度深但发展速度相对缓慢。西方政府及学者对老龄化的重视程度较高，经济高速发展也为应对老龄问题提供了坚实的物质基础，再加上充足的准备时间，发达国家目前已建立了相对完善的老年照护保障制度体系、养老服务供给市场和多元协同机制，学界也在老年人照护问题上形成了大量研究成果。

在长期照护服务需求的相关研究上，学者发现老年人长期照护的偏好理念决定他们对长期照护模式的选择。各国在制定长期照护制度时也有不同的发展取向，因此老年人长期护理模式也朝着多样化的方向发展。对模式选择偏好影响因素的研究大致分为三个方向：一是认为经济发展水平决定长期照护制度的发展水平并影响失能老人长期护理方式选择，二是认为家庭结构与功能决定了长期照护模式的选择，三是认为文化理念是长期照护方式的显著影响因素。

经济发展水平方面，Wallace、Campbell 和 Lew-Ting（1994）对美国老年人进行调研，发现拉丁裔的老年人对长期照护的需求更高，因为相较于白人他们的经济水平和受教育程度普遍偏低，贫困导致健康状况恶化以及较差的工作和生活条件带来了更高的残障风险。Tennstedt、Crawford 和 McKinlay（1993）也同意该观点，相较于非拉丁裔白人老人的长期照护需求以残疾人及非正式照护方面为主，其他有色人种老年人的长期照护需求远高于白人。另外，经济发展水平的差异也是老年人获取社区资源多少的重要影响因素。社区资源空间分布不均衡，穷人集中的社区和富人社区的资源在数量和质量方面都存在很大差异，有研究发现拉丁裔及非洲裔的老年人被社区内的长期照护机构接纳的比例相对较低，低收入老人更难以获得长期照护服务资源（Kespichayawattana and

Sutthichai，2008：28 – 49）。

家庭结构和功能方面，Mitchell 和 Jasper（1984）研究认为，非洲裔和拉丁裔的家庭规模较大且家庭成员较多，较大的家庭规模更有利于老年人在丧失行为能力和需要照顾时得到家庭成员的帮助，这也强化了家族中的代际联系。相反，白人家庭的家庭规模较小，老年人往往独自生活，机构提供的正式照护更容易成为其选择。女性是家庭非正式照护的主要提供者，研究发现女性家庭照护者能提供更加有耐心和体贴的服务，在从事单调乏味的护理照料工作中能表现出更多的忍耐性和抗压能力（Archbold，1983：39 – 45）。但随着经济社会的不断发展，女性在传统家庭社会分工中的角色发生了变化，更多女性进入劳动力市场，其劳动参与率提高，从而削弱了她们对家庭非正式照护资源的供应，这对传统由女性主导的家庭照护模式造成巨大冲击与挑战（Bravo and Puentes，2012）。

文化观念方面，东亚国家的家庭观念根深蒂固，这直接造成了长期照护以家庭非正式照护为主，多数学者认为这是受到儒家思想以及"孝"文化的影响。Campbell 和 Ikegami（2003）研究发现，日本有近八成的年轻人与老年人住在一起，并且在家中承担照护父母的责任。由于家庭角色分工，已婚女性既要赡养丈夫一方的老人，又要兼顾对自己父母的照顾。Daniel 等（2006）也指出在韩国首尔有 65% 的老年人和女儿居住在一起。Kwon（2008）发现韩国有近半数的老年人和自己的成年子女生活在一起。Armstrong 等（2009）同样发现在韩国，九成以上的老年人倾向于选择家庭照护等非正式照护的养老模式，并辅之以正式照护。与之对比，西方家庭代际责任观念不强，受个人主义文化背景的影响，机构护理等正式照护方式往往成为首要选择，家庭护理等非正式照护方式则居于辅助地位。Pfau-Effinger（2005）在对欧洲老年人护理偏好的研究中发现，老年人对照护形式的选择受到他们对家庭和政府态度的影响。

长期照护需求的影响因素归纳起来有两个方面。一是老年人的身体健康状况直接影响其对长期照护服务的需求。失能老年人尤其是老年阿尔茨海默病患者是长期照护最主要的服务对象，Zimmerman 等（2005）运用 QOL-AD 相关量表来评估阿尔茨海默病患者和相关疾病患者的生活质量，认为其认知功能、日常生活能力、抑郁症状、激动行为和病痛症状等方面都显著影响照护需求。Umegaki 等（2014）对日本老年人进行研究后发现，获得长期照护、拥有良好营养支持更有利于促进老年人身体各方面功能与机能的保持。Zakoscielna 和 Parmelee（2013）对养老机构中的老年人进行研究发现，老年人日常的身体疼痛情况感知受其精神状态如抑郁、悲伤情绪等因素的显著影响。二是长期照护资源可利用状况也直接影响老年人的照护需求。De Meijer 等（2015）分析了长期护理服务的变化趋势，发现机构养老服务利用率呈下降趋势，反观居家养老服务利用率呈上升趋势。Van Soest-Poortvliet 等（2015）通过构建安德森模型探究选择机构养老老年人的服务使用现状，并提出机构护理人员在提供护理服务的同时应重视对老年人的精神关怀。Ellwardt 等（2013）提出适当提供姑息护理咨询服务有利于提高老年人的长期护理服务使用率，同时可以有效降低老年人的住院率、缩短他们的住院时间。

（二）制度变迁理论及应用实践

1. 制度变迁理论的内涵

（1）制度和制度变迁的定义

新制度经济学把制度作为经济发展的"内生"变量引入经济分析。舒尔茨（1994：253）将制度定义为"一种行为规则，这些规则涉及社会、政治及经济行为"。诺斯（1994：25～26）认为"制度是一系列被制定出来的规则、守法程序和行为的道德伦理规范，它旨在约束追求主体福利或效用最大化的个人行为"，"制度提供了人类相互影响的框架，它们建立构成一个社会，或更确切地说一种经济秩序的合作与竞争关系"（诺斯，1994：7）。而制度变迁是制度的替代、转换与交易过程，是一种效益更高的制度对另一种制度的替代过程。新制度经济学认为，稳定的制度可以使各个利益主体找到属于自己利益最大化的平衡点，当利益主体认为经济发展会使自身利益增加或受损时，就会做出反应要求对自身更有利的契约安排，以实现效用最大化或者利益函数最大化。这就是动态的制度变迁过程。

（2）制度变迁的方式

从制度变迁的主体和诱因来看，制度变迁方式可以分为诱致性制度变迁和强制性制度变迁。诱致性制度变迁是指现行制度安排的变更或替代，或新制度的创造，是由个人或一群人，在响应获利机会时自发倡导、组织和实行的（林毅夫，1994：384），具有营利性、自发性和渐进性的特点。而强制性制度变迁是以政府为主体、由政府命令与法律引入和实行引起的（林毅夫，1994：384），自上而下、激进式的制度变迁模式。国家可以通过使用强制力在制度供给中产生规模经济，在制度变迁中降低组织成本和实施成本。诱致性制度变迁与强制性制度变迁分别有其优势和相应的局限性，两者在现实社会中是相互补充的。一方面，制度安排的"公共产品"特征使"搭便车"行为难以避免，仅凭诱致性制度变迁不能从根本上解决制度变迁的供给不足问题，需要国家动用强制力进行弥补；另一方面，作为一种"公共品"，制度也具有层次性、差异性和特殊性，一般表现在正式制度安排需要依靠国家强制力推动，而非正式制度安排往往通过自下而上的引导实现。如果把诱致性制度变迁与强制性制度变迁纳入需求－供给分析框架，不难发现前者以需求主导为主，后者则以供给主导为主。

（3）诺斯制度变迁理论

产权理论、国家理论和意识形态理论是诺斯制度变迁理论的三大重要组成部分。首先，诺斯运用科斯的产权与交易成本理论进行制度演化分析，他认为真实世界里市场资源稀缺、交易成本巨大，要想通过市场机制配置资源，减少机会主义，就必须界定产权。因为产权是社会通过立法（立法形式可以是习惯法和不成文法，也可以是原始人群的公共约定）形成的对市场主体的一组可交易的权利，是人对物的占有权利（江玲玲，2019）。成功的产权制度安排是降低交易成本、提高经济效率、促进经济增长的关键。其次，诺斯认为产权制度应由国家制定和实施。国家是制度的供给者也是制度的实施者，对制度变迁方向起着决定性作用。国家具有自己的成本收益和目标函数，在行使职能时会受到利益调配等因素影响，因此其具有契约等属性（诺斯，1994：21）。再次，诺斯还发现人们的社会行为并不一定完全出于利益最大化，有时也受到意识形态的影响。最后，诺斯还引入路径依赖理论来解释制度变迁的轨迹。他认为在制度变迁中同样存在技术演进中的路径依赖机制。这种机制使制度变迁只要走向某条路径，其既定方向会在以后的发展中得到自我强化。机制的影响方向有两种，即自我强化和锁定。前者是指一种初始制度选定后，使得报酬递增，与其他的制度安排能够有效对接，进入良性循环轨道，从而推动进一步的制度创新；后者是指初始制度由于种种原因而导致制度滑向低效率，甚至被"锁定"在某种无效的制度状态下（汤蕴懿，2012：76~83）。

（4）制度需求-供给理论

制度变迁是一个复杂而费用昂贵的过程，新制度经济学将"需求-供给"框架这一分析经济问题的基本方法扩展到制度领域，用以分析制度选择及制度变迁。人们对制度的需求和对商品的需求一样，当预期新的制度能使人们获得在现有制度安排下无法获得的潜在利益时，人们便产生了对新制度的内在需求动机，这就是制度需求。诺斯在《西方世界的兴起》中指出制度变迁由资源稀缺诱致，且由于规模经济、风险、外部性、交易成本所形成的外部利润内部化引致人们努力改变现有制度安排，进行制度创新（诺斯、托马斯，2014）。制度供给从一般意义上讲就是为规范人们的行为而提供的法律、伦理或经济的准则及规则。Hayami 和 Ruttan（1984）指出重要的制度创新的供给，必然包含政界企业家和创新者的诸多政治手段的动用，其主要取决于一个社会中各既得利益集团的权力结构和力量对比。戴维斯和诺斯指出："如果预期的净收益超过预期的成本，一项制度安排就会被创新，只有当这一条件得到满足时，我们才有望发现在一个社会内改变现有制度和产权结构的企图。"（戴维斯、诺斯，2019）制度分为正式制度和非正式制度，其中正式制度供给的成本包括：①规划、设计、组织、实施的费用；②清除旧制度的费用；③消除旧制度变革阻力的费用；④制度变革及其变迁造成的成本；⑤实施成本；⑥随机成本（张曙光，1992：30～36）。只有当新制度安排带来的收益大于其成本时，制度才能被生产，而这些成本的支出并不意味着制度供给的有效发生。受意识形态刚性、制度创新成本过高或社会科学知识局限等因素制约，制度供给可能无效甚至失败。

（5）制度均衡和非均衡理论

制度均衡是人们对既定制度安排和制度结构满足，而无意也无力改变现行制度的状态。从供求关系看，制度均衡就是在一定的影响因素下，制度的供给适应制度的需求。它是一种行为均衡，一种制度的帕累托最优状态，"在给定的一般条件下，现存制度安排的任何改变都不能给经济中任何人或任何个人的团体带来额外收入"（戴维斯、诺斯，2019）。这种状态是暂时的、相对稳定的，因为制度均衡是现有制度需求和制度供给相互作用的结果，一旦制度供求发生变化，制度均衡就会发生改变。在实践中，任何一项制度都是一个动态的帕累托改进过程。

制度非均衡是相对于制度均衡而言的，它是指人们对现存制度的一种不满意或不满足，欲意改变而又尚未改变的状态。由于现行制度安排和制度结构净收益小于其他可供选择的制度安排与制度结构，人们会产生对潜在的新的制度安排与制度结构的期待。但受变革成本的制约，制度变革的动机和力量还不够强大，潜在的制度需求虽然能够变成现实的制度需求，但潜在的制度供给却不能变成现实的制度供给，因而出现"欲意改变而尚未改变"的制度状态（张曙光，1992：30～36）。制度非均衡的基本类型包括制度供给不足和制度供给"过剩"两种类别。

2. 制度变迁理论视角下养老服务的研究

随着传统家庭照护服务供给能力弱化，照护需求外溢成社会风险，发达国家纷纷建立长期护理保险制度，提供照护服务或现金给付，对养老服务需求进行制度性回应。对于推行商业长期照护保险的国家，理论上长期照护保险应发挥分担老年人失能风险的作用，但现实中，商业长期照护保险的推广遇到了许多障碍。Pauly（1990）通过医疗救助理论解释了老年人不购买长期照护保险的合理性。个人储蓄与长期照护保险间存在替代效应，Davidoff 等（2008）认为当个人需要长期照护时可利用的家庭资产量降低了长期照护保险的效用。在拥有非现金资产的情况下，个人对流动性金融资产消费的边际效用较高。因此，他们发现利用房产应对长期照护是一个明智的决策。也有学者认为许多家庭不购买长期照护保险是因为没有充分地了解这种产品的金融功能。消费者很难理解低发生率、高损失的特点或者误认为医疗救助涵盖大部分照护服务费用。如果老年人低估了长期照护需求，那么他们对购买长期照护保险的需求也将减少。

对建立社会保险型长期护理保险制度的国家来说，虽然建制时间较长，制度运行已经进入成熟阶段，但老年人长期照护费用的逐年递增给各国政府财政造成巨大负担，挑战着制度的可持续性。Colombo 等（2011）对 OECD 国家老年人长期照护支出的研究表明，长期照护费用的支出是刚性增长的，目前 OECD 国家老年人长期照护支出占 GDP 的比重平均约为 1.5%，但到 2050 年，多数国家老年人长期照护的支出将翻倍甚至达到 2000 年的 3 倍。日本作为亚洲地区推行长期照护保险制度的典型国家，也饱受长期照护经费支出飞速增长的财务压力，从 2000 年开始推行到 2005 年，长期照护费用的支出就已经增加超过 2 倍，日本政府因而不得不在 2006 年紧急将长期照护保险的缴费率提高了一倍以减轻财政压力（Ono，2007）。为解决制度可持续性问题，国外学者提出了相关建议。Ikegami 和 Campbell（2002）对日本长期护理保险制度的覆盖范围、公平性、给付模式、输送策略、成本控制等方面进行了论述，他们认为长期护理保险制度的可持续运行需要"普遍性"的覆盖范围，建立客观系统的评估标准、评估过程和资格监管机制，护理形式应积极转向居家护理，构建多元服务供给体系，推动与医疗保健的融合发展，从而降低制度运行成本。Endo（2007）从制度变迁的视角分析了长期护理保险的转型，主张以社区为依托、医护人员的支持为基础，通过建立完善的社区发展型护理保障体系加强老年人的预防保健；Chul、Done 和 Anderson（2015）对德国、日本和韩国的长期护理保险制度进行了对比分析，发现多方筹资的长期护理保险供款机制是有效应对人口老龄化的措施。他们建议中等收入国家应在老龄化发展成为重大经济社会问题前未雨绸缪，尽早建立健全长期护理保险制度。制度要从有限的福利计划和严格的资格审查开始，随着国家经验的积累和服务供给主体的加入逐步扩大覆盖范围。Eling（2020）回顾了德国和日本现收现付型长期护理保险筹资机制的实施情况，提出未来长期护理保险筹资机制可以借鉴瑞典养老准备金三支柱的经验，实施多支柱、强制性和自愿性的三支柱模式，将资本资助与现收现付有机结合，确保长期护理保险可持续运行，提高制度公平性。

（三）公共服务供给相关理论及应用实践

1. 从"单一主体失灵论"谈起

在西方学界有关公共服务供给主体的讨论中，市场、政府和社会组织都曾被寄予期望，也都曾遭受质疑。以"市场失灵论"、"政府失灵论"和"志愿失灵论"为核心内容的"单一主体失灵论"，曾一度占据理论界讨论的核心位置。

（1）从市场优势到"市场失灵"

传统的自由市场经济理论认为，市场是资源配置的最佳选择且具有无可替代的功能优势。一方面，经济利益的刺激能激发行为主体的积极性和创造性，从而促进组织不断创新，最终有利于提高资源配置效率；另一方面，价值规律能为理性经济人提供明确、高效的信息，生产者和消费者都能基于自己的生产和消费行为做出决策，从而实现供需平衡。也就是说，商品的稀缺程度和资源价值都能通过价格和市场机制得到精确的反映，无论是消费者还是生产者，都能依次做出明智的行为选择，从而使经济资源在整个市场范围内得到合理的有效配置。而任何政府的干预都会扭曲价格、干扰竞争，从而影响对社会资源的有效配置。

公共物品理论的出现，对传统的自由市场经济理论主张的市场效率提出了挑战和质疑。公共物品被认为是"市场失灵"的主要原因之一。由于公共物品具有非排他性和非竞争性，公共物品的消费就存在"搭便车"现象。一个具有经济理性的消费者不会有动机主动为公共物品付费，由此公共物品的生产就会陷入无利可图的困境，追求利润最大化的私人厂商自然就失去生产公共物品的动力。因此，在公共物品的生产中，市场对资源的配置是无效的，这被认为是"市场失灵"的一个主要方面。"市场失灵论"的基本结论是，市场无法解决的公共物品供给问题只能通过非市场化的方式得到解决，而政府"天生"具有提供公共物品的职责。公共服务作为典型的公共物品，其生产与提供自然也被认为是政府"与生俱来"的职能与责任。"在众多关于政府起源的论述中，始终有一个基本的命题贯穿其中，那就是政府因提供满足公众期望的公共服务而存在，尽管这些解释有很大的差异，但殊途同归。"（张备，2010）

（2）从政府优势到"政府失灵"

政府在公共服务供给中的优势与其所具有的公共性密切相关。政府的公共性即政府维护公共利益的属性，其集中体现为政府是公共权力的行使者和公共事务的管理者。政府对公共权力的行使承载着如下三方面的使命。第一，政府要通过行使公共权力，建构一套稳定、有序的社会规范，为社会发展和人民生活提供基本的规则体系。第二，政府要通过行使公共权力及时调整和处理社会发展过程中所发生的矛盾与冲突，将社会秩序维持在稳定、和谐的状态，保持社会发展和人民生活的良好秩序。第三，政府要根据社会发展变化的趋势，通过对公共权力的行使，实现对社会生活秩序的科学引导，促进社会持续、健康向前发展，促进人民生活水平不断全面提升（鲁迎春，2019）。从公共事务的管理者角度来看，因管理公共事务的需要的出现，政府才产生并发展。然而，对公共事务的管理所体现出来的物品和服务通常具有非排他性和非竞争性，社会成员共同享用，这使企业和其他私人组织或者个人参与公共事务管理的主观动力不足。同时，公共事务的广泛性特征决定了公共事务的投资具有规模性，这使企业和其他私人组织或者个人参与公共事务管理的客观能力不足。公共事务的特性使管理公共事务的责任只能由政府承担。正是政府在管理和处理公共事务时具备的优势，使之成为市场失灵时公共服务的最佳提供者。

然而，政府作为对公共服务供给中"市场失灵"的补救也存在局限性，"政府失灵论"是对其最好的阐述。公共选择学派从"经济人假设"的视角论述了政府失灵的原因。在经济活动中，当人们面临多重选择时，会通过"成本—收益"来选择能给自己带来最大利益的方案（臧传琴，2007：47~50），然而，政府由人组成，其行为规制也是由人来进行的。由于这些人也具有"经济人假设"倾向，因此在供给公共服务中会产生"政府失灵"现象。第一，政府自利性与公共性的冲突。虽然政府天生具有公共性，但政府的自利性也是其产生与发展的客观产物。政府自利性的存在超越了历史阶段和意识形态的束缚而成为社会各发展阶段中普遍存在的现象。一切个人和组织的所有行为都以对利益的追求为根本动力。利益是需要主体以一定的关系为中介，以社会实践为手段，使需要主体与需要对象之间的矛盾得到解决，即需要的满足（王伟光、郭宝平，1998：68）。政府作为由个人和组织组成的整体，其成员必然具有对其需要的满足和对自我利益的追求。虽然政府是因其"公共性"而生，并且被期望能代表和实现公共利益，但无论是政府官员还是政府机构，都有自己的行为目标和利益追求，而这些行为目标和利益追求可能与公共利益相冲突。第二，政府的低效率。政府的低效率一方面是因为其是天然的垄断组织，缺乏竞争和追求利润的动机；另一方面是因为缺乏对政府组织及其官员行为的有效监督。"政府失灵论"促使人们开始寻求政府以外的力量来解决公共服务供给问题，其中一个趋势是，曾经被认定在提供公共服务中失灵的市场又被重新引入公共服务供给中；另一个更明显的趋势是对志愿组织力量的引入。

（3）从志愿优势到"志愿失灵"

将志愿组织引入公共服务供给的支持者认为，志愿组织不能分配剩余利润，不能以任何形式将组织资产转化为私有财产的组织特征，使其有能力以明显的优势提供公共服务。Hansmann（1987）将志愿组织的这种组织特性赋予其在公共服务供给的优势称为"非分配约束"优势。志愿组织"非分配约束"优势的意义在于相对于营利组织而言，志愿组织更有助于防止契约失灵。志愿组织在这方面之所以更值得信赖，是因为它们被"非分配约束"的规则所限制，不能分红，因此志愿组织没有动力去提供比其所做出的承诺更低程度的供给服务水平。志愿组织的服务对象具有特殊性，且具备去官僚化特征，使其相对政府而言更有优势。与市场突出的效率优势不同，政府向志愿组织购买服务往往不是因为单纯的成本和效率，而是因为志愿组织能够更好地满足公共服务需求、提高服务质量，而效率优势则处于次要地位（王锦军，2015）。除此之外，萨拉蒙认为，志愿组织提供公共服务的好处，更多的是对整个社会带来其他方面的深远影响（Salamon，1994）。他强调："志愿组织传统上为效率所做的贡献比作为促进其他重要社会价值机制的作用大，这些重要的社会价值包括群体和个人自由、多样性、社区感、公民行动主义和慈善。"（王锦军，2015：123）

虽然基于市场失灵和政府失灵的客观存在，志愿组织在提供公共服务方面有明显的比较优势，但也有其局限性，存在"志愿失灵"。萨拉蒙把"志愿失灵"概括为四大方面。第一，公共服务能力不足。这主要是由志愿组织提供公共服务所需要的开支和所能筹措到的资源之间的巨大缺口所导致的。第二，志愿组织存在家长作风，在志愿组织决策过程中，掌握资源较多的人往往具备资源使用安排的垄断性决策权利，而容易忽视大多数人的意见。第三，志愿组织缺乏专业性。志愿服务工作大多具有义务性特点，志愿者并不一定是相关领域的专业人士。另外，志愿组织不能提供有足够竞争力的工资以吸引专业人士从业，因而会影响组织绩效和服务质量。第四，志愿组织的局限性。志愿组织往往局限于某些特定的群体，此外，志愿组织的活动能力受到其筹集资金能力、社会动员能力等方面的客观约束。这些都会从整体上影响志愿组织供给公共服务的效率（Salamon，1987）。

（4）"单一主体失灵论"的探索受阻

政府、市场和志愿组织在公共服务供给中都是优势与局限并存。随着人们对不同主体优势和局限的认识变得越来越充分，承载公共服务供给主体的结构在实践中也不断发生易位。综观全球公共服务供给实践，政府、市场和志愿组织都曾在特定时间段在公共服务供给中处于主要地位。

20世纪30～70年代，"市场失灵论"明显影响了公共服务的供给实践，市场主体、市场价值和市场机制被排除在公共服务供给机制之外，而传统的政府管理是公共服务供给的主导模式。这一时期人们对政府追求公共目标的动机和实现公共利益的能力具有高度的自信，政府垄断、集中化管理和政府机构直接生产的公共服务供给机制被明显强化（周志忍，2005）。

20世纪70年代后，政府供给公共服务的局限和弊端被越来越多地提及和论述，寻求政府以外的力量作为"政府失灵"的补救成为一种新需要。为有效回应公民对公共服务的数量和质量提出的越来越高的要求，政府所承担的公共服务供给责任越来越大，政府职能的扩张也带来了一系列的财政压力。这就给政府带来了双重压力：一方面，要保障民众日益增长的公共服务需求；另一方面，要维系公共财政的可持续性。这一时期，英国的撒切尔政府和美国的里根政府采取了一系列市场化改革，公共服务的市场化成为这一时期的重大趋势。市场化组织的管理思维被政府借鉴，一方面，政府自身开展了广泛性的改革；另一方面，市场化组织被大量引入公共服务供给活动，市场机制的回归成为政府解决公共服务供给问题的重要制度安排。

20世纪80年代前后，"一场有组织的志愿运动和创建各种私人的、非营利的及非政府的组织运动，成为席卷全球的最引人注目的运动"（王锦军，2015）。这场全球性的社会变革在20世纪晚期的意义，甚至被认为如同民族国家的兴起在19世纪晚期的意义一样重大（Salamon，1994）。政府在很多公共领域将志愿组织视作协助自身解决各类公共问题的中坚力量，很多被认为不太适合交给营利组织但政府又无力独自承担的公共事务，诸如教育供给、社会福利等，都被逐步委托给志愿组织来提供，由此开启了公共服务社会化的进程。当然，志愿组织的参与也没有成为解决公共服务供给问题的最终出路。"志愿失灵"的存在促使人们继续探求公共服务的供给之道。概而言之，在传统的公共管理实践中，良好的公共服务供给主要依靠的是政府机构高效且负责任的运行，但随着对"市场失灵"、"政府失灵"和"志愿失灵"的充分认识，高效且负责任的政府机构正越来越明显地依赖于其对自身以外的多元力量的运用。对此，美国学者约翰·D. 多纳休和理查德·J. 泽克豪泽的断言毫不夸张："公共管理者的核心竞争力在于精心策划与私人部门的合作。"（多纳休、泽克豪泽，2015）最新的共识是：公共服务的供给不能只单独依靠政府或市场，也不能仅依靠志愿组织，而是可以采取多主体参与的合作供给模式。政府、市场、志愿组织等多个主体需要共同参与公共服务的供给，其核心与关键在于多元主体间合作关系的建构。"福利多元合作论"的基本理念是将政府、市场、社会组织的优势结合起来，实现三者的优势互补，有效合作。

2. "福利多元合作论"的核心议题

基于公民权的福利国家的建立推动了资本主义发展，但也加大了各国政府社会支出的制度化压力（杨立雄，2013）。在对福利国家此起彼伏的批评声中，一些以纠正或者补充为目标，具有替代性的概念和理论被提出，本书将这些理论统称为"福利多元合作论"，如福利多元主义、福利组合、混合福利经济等。这些概念都主张打破单一福利供给主体的理念，来弥补福利供给的单向度缺陷。其中，福利多元主义即具有广泛影响的理论之一。福利多元主义是指由多个部门共同完成福利公共服务的供给与递送的理论体系。福利多元主义理论不仅仅对已形成的福利国家危机做出了自己的解释，更重要的是提出了体制转型的方向与政策路径。

（1）福利多元主义的发展脉络

如果仅从福利多元组合的视角来看，最早提出公共服务具有多元供给结构体系的学者是蒂特马斯。早在 20 世纪 50 年代，蒂特马斯就提出，一个国家或地区的公共服务供给体系由三部分组成——转移支付的社会福利、法定的财税福利以及与职业相关的职业福利。这三种福利共同配合，能够达到最大的福利效应（Titmuss，1958）。福利多元主义作为一个理论概念，最早出现在 1978 年英国的《沃尔芬德志愿组织的未来报告》中，随后成为一种影响深远的理论范式。福利多元主义理论范式的兴起与福利国家危机以及学界对福利国家的批评紧密相关。福利国家兴起于 20 世纪 30 年代经济大萧条时期，当时的西方国家为了回应"人们已经认识到在现代社会中私人慈善和家庭支持，朋友和教友的帮助是不能完全确保无疑的，所以政府要承担新的保护性责任"的社会期望而主导建立起了完备的社会保障体系，为社会成员提供全面的社会保障（Gilbert、Terrell，2003）。"随着福利国家角色的成长，社会福利覆盖面趋向全民化，使几乎所有的收入群体都逐渐变得越来越依赖政府的帮助，政府在福利提供中扮演着越来越重要的角色。"（彭华民、黄叶清，2006）但福利国家发展到 20 世纪 70 年代中后期时，便遭遇了全面的发展危机：一方面，经济发展陷入滞胀阶段，失业问题日趋严重；另一方面，人口老龄化不断加剧，民众对社会福利的需求不断增加，福利国家面临严重的财政压力，财政出现严重收支不平衡。但是福利需求的日益增多以及公众权利意识的增强，使得刚性发展的福利与财政压力之间的矛盾越来越突出，几乎所有的福利国家都面临巨大的财政压力和政治压力。

罗斯在《相同的目标不同的角色——国家对福利多元组合的贡献》中指出，"福利国家"是一个容易误导人的概念，让人误以为福利供给完全是政府的行为。实际上，在福利供给中，政府应当扮演重要角色，但绝对不是唯一的或垄断的角色。他提出了社会总福利的公式，即 $TWS = H + M + S$，其中"TWS"表示社会总福利，"H"表示家庭提供的福利，"M"表示市场提供的福利，"S"表示国家提供的福利，由市场、国家和家庭在社会中提供的福利总和构成了社会总福利。他主张福利是全社会的产物，福利的提供要同时依靠国家、市场、雇员和家庭，放弃市场和家庭，让国家承担完全责任是错误的。而且，市场、国家和家庭任何单一主体作为单独的福利提供者都存在明显缺陷，必须让各主体相互补充、扬长避短。国家、市场和家庭之间与其说是相互竞争的关系，不如说是相互补充的关系（Rose，1986）。

以罗斯的研究为基础，伊瓦斯先后提出"福利三角"和"福利四分法"。伊瓦斯将国家、市场和家庭的共同贡献组成的福利整体称为"福利三角"，他认为"福利三角"的研究分析应该根植于特定的政治、经济、文化和社会背景，关注不同福利主体在特定背景下的组织特性、价值追求和社会成员间的关系（Evers，1990）。国家对应的组织特性是公共的，对应的是公共组织，体现的价值追求是平等和保障，作为行动者的社会成员建立的是与国家的关系。市场对应的组织特性是正式的，对应的是正式组织，体现的价值追求是选择和自主，作为行动者的社会成员建立的是与（市场）经济的关系。家庭对应的组织特性是非正式的/私人的，对应的是非正式组织/私人组织，体现的价值追求是微观层面的团结和共有，作为行动者的社会成员建立的是与社会的关系（见表 2-1）。

表 2-1　"福利三角"的基本特征

福利三角	组织特性	价值追求	社会成员间关系
市场	正式的	选择、自主	行动者和（市场）经济的关系
国家	公共的	平等、保障	行动者和国家的关系
家庭	非正式/私人的	（微观）团结、共有	行动者和社会的关系

资料来源：Evers，1990。

"福利三角"展示了市场、国家和家庭三者之间的互动关系，作为行动者的社会成员是实现市场、国家和家庭三者之间互动关系的纽带。具体来讲，市场提供就业福利；个人努力、家庭保障和社区的互助是非正规福利的核心；国家则通过正规的社会福利制度，将社会资源进行再分配。在一定的文化、经济、社会和政治背景中，国家提供的社会福利和家庭提供的家庭福利可以分担社会成员在遭遇市场失败时的风险。

随后伊瓦斯对"福利三角"的研究范式进行修正，提出了"福利四分法"（见表2-2）。"福利四分法"强调社会福利的来源有四个：市场、国家、社区和民间社会，即在其原来提出的"福利三角"的基础上加入了民间社会的作用。在社会福利的整体格局中，市场、国家、社区和民间社会的福利供给行为有不同的行动原则、交换媒介、中心价值和有效标准，在与不同福利供给主体的互动关系中，作为消费者的社会成员也扮演着不同的角色。他特别强调，民间社会在社会福利提供中具有举足轻重的特殊作用，而且民间社会还能在不同层次上为价值追求各异的政府、市场、社区之间建立起有效的联系，使私人利益、局部利益和公共利益趋于一致。

表2-2　伊瓦斯的"福利四分法"

部门	市场	国家	社区	民间社会
生产部门	市场	公共部门	非正式部门/家庭	非营利部门/中介机构
行动原则	竞争	科层制	个人责任	志愿性
需方角色	消费者	有社会权利的公民	社区成员	市民/协会成员
交换媒介	货币	法律	感激/尊敬	说理/交流
中心价值	选择自由	平等	互惠/利他	团结
有效标准	福利	安全	个人参与	社会激活
不足	不平等、非货币化	对少数群体需要的忽视，自主选择的自由程度下降	受道德约束，有排斥倾向	不平等分配，专业化缺乏，低效率

资料来源：Evers and Olk，1996。

约翰逊也提出了基于国家、市场、家庭和志愿组织的福利多元主义四分法，他特别强调福利多元主义实际上折射的是福利供给的非垄断性，国家固然在福利供给中发挥着举足轻重和不可替代的作用，但福利供给不应该是政府的垄断行为，市场组织、志愿组织、家庭和社区等非正式组织都应在社会福利的提供上发挥重要作用（Johnson，1999）。

与约翰逊的福利多元主义四分法的观点相似，吉尔伯特认为福利多元主义结构有两个层面的含义：第一个层面是社会福利由政府、志愿组织、非正式组织和商业组织共同供给；第二个层面是政府、志愿组织、非正式组织和商业组织嵌入福利国家的公共与私人领域，遵从不同的市场规则（见表 2 - 3）。具体来讲，政府对应的是公共领域，其供给社会福利的行为主要遵从社会市场的原则，即主要是根据人类需求、依赖性、利他情结、社会义务、慈善动机和对公共保障的渴望来分配商品和服务。志愿组织、非正式组织和商业组织等对应的是私人领域，其供给社会福利的行为主要遵从经济市场的原则，即以个人进取心、生产效率、消费者选择、支付能力和利润追逐为基础进行服务的生产和分配（Gilbert、Terrell，2003：79）。

表 2 - 3　吉尔伯特的"福利四分法"

社会市场	经济市场		
公共领域	私人领域		
联邦、州及地方政府的直接转移支付 税收开支的间接转移支付 规制转移	由家庭和朋友提供的非正式支持	由志愿性非营利组织提供的服务	营利部门提供的服务	由营利公司生产的产品和服务

资料来源：Gilbert、Terrell，2003：79。

（2）福利多元主义的核心要义

西方语境下，福利多元主义通过多元化的供给模式提升福利供给的效率。但本研究认为，无论是在任何时空领域，福利多元主义的实现本质上都是满足公民对福利的多元化需要。在这个层面上，福利多元主义背后的多元合作就是要依据不同地区的文化背景，制定并实施相应的福利供给制度。在福利多元合作实现的框架中，价值观、传统文化、社会氛围等直接影响社会政策的制定，需要综合考虑。具体到养老服务多元供给领域，就是多方主体合作以满足老年人的多元化需要，即生活照料、医疗支持、精神支持、教育支持、法律维权等。

（3）福利多元合作的多维度研究路径

随着对福利多元主义的深入研究，部分学者试图从规范性政策的视角解读福利多元合作，即从单一性到多元性的转变、从单维度到多维度的过渡。早期，学者们关注的仅仅是"福利供给"这个单一议题，即国家、市场、社会和家庭四部门谁来"供给"福利最为合适。但实践表明，仅仅研究"供给"这一维度无法区分在多元合作中的主体结构和供给行为。因此，相关的研究讨论进一步扩展到"谁来支付"，即福利的"融资"维度。在"供给－融资"这一双维度的研究体系中，学者们将关注焦点集中在"谁来供给福利，谁来支付福利"这一核心议题，例如政府补贴公众购买社会力量供给的服务、公众选择市场或社会组织通过竞争提供的服务等。但实践表明，这种"供给－融资"的双维度体系不能回答"谁在供给主体结构中充当主导力量"或"谁拥有服务供给的决策权或规制权"。基于此，学者们提出了三维度的分析框架。在"供给－融资－规制"的综合框架下，学者们在福利多元主义的主体结构安排、融资机制设定、服务路径规制上基本上有了明确的研究路径导向。

　　总体来看，基于福利多元合作的政策研究从最初的单一维度发展到当前的三维框架，其研究日渐全面，理论在实践中的适用性也在不断加强。但在当前各国经济结构与社会结构转型的背景下，参与福利供给的部门和资源越来越多，"谁来评价服务"这一维度的考量是否应该被纳入研究路径，从而建立"供给－融资－规制－评价"的四维度研究框架，是研究者认为值得思考的地方。

　　3. "公私合作功能论"的实践创新

　　(1)"公私合作"概念的提出

　　"公私合作功能论"的核心是强调公私合作。公私合作是一个实践性很强的概念，不同国家和地区的具体实践存在差异，再加上社会环境和意识形态不同，学者们对这一概念有着不同的理解。Langton(2010)认为公私合作是政府、企业、第三部门及公民在追求满足社群需求上的合作与资源共享。萨瓦斯(2002)认为，是指公共和私人部门共同参与生产和提供物品及服务的任何制度安排，甚至宗教和非营利组织也可以参与到合作中来。Peirson 和 Mebride(1996，参见屈哲，2012)给公私合作下的定义是：公共部门与私营部门之间签订的长期合同，由私营部门的主体来承担公共基础设施的建设或管理，或者由私营部门的主体代表公共部门向社会公众提供各类公共服务。第一，其基本形式是由公共部门主体根据协议向私营部门的主体移交基础设施或由私营部门的主体建设、扩展或重建一项基础设施；第二，基础设施运行的相关规定由政府部门来做出，并在既定期限内由私营部门的主体利用该基础设施来提供公共服务；第三，合作协议到期之后，私营部门的主体向公共部门移交基础设施。萨瓦斯（2002）认为，公私合作是指公共部门和私人部门共同参与生产和提供物品与服务的所有制度安排。在多纳休和泽克豪泽看来，"公私合作一词是指公职人员通过寻求与私营企业、团体或个人合作的方式来完成一项公共任务的情况"。多纳休和泽克豪泽认为，公私之间"共享的裁量权"是合作治理的标志。"合作治理的正义性特征在于共享裁量权，如果乙方做出所有的决定，那么公共部门与私营部门之间是合同关系而非合作关系。而合作治理的关键问题在于裁量权是如何被共享的。"（多纳休、泽克豪泽，2015）

（2）"公私合作功能论"的全球共识

许多研究型机构和组织也对"公私合作"进行了研究与探索，并形成了若干具有代表性的观点。美国国家公私合作伙伴关系委员会认为：公私合作是一种介于外包和私有化之间的公共服务的提供方式，它将私人资源充分吸纳到公共基础设施的设计、建设、投资、经营与维护活动中，并基于基础设施为社会公众提供相关的公共服务（The National Council For PPP, USA, 2002）。联合国开发计划署认为，政府、营利性企业和非营利性组织基于某个项目而形成的相互合作关系的形式即公私合作，参与合作的各主体可以获得比单独行动时更好的效果（参见屈哲，2012）。政府在与营利性企业和非营利组织就某个项目展开合作时，不是简单地把整个项目的全部向私人部门转移，而是由政府与相应的合作对象合作（屈哲，2012）。美国国家儿童保育信息中心在其所开展的儿童保育合作项目的研究中对公私合作的定义是：为了达成特定的共同目标，社会公共部门（包括联邦政府、州政府、地方政府及其官员）与私人部门（包括家庭、企业雇主、慈善机构、媒体、市民团体等）合作参与项目的行为（参见屈哲，2012）。加拿大国家公私合作伙伴关系委员会认为：公私合作是公共部门和私人部门之间的一种合作经营关系，它以公私双方各自的经验为基础，通过适当分配资源、合理承担风险和共享利益来满足公共服务的需求（Allan，1999）。OECD 则认为，公私合作是政府部门与私人部门之间的协议。公私合作的关键在于使政府提供公共服务与私人部门追求利润协调一致，而其具体的效果主要取决于向私人部门转移风险的程度（OECD，2008）。

随着长期照护服务的不断普及以及研究内容的持续深入，越来越多的国外学者开始讨论正式照护与非正式照护方式之间的关系，并将公私合作的理念引入其中。早期的替代理论和互补理论曾经是老年人长期照护制度建立的理论基础，Houtven 和 Norton（2004）认为，非正式照护是对正式照护的重要替代，它有助于推迟老年人进入长期照护机构的时间，从而节省医疗保险金和医疗补助金。而 Kemper 等（2013：4 - 19）则认为正式照护和非正式照护之间存在此消彼长的替代作用。在福利国家危机后，政府与社会组织协作的公私合作思想日渐流行，合作主体之间相互互动，形成有序竞争的关系。Blomqvist（2004：139 - 155）认为长期照护服务供给主体的相互竞争局势，有利于老年人在养老服务市场上的自由选择，这能够促进养老服务供给市场的良好发展。Dahlberg（2005：740 - 763）也提出由政府与非政府部门合作供给，在老年长期照护市场上构成相互竞争关系，从而有利于提高长期护理服务的供给效率，且非营利组织在长期照护服务体系建设中具有重要意义和必要性。

（3）"公私合作功能论"的本土实践

随着公私合作实践在我国的发展，国内学者也提出了一些具有代表性的观点。曹远征（2003：20 ~ 21）认为，公私合作是在政府监管下，多方参与、实施商业化运作的基础设施运行的制度安排，即政府利用竞争机制选择民营机构，而政府以某种承诺为相应公司的筹资等市场操作环节提供支持。余晖和秦虹（2005）认为公私合作是指公共部门和私人部门建立起来的、通常需要通过签订正式协议而确定下来的一种合作伙伴关系，通常建立这种合作伙伴关系的目的是提供特定的公共服务，其目标是通过风险共担、利益共享的机制设计，使公共部门和私人部门能够充分发挥各自的优势，从而提高公共服务供给的效率和效益。王灏（2004）认为，公私合作的定义可以从广义和狭义两个角度来理解。广义的公私合作包含公共部门与私人部门为提供公共产品或公共服务而建立起的各种合作关系。狭义的公私合作则主要指项目融资模式中的公私合作关系，具体包括 BOT（建设—运营—移交）、TOT（移交—运营—移交）、DBFO（设计—建设—融资—运营）等不同模式。

综观国内外不同学者和机构对于公私合作的各种定义，可以发现不同的定义对于公私合作的参与主体、合作方式、合作领域等多个方面的阐释都有差异。在参考前人研究的基础上，本研究基于多元主体功能论的视角，认为公私合作是指发生在公共部门和私人部门之间基于功能差别的合作关系。

4. "伙伴合作优势论"的研究取向

第一，基于"目标偏好"的合作，如互补型合作、竞争型合作。伙伴合作的目标偏好指的是双方伙伴在合作中的目标属性。基于目标偏好的合作又分为互补型合作和竞争型合作。前者指的是私人部门作为独立的服务提供者的情形，私人部门和公共部门之间没有刻意的合作安排，但是从服务供给的整体格局来看，私营部门独立承担的服务供给弥补了政府部门在此领域的供给不足甚至供给缺位。后者指的是作为伙伴一方的私人部门所承担的服务供给责任与政府所承担的服务供给责任具有同质性，在面对服务对象的自主选择时，公私部门之间存在相互竞争。

第二，基于"裁量分配权"的合作，如政府完全裁量权、私人部门完全裁量权、公私合作裁量权。合作治理的逻辑可以用三个相互关联的问题来呈现：一是政府是否负责这个特殊任务的完成；二是凡政府被牵扯进来的地方，政府应该自行采取行动还是应该委托给私营部门来采取行动；三是政府决定进行委托的地方，它应该如何委托。委托的方式可以划分为三种类型：第一种，使用传统的合同和简单的财务激励措施以鼓励私人参与者参与；第二种，依赖于私人的慈善冲动，让个人和机构自己采取行动；第三种，通过与私营部门共享裁量权而实现共同治理。这三种类型实际上反映了公私合作过程中政府与私营部门之间裁量权的共享关系，在第一种形式中，政府拥有所有的裁量权，"公"与"私"之间的互动关系完全由政府部门主导，私营部门处于"被动执行"的地位。在第二种形式中，私营部门拥有所有的裁量权，"公"与"私"之间的互动关系完全取决于私营部门的"冲动"，政府处于"消极接受"结果的状态。在第三种形式中，政府和私营部门共享裁量权，"公"与"私"之间的互动具有双向性和均衡性，二者为完成特定的公共任务而共同决策，这是一种真正意义上的合作。

第三，基于"收费合约权"的合作，如政府给予完全财政支持、私人部门按市场收费、政府出资＋私人收费。为了弥补政府对公共服务供给的不足，政府会通过与私人部门主体（营利性企业或非营利社会组织）签订合约将公共服务的生产与供给委托给私人部门主体，为了保障私人部门主体持续的服务供给能力和服务供给意愿，政府需要对私人部门主体的投入给予对应的"经济偿还"。在这种公私合作关系中，通常是政府通过财政支付，为特定的服务对象购买服务，而特定对象以外的服务接受人可通过自费购买的方式获得服务。这种情况下，私人部门生产的服务质量监督依靠政府设计的机制和市场机制共同发挥作用。

（四）积极应对人口老龄化国家战略下的中国实践

人口老龄化是社会发展的重要趋势，是人类文明进步的重要体现，也是我国今后较长一个时期的基本国情。我国自 1999 年进入老龄化社会以来，老年人口规模日益扩大、老龄化程度日益加深。积极应对我国人口老龄化对于全面建设社会主义现代化国家具有重要意义。党的十八大以来，以习近平同志为核心的党中央高度重视老龄工作，党的十九届五中全会将积极应对人口老龄化确定为国家战略。2021 年 10 月 13 日，习近平总书记对老龄工作做出重要指示，强调各级党委和政府要高度重视并切实做好老龄工作，贯彻落实积极应对人口老龄化国家战略，把积极老龄观、健康老龄化理念融入经济社会发展全过程，加快健全社会保障体系、养老服务体系、健康支撑体系，让老年人共享改革发展成果、安享幸福晚年。①

积极老龄化概念最早于 1997 年被提出。1999 年，欧盟召开主题为"积极老龄化"的国际会议，从理论上探讨老龄化问题及解决的可能性。2002 年 1 月，世界卫生组织健康发展中心正式出版《积极老龄化：从论证到行动》一书，充分阐释了积极老龄化的概念和基本内涵。同年 4 月，世界卫生组织正式公布《积极老龄化：政策框架》研究报告，自此积极老龄化成为全球应对老龄化问题的新理念、新政策框架和新发展思路（宋全成、崔瑞宁，2013：36～41）。积极老龄化以《联合国老年人原则》为指导，在坚持独立、参与、照料、自我实现和尊严五项原则基础上，构建三维（健康、参与和保障）理论框架。健康是指老年人应当享有高质量健康生活的老年期愿景，国家和社会需要开展持续的健康教育，推广健康行为，满足老年人多层次的健康需求；参与是指老年人是社会的财富而不是负担，国家和社会应根据老年人的能力、需求和喜好，创设吸引、接纳老年人积极参与的社会环境，老年人也要正视自身的社会价值，积极参与社会化活动，化被动为主动；保障是指国家、市场、社会、家庭多方主体不断夯实养老保障和服务体系，满足老年人需求，保障老年人的基本权利和生活尊严。

我国正确把握人口发展大趋势和老龄化规律，将积极应对人口老龄化上升为国家战略。其中凸显"人口"，内涵扩展为应对个体老龄化和应对群体老龄化。同时，也对三维框架进行了"全老健康、全民参与、全面保障"的中国特色创新。全老健康是指积极应对人口老龄化突破单一的生命历程理论支撑，将关注对象由部分老年人转向全体老年人；全民参与是指倡导全社会主体共同参与，将促进个体老年人社会参与转向促进全社会公民对老龄社会的参与，构建养老、敬

---

① 《习近平对老龄工作作出重要指示》，中华人民共和国中央人民政府，http://www.gov.cn/xinwen/2021－10/13/content_5642301.htm，最后访问日期：2023 年 9 月 12 日。

老、孝老的政策体系与社会环境；全面保障是指从中国大多数贫困老年人的境遇出发，实现以权利为基础转向以"需求－权利"结合为基础的保障和赋能。

党的十八大以来，以习近平同志为核心的党中央高度重视应对人口老龄化问题，习近平总书记深入基层调研，在不同场合围绕应对人口老龄化发表了一系列重要讲话。2013 年 8 月，习近平总书记到沈阳多福社区调研，提出要重视养老问题，指出要"加强养老公共服务，内容上要多样，财力上要倾斜，全社会一起努力，把老年人安顿好、照顾好，让老年人安度晚年"①。同年 12 月，习近平总书记在北京市海淀区四季青敬老院调研时指明了养老机构的工作方向，"要求养老服务机构加强管理，增强安全意识，提高服务质量，让每一位老人都能生活得安心、静心、舒心，都能健康长寿、安享幸福晚年"②。2015 年 10 月，总书记在党的十八届五中全会上第一次正式提出应对人口老龄化的论述，指出"积极开展应对人口老龄化行动，弘扬敬老、养老、助老社会风尚，建设以居家为基础、社区为依托、机构为补充的多层次养老服务体系，推动医疗卫生和养老服务相结合，探索建立长期护理保险制度。全面放开养老服务市场，通过购买服务、股权合作等方式支持各类市场主体增加养老服务和产品供给"③。2016 年 2 月，总书记明确强调应对人口老龄化"要立足当前、着眼长远，加强顶层设计"，提出要"做到及时应对、科学应对、综合应对"的要求。④ 2016 年 5

① 《习近平：全社会一起努力把老年人安顿好照顾好》，中华人民共和国中央人民政府，http://www.gov.cn/ldhd/2013－08/30/content_2478146.htm，最后访问日期：2023 年 9 月 12 日

② 《习近平元旦前夕在北京市看望一线职工和老年群众》，中华人民共和国中央人民政府，http://www.gov.cn/govweb/ldhd/2013－12/28/content_2556508.htm，最后访问日期：2023 年 9 月 12 日

③ 《中共中央关于制定国民经济和社会发展第十三个五年规划的建议》，中华人民共和国中央人民政府，http://www.gov.cn/xinwen/2015－11/03/content_5004093.htm，最后访问日期：2023 年 9 月 12 日。

④ 《习近平：加强顶层设计完善重大政策制度及时科学综合应对人口老龄化》，中国共产党新闻网，http://cpc.people.com.cn/n1/2016/0223/c64094－28144098.html，最后访问日期：2023 年 9 月 12 日。

月 27 日，在中共中央政治局针对我国人口老龄化问题进行集体学习时，习近平总书记提出了"党委领导、政府主导、社会参与、全民行动"的老龄工作方针。① 2017 年在党的十九大报告中，习近平总书记强调要"积极应对人口老龄化，构建养老、孝老、敬老政策体系和社会环境，推进医养结合，加快老龄事业和产业发展"。②

这一时期，我国学术界对养老服务的研究进入"整合板块，体系完善"阶段。王阳亮（2017）等学者提出以政府购买服务来应对当前养老服务供给困境（王阳亮，2017：22 ~ 27）。其中，社会力量供给养老服务是实现政府购买政策的有效途径，却面临制度壁垒、法规缺失和需求不确定等困境（何寿奎，2016：5 ~ 9）。对此郑功成（2016：25、44）提出通过行业协会商会改革、社会志愿服务和公益慈善救助等路径，优化社会力量发展环境，使其成为养老服务业发展主力军。与此同时，以居家为基础、社区为依托、机构为补充、医养相结合的养老服务体系框架已初步形成。一方面，学界已经明确养老服务与医疗服务供给结合的体系框架；另一方面，在参考各地实践案例的基础上，学者们普遍肯定了引入政府购买服务的方式来平衡养老服务市场发展的做法，主张引导非营利部门和社会资本参与供给服务。学者们纷纷从服务体制改革、专业化升级、优惠政策落实和监管体制改革等方面入手（陈成文、陈舒，2017：76 ~ 82），探讨加快推动养老服务业综合改革、完善多层次养老服务体系建设的路径（鄢圣文、钱思，2017：61 ~ 62）。

2019 年，中共中央、国务院印发的《国家积极应对人口老龄化中长期规划》明确了我国积极应对人口老龄化的战略目标和具体工作任务。2020 年新冠疫情发生，在世界经济低迷、国际市场萎缩、国际环

---

① 《习近平强调推动老龄事业全面协调可持续发展》，中国共产党新闻网，http://cpc.people.com.cn/n1/2016/0529/c64094 - 28387539.html，最后访问日期：2023 年 9 月 12 日。

② 《习近平：决胜全面建成小康社会 夺取新时代中国特色社会主义伟大胜利——在中国共产党第十九次全国代表大会上的报告》，中华人民共和国中央人民政府，https://www.gov.cn/zhuanti/2017 - 10/27/content_5234876.htm，最后访问日期：2023 年 12 月 19 日。

境发生深刻复杂变化的重要时期，党的十九届五中全会通过了《中共中央关于制定国民经济和社会发展第十四个五年规划和二〇三五年远景目标的建议》，提出了"实施积极应对人口老龄化国家战略"。在这一背景下，积极老龄化理念也与时俱进，实现了"全龄健康＋连续管理""全民参与＋多元共治""全面保障＋精准配需"的全谱系同步提质升级（韩烨、沈彤，2021：29～35）。其中，"全龄健康＋连续管理"是指依托系统论视角树立全方位、全周期保障人民健康的理念，为全体人民提供包括预防保健、疾病诊治、康复护理、健康促进等内容的综合连续健康服务，进行全生命周期的健康管理；"全民参与＋多元共治"是指全体社会成员共同参与，打造共建共治共享的老年友好型社会，为提高老年人的社会参与水平提供政策支撑和社会环境；"全面保障＋精准配需"是指在现有养老服务设施基础上，提高服务水平和服务质量，为老年人提供精准化养老服务，实现供给与需求有效对接。

2021 年 11 月，中共中央、国务院印发了《关于加强新时代老龄工作的意见》，与《国家积极应对人口老龄化中长期规划》共同构成实施积极应对人口老龄化国家战略、实现老龄事业和产业高质量发展的顶层设计。老有所养、老有所依、老有所乐、老有所安，是全面建成小康社会的应有之义，成为中国人民实现伟大复兴中国梦和建设美好老龄化社会的重要依据和实践指南。

二　理论核心内容与研究契合度

（一）供求理论为本研究提供研究基础和调研依据

供求关系视角下的养老服务供需研究，已成为国内外学者普遍研究的内容。我国养老服务供给随着社会的发展而变迁。回顾我国具体实践，新中国成立后至改革开放前，我国养老服务侧重于对"三无老人"基本生活照料需求的满足。改革开放初期至 20 世纪末，社会保障（其中包括养老保险）制度逐渐形成并完善，人们基本实现通过社会保障保障老年生活。21 世纪以来，国家大力支持养老服务事业，颁布了一系列促进老龄事业发展的政策，提出要建立适应中国城乡二元结构的养老服务保障体系，满足老年人基本的养老服务需求。党的十九大以来，我国社会主要矛盾已经转化为人民日益增长的美好生活需要和不平衡不充分的发展之间的矛盾。老年人对美好生活的需求已经从简单生活照料需求向多层次、多样化、个性化需求转变。供求关系理论为本研究提供了供给－需求分析框架和调研指导，只有动态把握老年人养老服务需求，才能精准对接养老服务供给，鼓励多元主体参与养老事业，构建满足我国老年人多层次、多样化、个性化需求的高质量养老服务体系。

（二）制度变迁理论为把握宏观结构与环境变化提供理论支撑

制度变迁是旧制度转化为新制度的动态过程。随着经济社会环境的改变，制度相关的主客体会对制度提出新的需求，制度需要通过自我扬弃、自我创新来满足新的需求，达到新层次的均衡（周亚娇，2017）。制度在非均衡与均衡之间的转换，就是制度变迁的具体轨迹。我国养老服务供给经历了从物质供给与家庭养老服务相分离、国家与集体共同承担养老救助到社会养老保险逐步形成的阶段，又经历了从"社会福利社会化"到社会化养老服务的兴起与全面发展的阶段。伴随养老服务体系从初步形成到养老服务业"全面放开、融合发展"，制度变迁理论为精准研判我国养老服务体系发展变迁提供了理论支撑与指导，为准确把握养老服务宏观结构、环境变化提供了理论借鉴。

（三）公共服务供给理论为微观供给主体实践和机制建设提供多维思路

养老服务作为典型的准公共物品，其生产与供给自然也被认为是政府"与生俱来"的职能与责任。然而实践表明，政府不是万能的，"政府失灵论"促使人们寻求政府以外的力量解决养老服务供给问题。

公共服务供给理论表明，无论是市场、政府还是社会组织，在公共服务供给中都存在优势与不足。多元主体的互相补充、相互增进成为微观供给主体实践的方法论指导。在这一理念指导下应调动市场和社会组织主动参与，协调国家、市场与社会组织的相互关系，发挥各主体的最大优势，以促进养老服务资源的有效配置，满足老年人多层次的福利保障需求。以福利多元为核心的公共服务供给理论对本研究具有重要的启示和借鉴意义。

（四）积极应对人口老龄化国家战略为探索本土研究提供新视角

中国学者对积极应对人口老龄化的本土化探讨符合我国人口众多、未富先老的社会现实，启示我们老龄问题不仅仅是老年群体的问题，更是全社会的共同问题，全社会主体应共同参与，面向全体老年人提供全生命历程的健康服务，构建养老、敬老、孝老的政策体系，营造敬老孝老的社会环境，从促进个体老年人的社会参与转向促进全社会公民对老龄社会的参与，以"需求－权利"结合为基础，提供覆盖全体老年人的经济保障、服务保障、健康保障和精神保障。积极老龄化从健康、参与、保障三个维度提出保障老年人基本权利和生活尊严的行动指南。在积极应对人口老龄化上升到国家战略高度的背景下，以"全龄健康＋连续管理"、"全民参与＋多元共治"和"全面保障＋精准配需"为核心的新时代框架为我国养老服务体系研究提供了新思路，为社会力量参与养老服务供给机制研究提供了全新视角（韩烨、沈彤，2021：29～35）。

相关理论与本研究的契和度如图 2－1 所示。

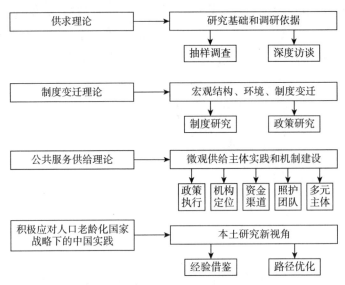

图 2 - 1　相关理论与本研究的契合度

第三章　思路解读：社会力量参与养老服务供给的分析框架

本章对社会力量参与养老服务供给的框架进行了设计及分析，包括社会力量参与养老服务供给的主体结构、动力机制及运行机制。在此基础上，本研究创新性地提出社会力量参与城市养老服务供给的三种模式——社会力量嵌入型、社会力量瞄准型和社会力量偏好型，以及农村社会力量参与养老服务供给的两种模式——社会力量缺失型和社会力量被动型。

一　核心概念阐释

（一）养老服务

养老服务有广义和狭义之分，广义上所有为老服务都可以称为养老服务，即一切有利于老年人更好生活的正式与非正式服务，是指国家、社会或个人为满足老年人生活需求而提供的生活照顾和护理等服务，涉及生活照料、医疗护理、文化教育、休闲娱乐、精神慰藉等多方面。而狭义的养老服务是指由政府主导提供，聚焦老年人的失能照护和生命安全等基本需要的基本养老服务，面向全体老年人，但优先保障特殊困难老年人。从养老服务与护理服务和医疗护理的区别来看，一方面，护理服务是为因年老或疾病而丧失一定功能的人提供的医疗服务、生活照料和社会服务，其主要面向一段时间内不具备完全自我照料能力的老年人，而养老服务面向 60 岁及以上的全体老年人，以非失能、健康老年人为主。养老服务聚焦老年人生活需求，主要提供日常生活照料，护理服务更注重维持老年人日常生活和身体状况，因此，除生活照料外还提供康复训练以及心理慰藉等服务。另一方面，医疗护理是指医疗服务机构对患者进行检查、诊断、治疗和提供康复与预防保健等方面的服务，其目的是通过医疗措施改善服务对象的身体状况，使其康复或病情好转，而养老服务是面向老年人的，以满足老年期日常需求的服务，是一个广义的概念。

（二）社会力量

广义来讲，社会力量是指政府之外且与政府没有直接隶属关系的组织和个人，包括民间资本、民办社会组织和个人。国务院办公厅印发的《关于政府向社会力量购买服务的指导意见》（国办发〔2013〕96号）中明确规定，社会力量是"依法在民政部门登记成立或经国务院批准免予登记的社会组织，以及依法在工商管理或行业主管部门登记成立的企业、机构等"。[①] 在养老服务供给领域，本研究中的社会力量主要涉及两部分：一是在市场机制导向下，在工商部门注册的营利性养老企业，以下统称民企机构；二是在民政部门注册为民办非营利组织的养老机构，以下统称民非机构。

（三）养老服务供给

养老服务供给是政府、企业、非政府组织以及其他有关主体，以满足老年人生活需求为目的，为老年人提供各种养老产品或服务项目的过程，其主要由供给主体、供给内容、供给模式和供给运行机制四个要素组成，以上四个要素的水平层次对养老服务供给质量和效率产生直接影响。其中，养老服务供给主体是指负责提供养老服务的各种组织与个人，本研究认为供给主体包括政府、民非机构、社区、民企机构、家庭（及个人）；养老服务供给内容是指供给主体具体提供的各

---

① 《国务院办公厅关于政府向社会力量购买服务的指导意见》，中华人民共和国中央人民政府，http://www.gov.cn/zhengce/content/2013 - 09/30/content_4032. htm，最后访问日期：2023 年 9 月 12 日。

种养老服务项目，包括基本养老服务、普惠养老服务和个性化养老服务；养老服务供给模式是指养老服务具体的实现形式，即供给主体将养老服务提供给老年人的具体手段，包括政府供给模式、市场供给模式、社会供给模式和多元供给模式；养老服务供给运行机制是指在影响养老服务供给的各种因素之间相互作用的，保障养老服务供给能够协调高效运行必需的各种规章制度体系，主要包括供给决策机制、供给筹资机制、供给监管机制和供给激励机制。

二　社会力量参与养老服务供给的主体结构

养老服务供给的主体包括政府、民非机构、社区、民企机构、家庭（及个人）。其中，家庭养老是我国的传统养老方式，也是当今我国主要养老方式。养老服务作为一种准公共产品，需要有政府的干预。政府是居于核心地位的责任供给主体，是养老服务的主要提供者、决策者和监管者。在推动养老服务发展的过程中，仅仅依靠政府和家庭的作用还不够，需要充分调动各方面社会力量。我国人口老龄化问题日益凸显并伴随家庭结构小型化的变迁，多元协同供给的主体格局逐渐成为趋势。其中，民非机构、社区、民企机构各自发挥所长，成为不可忽视的参与主体，对促进养老服务供给高质量发展具有重要意义。

（一）养老服务供给主体

1. 政府：核心地位的责任供给主体

广义的政府是指包括立法、行政和司法等在内的一切国家机关。狭义的政府仅指各级行政机关，即依照国家法律设立并享有行政权力、担负行政管理职能的国家机关，是国家权力机关的执行机关，是社会中不以营利为目的的公共组织。政府的职能就是提供公共产品与公共服务，这是国际行政界的共识（王广辉，2020）。

政府是养老服务供给主体中处于核心地位的责任供给主体。在公共产品理论的描述中，公共产品具有不可分割性、非竞争性和非排他性的特征，若公共产品只依靠市场机制供给，则容易出现"搭便车"现象，无法实现公共利益最大化。公共产品领域存在"市场失灵"，因此政府需要发挥重要的供给功能。从本质上说，养老服务可以称作准公共产品。因此，按照公共产品理论，政府理应是养老服务中居于核心地位的供给主体，是养老服务的主要提供者、决策者和监管者（曹海苓，2020）。

首先，政府是基本养老服务的提供者和推进养老服务政策的决策者。第七次全国人口普查数据显示，2020 年我国出生人口数量为 1200 万人，相比 2019 年的 1465 万人减少了 265 万人，降幅约 18%。截至 2020 年，我国 65 岁以上人口为 1.9 亿人，占总人口的 13.21%，相比 2010 年提高了 4.63 个百分点。[①] 面对人口老龄化程度的日益加深，政府迅速做出反应，明确顶层设计，密集出台了一系列政策规定。2000 年，国务院办公厅转发民政部等 11 部门《关于加快实现社会福利社会化的意见》。同年 8 月，中共中央、国务院印发《关于加强老龄工作的决定》，旨在发展以居家养老为重点的养老供给模式。2006—2016 年，国家层面先后出台《关于加快发展养老服务业意见的通知》《社会养老服务体系建设规划（2011—2015）》《关于加快发展养老服务业的若干意见》《民政事业发展第十三个五年规划》等具有重要意义的文件。2019 年，国务院办公厅印发《关于推进养老服务发展的意见》。2021 年，中共中央、国务院印发《关于加强新时代老龄工作的意见》，2022 年，国务院印发《"十四五"国家老龄事业发展和养老服务体系规划》。这些政策文件为我国养老服务体系建设指明了方向。

其次，政府是着力促进养老机构的建设者和行业监管者。改革开放前，政府全面承担"三无"老人的供养，通过事业单位提供福利性的养老资源及服务。改革开放后，伴随社会主义市场经济体制的建立，养老机构蓬勃发展，政府对养老机构的建设方向进行了调整，一方面，政府以公办民营等手段盘活经营不善的公办养老机构，使其得以继续

---

① 《第七次全国人口普查主要数据结果新闻发布会答记者问》，https://www.stats.gov.cn/sj/zxfb/202302/t20230203_1901089.html，最后访问日期：2023 年 11 月 20 日。

提供养老资源与服务；另一方面，鼓励经营良好的民办机构进行企业化与社会化改革，根据不同地区经济发展情况调整其原有规模和数量。调整后的养老机构有以下主要特征。第一，公办养老机构服务提供的覆盖面扩大，在满足"三无"老人的养老救助基础上，面向社会接收老年人。第二，民办机构以满足老年人多样化需求为前提，不断丰富其服务内容。第三，对大多数机构的运行机制进行改革。针对不同老年人的需求层次，开设一些收费的微利项目，这也同时减轻了政府的财政负担。

随着市场经济的快速发展，政府在养老服务供给方面也不断地适应并调整责任主体的战略引导方向。当前，政府在供给养老服务方面，着力以地方政府作为福利资源的主要载体，其一，作为养老服务供给的主体，政府扮演主要领导者的角色，承担着落实中央政策、出台地方性法规条例以及为当地养老服务提供财政支持的责任；其二，着力进行机构的"公办民营"转型；其三，以监管者的身份对养老服务机构运营全流程监管，充分发挥地方养老服务机构等级评定带来的示范效应。

2. 民非机构：日益凸显的社会供给主体

非营利组织兴起于 20 世纪 60～70 年代，是指独立于政府及市场，在社会转型过程中产生的，由社会各个阶层或者团体根据自身意愿自发组织的一种组织形式。从广义来说，社区的基层组织、人民团体、企事业单位都可以被称为非营利组织。狭义的非营利组织指的是民非机构、社团和基金会，其中，民非机构是在民政部门注册为民办非营利组织的机构，旨在为社会提供医疗、教育、养老等服务。社团是由一群由于兴趣爱好或者观念思想相近而形成一种特殊关系的人成立的社会组织。本文所指的非营利组织是指狭义的非营利组织，并主要限于养老服务供给领域，是以民非机构为核心，以养老服务为主要业务的非营利组织。

目前，我国积极推进政府职能转变和供给侧结构性改革，为民非机构的发展提供了广阔空间。例如，民政部在《养老机构管理办法》

（2020 年修订版）第七条中强调"鼓励、支持企业事业单位、社会组织或者个人兴办、运营养老机构"。2021 年，《中华人民共和国国民经济和社会发展第十四个五年规划和 2035 年远景目标纲要》强调："发挥群团组织和社会组织在社会治理中的作用，畅通和规范市场主体、新社会阶层、社会工作者和志愿者等参与社会治理的途径，全面激发基层社会治理活力。"并明确提出"要实施积极应对人口老龄化国家战略，推动养老事业和养老产业协同发展"，"构建居家社区机构相协调、医养康养相结合的养老服务体系"，"健全养老服务综合监管制度"。①这些政策都为民非机构进一步参与养老服务供给提供了新机遇，营造了新环境，激发了新的发展活力。

民非机构作为政府养老资源不足与养老服务责任承担之间矛盾的解决者、公众需求的满足者与社会资源的协调者，在养老服务供给方面发挥着重要的作用。第一，民非机构参与养老服务供给可以缓解政府养老资源不足与养老服务责任承担之间的矛盾。随着人们生活水平的不断提高，人们的兴趣、爱好、生活方式也有了巨大的转变，老年人的养老需求也呈现多样化趋势。面对日益多样的养老需求，政府需从满足大众需求、基础需求出发。而民非机构具有公益性、志愿性、灵活性等特点，可以自主确定服务内容和方式，能够满足老年人个性化需求，在承担社会职责、提供社会福利等方面起到积极作用，可以缓解政府在渠道、经费、人才等方面相对不足的矛盾和压力，助推政府职能转变。第二，民非机构可以以公众需求为导向，有针对性地提供服务。由于具有规模小、灵活性强等特点，民非机构在体制机制及活动方式上可以根据老年人的需求调整自己的目标，从而填补政府和市场的空白，能够为老年人提供较为优质、高效和个性化的服务，从而更好地满足老年人的需求。第三，民非机构可以统筹社会资源，凝聚社会力量。民非组织具有自主性强等特点，可以有效协调政府、服

---

① 《中华人民共和国国民经济和社会发展第十四个五年规划和 2035 年远景目标纲要》，中华人民共和国中央人民政府，https://www.gov.cn/xinwen/2021 - 03/13/content_5592681.html，最后访问日期：2023 年 12 月 22 日。

务对象等的关系，为政府和服务对象之间的沟通与互动搭建平台。以政府购买民非机构服务为例，民非机构能够将多方面、多渠道的社会资源集中到养老服务领域，弥补政府供给不足，补齐政府供给短板，以其更为专业化、多样性的服务满足老年人养老需求，并进一步将服务供给延伸至社区，打造规模效应（谢怡洁，2020）。

3. 社区：继续革新的社会供给主体

社区养老不等于家庭养老，有研究也称其为社区居家养老。如张奇林、赵青（2011）认为社区居家养老是"福利多元化"在老年人福利领域的体现：社区通过整合社区资源、联系基层政府组织、协调家庭与社区之关系，为社区内居家的老年人提供生活照料、家政服务、康复护理和精神慰藉等系列服务。章晓懿、刘帮成（2011）指出，社区居家养老是以社区为依托、专业化服务机构为载体，通过政府购买服务、社会参与、非政府组织实体承办的运作方式，采取上门、日托或邻里互助等服务形式，为居家养老的老人提供生活照料、医疗保健、心理慰藉等主要养老服务内容。本书统称为"社区养老"，老人在家中受家人照顾的同时，也接受社区相关养老机构和专业人士提供的上门服务与托老服务。它是以家庭养老为基础，以社区养老为依托，以充分的社区自愿为保障，一种满足老年人生活照料、医疗保健、精神文化、权益保障等多种需求的服务方式（梁馨月，2010：78）。

调研显示，目前的社区养老主要采用"家庭养老＋社区养老＋机构养老"的组合模式，为老年人提供生活照料、家政服务、康复护理及精神慰藉等综合服务。这种组合模式在优化规划原则的基础上把有限的家庭资源、社区资源、社会资源配置到需要又能发挥效用的地方，以上门服务和集中服务为主要形式。上门服务是可根据老年人选择，专业服务人员上门提供服务：有时政府发放支付券，如高龄老人生活券；有时老年人及家庭自主支付，如助浴助洁等。集中服务是社区以实体化的地域提供场所服务，主要集中在老年人文化娱乐方面。两种模式都有助于老年人在自己熟悉的生活环境下享受规范化的服务，成为越来越多老年人的养老选择（李砚忠、牛顺娇，2021：47~56）。

社区养老的优势可概括为以下几点。第一，满足老年人传统家庭养老的心理需求。家庭是享受亲情、实现情感寄托的港湾，现实中由于种种原因，有些老年人并不能居家安享晚年，社区养老成为老年人居家养老的"定心丸"。第二，以地缘优势解决无自理能力或有行动障碍的老年人的基础慢性病诊疗的问题。签约的家庭医生可以进入社区义诊，或者提供上门服务。第三，社区内各种养老服务设施、服务场所等资源可以得到最大化利用，社区卫生院、社区服务站、社区食堂等资源的协同配合，有利于管理者的整合与管理。第四，社区居家养老队伍建设与再就业工作相结合，可以提供一批公益性就业岗位。

4. 民企机构：不断完善的市场供给主体

民企机构是指在当地工商部门注册登记的营利性养老机构，其性质是企业（赵青航，2012：34~37）。2015~2020年，我国养老机构数量整体呈增长趋势。民政部公布的数据显示，截至2020年底，全国共有养老机构3.8万个，较2019年增长10.4%，较2015年底增长37.2%（董红亚，2013：96~103）。其中，民企机构的增长势头不可小觑。民企机构作为机构养老的发展方向之一，是解决我国老龄人口"老有所养"问题的重要途径。其意义在于以下几点。第一，体现了养老服务方式的革新。作为一种独立的平衡力量，民企机构体现着养老社会化的趋势。第二，调动了社会资源，有力地弥补了政府资源的不足。第三，增加了养老服务的社会供给，有利于缓解日趋严重的养老供求矛盾。第四，促进了市场化机制的形成。民办养老机构数量的增加、质量的提高，有利于养老服务市场形成公平竞争机制。第五，有利于国家包办福利弊端的消除及财政拨付机制的根本性转变。第六，增强了社会慈善意识，提升了道德水准，有利于促进社会主义精神文明建设（董红亚，2013：96~103）。

目前，民企机构主要为有支付能力的老年人供给服务。首先，大型房地产企业、保险企业进军养老市场，以专业化、个性化服务为标准，为高净值老年群体提供服务。其次，多数民企机构以提供护理服务为核心，发挥医养结合专业优势，主要面向失能、半失能或高龄群体。最后，民企机构未来有下沉社区、打造规模化经营的趋势，主要面向社区内不愿入住机构但愿为专业化养老服务付费的老人。

5. 家庭（及个人）：文化维系的传统供给主体

家庭养老作为我国传统的养老方式，深受思想观念的影响。家庭养老是指老年人在因年老体弱失去劳动能力以后，依靠家庭成员或其他亲属提供养老支持，主要包括三方面内容——经济供养、生活照料和精神慰藉（杨清哲，2013）。家庭养老有其存在的价值和意义。一方面，有利于中华民族传统孝道的传承，家庭养老十分依赖子女的孝顺程度。子女充分履行赡养义务和责任能够体现传统的孝道精神，也有助于这种精神的代代传承。另一方面，家庭养老能使老年人精神上的需求得到最大限度的满足。膝下有子孙陪伴，享天伦之乐，对于老年人来说是最大的人生成就，是"老有所养，老有所依"美好愿景的最好体现（鲍伟，2020）。

传统的家庭养老正面临一些挑战：其一，家庭呈小型化发展趋势，年轻人照顾父母负担加重；其二，发挥传统照料功能的女性进入劳动力市场，家庭老年照料人员缺乏；其三，当下年轻人承担较高的"育儿养儿成本"，老年人反倒要发挥隔代照料的功能。

表3-1呈现了政府、社区、民非机构、民企机构、家庭（及个人）等主体的优势和不足。

表3-1　养老服务供给主体对比

	政府	社区	民非机构	民企机构	家庭（及个人）
优势	①供给责任主体 ②兜底弱势群体 ③提供财政支持	①提供心理慰藉 ②充分利用社区的资源，成本低，效率高 ③扩大就业与再就业（李学斌，2008）	①减轻政府养老压力 ②优化养老资源配置 ③提供多样化养老服务	①体现养老方式创新 ②调动社会资源 ③增加养老服务供给 ④促进市场化机制形成	①满足老年人精神文化需求 ②传承中华传统孝道文化

续表

	政府	社区	民非机构	民企机构	家庭（及个人）
不足	高水平及多样化的养老服务供给不足	①政策法规不健全 ②基础设施建设落后 ③专业工作人员缺乏（王辅贤，2004）	①资金供给匮乏 ②硬件设施不完善 ③内部治理能力不强（龙玉其，2017）	①服务费用高昂 ②缺乏规范化管理 ③专业化人才缺乏	①家庭规模小型化 ②家庭养老负担重 ③家庭养老功能弱化

资料来源：作者整理。

（二）养老服务供给模式

1. 政府供给模式

政府供给模式，即以政府为主要的养老资源提供者，实现社会福利的分配机制，其中包括政府全面负责养老服务生产、递送、分配等活动。与其他的养老服务供给模式相比，这种政府全权负责的模式更具权威性，同时兼有计划性和普遍性的特点，但供给服务效能低、不能准确了解公众真实诉求（付子瑜，2022）。在我国，该模式发端于计划经济时期，目前仅针对社会救助体系下的特困人员。截至2022年9月，"全国有1420万老年人享受最低生活保障，371.7万老年人纳入特困人员救助供养范围，实现了应保尽保、应养尽养。老年人高龄津贴、经济困难老年人养老服务补贴、失能老年人护理补贴制度实现了省级全覆盖"。[①]

2. 社会化供给模式

社会化供给模式源于"社会福利社会化"。党的十八大以来，社会化供给模式逐步取代政府供给模式，呈现专业化等特点。2019年，民政部印发《关于进一步扩大养老服务供给促进养老服务消费的实施意见》，鼓励社会力量参与养老服务多元供给，鼓励地方政府优化发展环境，丰富供给主体，推动形成以社会力量为主体的居家和社区养老服

[①] 《十年来，我国基本建成了中国特色社会救助体系——兜牢民生底线 增进民生福祉》，中华人民共和国中央人民政府，http://www.gov.cn/xinwen/2022 - 09/09/content_5709081.htm，最后访问日期：2023年9月12日。

务多元供给格局。第一，为社会力量运营居家养老服务机构设施提供补贴；第二，鼓励社会力量参与居家养老服务供给，提供基建支持；第三，鼓励龙头型企业与社会组织和机构整合力量，打造连锁化、品牌化的养老企业、组织与机构。

3. 市场供给模式

市场供给模式更多强调的是弥补政府供给模式和社会化供给模式的不足。已有研究中，市场供给模式主要面向有高消费能力的老年人群体，即"老而富"群体。如泰康之家，老人入住需要缴纳 20 万元的入户费。① 浙江万科随园嘉树养老社区，收费模式为房屋长租租金和服务费，老人需要缴纳 15 年长租租金，根据房屋户型价格从 100 万元到180 万元不等，此外每月还需要交护理服务费几千元。② 以市场供给为核心的高端净值市场旨在满足老人高品质晚年生活需求，为老人提供个性化的养老服务，包括舒适的居住环境，医养融合的照护体系，多学科专业服务团队以及多样化的娱乐设施等。养老企业的产业可以延伸至医疗保健、健康护理、休闲养生、心理咨询、养老金融保险等。一般来说，市场供给的驱动力是由各主体对经济利润的追求而产生的。由于市场供给模式对效益与收益的高度聚焦，其在各个供给模式中具有不可取代的特殊性。在提供养老服务时，市场供给模式具有竞争导向、绩效导向和鼓励差别化的特点。同时，该模式也面临目标客户群体缺失、行业监管不足而导致服务质量有待提高等问题（付子瑜，2022）。

4. 多元供给模式

实践中，我国养老服务供给初步构建起以居家养老为基础、社区养老为依托、机构养老为支撑、医养融合发展的多层次社会化养老服务体系。其中，多元供给的主体包括政府、社会与市场等，形成了多

---

① 《关于泰康养老社区，您想知道的都在这里》，https://mp.weixin.qq.com/s/sBIFQ HOgFpZjLlMeqv54yA，最后访问日期：2023 年 12 月 26 日。

② 《良渚随园嘉树养老社区》，https://www.suiyuanyanglao.com/product2.html，最后访问日期：2023 年 12 月 26 日。

元供给模式。多元供给模式具有以下特点：第一，凸显了供给主体的社会化转向；第二，拓展了受益对象，使之呈现公众化；第三，升级了保障内容，使之呈现全面化；第四，培育了服务队伍，使之呈现专业化。本研究所指的多元供给模式是政府、机构、社区、家庭及个人的有机结合，共同参与养老服务的供给。

（三）养老服务供给内容

本研究认为，养老服务包括基本养老服务和非基本养老服务（或称延伸养老服务）。其中，基本养老服务是面向所有老年群体，满足老年人基本服务需求，通常由政府主导提供的养老服务。非基本养老服务，是面向具有差异化需求的老年人提供基本养老服务以外（或水平以上）的有偿服务（李兵等，2011：66～68），主要包括普惠型养老服务和个性化养老服务（见图 3 - 1）。

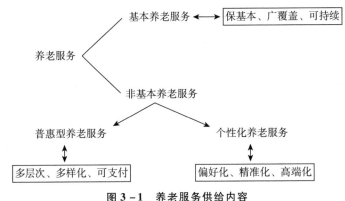

图 3 - 1 养老服务供给内容

1. 基本养老服务

基本养老服务是指在政府的主导下，通过国家财政投入，向全体老年人提供基本的生活照料、卫生健康、精神文化等服务。基本养老服务应以困难老年群体为优先和重点，服务是无偿或低偿的，重点关注老年人的普遍需求，需合理规划。发展基本养老服务要注意以下几点：一是基本养老服务要坚持"保基本、广覆盖、可持续"原则，在满足服务全体老年人需求的同时，兼顾资源配置的可行性和政府的财政实力；二是注重精神价值方面的"老有所养"，不仅关注物质类的经济支持，还关注精神文化方面的需要；三是坚持政府主导、社会参与的方针。政府要履行政策制定、资金筹集、人员培训和服务监管等方面的职责，并积极引导和支持各种社会力量参与基本养老服务业建设（李兵等，2011：66～68）。

2. 普惠型养老服务

普惠型养老服务是在基本养老服务的基础上，面向有支付能力的老年人，主要是由政策引导、依靠市场机制供给的服务。

随着我国经济的发展、人们生活水平的提高以及老龄化程度的加深，养老服务需求呈现多元化特征，为老年人提供普遍可及的养老服务需要政府、家庭、社会组织等多方主体共同发挥作用。2019 年 2 月，国家发改委会同民政部、国家卫健委印发了《城企联动普惠养老专项行动实施方案》，并在北京召开了"城企联动普惠养老专项行动"启动专题会议，提出南昌等 7 个城市成为首批城企联动普惠养老试点城市。《城企联动普惠养老专项行动实施方案》聚焦普惠养老，围绕"政府支持、社会运营、合理定价"，深入开展城企合作。国家通过中央预算内投资，支持和引导城市政府系统规划建设养老服务体系。城市政府通过提供土地、规划、融资、财税、医养结合、人才等一揽子的政策支持包，企业按约定承担公益责任，提供普惠性养老服务包，向社会公开，接受监督。城市政府和企业双方签订合作协议，约定普惠性服务内容及随 CPI（消费价格指数）等因素动态调整价格机制，扩大养老服务有效供给，满足社会多层次、多样化需求，增强人民群众获得感、幸福感和安全感。[①]

2021 年，国务院印发的《"十四五"国家老龄事业发展和养老服务体系规划》提出要扩大普惠型养老服务覆盖面，建设普惠养老服务网络，发展社区养老服务机构，"支持建设专业化养老机构"，"积极推进公办

[①] 《支持面向社会大众的普惠性养老项目 鼓励企业建康养产业基金或发企业债》，https://finance. sina. com. cn/money/bond/2019 - 09 - 11/doc-iicezueu4996 299. shtml，最后访问日期：2023 年 9 月 12 日。

养老机构改革"，"支持普惠养老服务发展，完善社区养老服务设施配套"，"加大国有经济对普惠养老的支持"，"充分调动社会力量参与积极性。综合运用规划、土地、住房、财政、投资、融资、人才等支持政策，引导各类主体提供普惠养老服务，扩大供给，提高质量，提升可持续发展能力。进一步完善市场原则下的普惠价格形成机制。'十四五'期间，各地要结合实际，综合考虑企业建设运营成本、政策支持情况、消费者承受能力等因素，推动普惠养老服务价格在合理区间运行，价格水平显著低于当地同等服务水平的市场化养老服务机构。实施普惠养老专项行动，发挥中央预算内投资引导和撬动作用，引导地方政府制定支持性政策包，带动企业提供普惠型服务包，推动建设一批方便可及、价格可接受、质量有保障的养老服务机构"。

同年，《"十四五"民政事业发展规划》正式印发。其中也提出"十四五"期间将大力发展普惠型养老服务，为中低收入家庭老年人提供价格适中、方便可及、质量可靠的养老服务，吸引更多社会力量参与开展普惠养老服务，推动中央、省、市各级党政机关和国有企事业单位培训疗养机构转型为养老服务设施，并支持其可持续发展。支持国有经济加大对养老服务的投入，积极培育发展以普惠型养老服务等为主责主业的公共服务功能国有企业。

3. 个性化养老服务

个性化养老服务面向支付能力更强的高净值老年人，根据老年人的不同特征和需求，为其提供更人性化、精细化的全方位立体式服务（张海川、张利梅，2017：58～65）。与普惠型养老服务不同的是，民企机构供给个性化养老服务的受众群体更小众，市场配置资源的分配机制更明显。可以个性化养老服务为契机，带动银发经济产业发展。

三 社会力量参与养老服务供给的动力机制

所谓动力机制，是指动力的来源和作用方式，具有推动事物高效运行、提供激励的作用。安东尼·吉登斯在《现代性的后果》一书中从制度层面阐述了现代性的主要特征，并将现代性的动力机制概括成三个方面，即时间从空间中分离出来、脱域以及反思性（吉登斯，2000）。作为养老服务供给的主体之一，社会力量参与养老服务供给具有两大动力机制，即内驱动力机制和外推动力机制。内驱动力机制一方面出于个人情怀和社会公益目的，另一方面为追求一定的经济利益。因此，情怀动因和经济动因构成内驱动力机制的主要方面。外推动力机制一方面依赖政府的政策支持，另一方面需要充分的绩效反馈。两种机制相互作用，共同推动社会力量参与养老服务供给。

（一）内驱动力机制

1. 情怀动因

社会力量参与养老服务供给是基于个人情怀的社会公益慈善目的。养老服务与其他行业不同，具有更多的附加价值。除了为老年人提供健康照料外，还体现出对生命的崇高敬意，其遵循的基本价值理念是还原老年人的尊严生活。中国传统的孝道文化需要通过养老从业者和社会群体广泛传播，这部分养老从业人员基于自身情怀投身于养老服务业，引领并带动着其他社会力量参与养老服务供给。因此，社会力量参与养老服务发展的经济性利益诉求无法改变养老服务发展的福利性内在价值诉求。给予社会力量合理的经济微利，一方面有利于凸显养老服务的福利性功能，更好地为老年人提供优质安全的服务；另一方面也能不断提高养老服务的社会信任度，吸引更多有需求的老年人选择社会化养老。因此，社会力量参与养老服务供给具有双重意义：就其宗旨而言，它是一种传统的慈善行为；就其运营而言，它是一种典型的商业性行为（褚松燕，2008）。

2. 经济动因

社会力量参与养老服务供给的另一个核心动因，即经济动因。在老龄社会发展进程中，养老服务业具有广阔的市场前景及潜在的经济利益。社会资本的天然本性为追求经济利益、实现资本增值，因此，社会资本竞相进入养老服务行业的各个领域。面对具有广阔市场发展前景的养老服务业，养老服务需求的持续增长是社会力量参与养老服务供给的重要机遇，养老服务供给能带来广阔的盈利空间。尤其是在经济结构转型的背景下，我国经济增长速度放缓，社会资本盈利空间缩小、盈利能力下降，需要进一步寻求新的经济盈利空间，人口老龄化提供的广阔市场前景和盈利空间则为其提供了重要机遇。

（二）外推动力机制

1. 政策支持

政府的政策支持是推动社会力量参与养老服务供给的重要外部动力机制。社会力量参与养老服务供给，关键在于政府政策支持力度的不断加大。由于养老服务业的弱质性特征，前期资本投入大、回报周期长、风险系数高、利润水平低、专业化程度要求高，如果缺乏政府的政策支持，则社会力量难以长期参与养老服务供给。因此，地方政府对养老服务采取的相关激励政策是关键，地方政府采取的减税、现金补偿等激励措施是影响社会力量进入养老服务业的主要因素（郭敬、黄陈刘，2015：112～119）。

同时，政府的政策支持在一定程度上能降低民办机构的运营风险，为社会力量参与养老服务供给提供重要的制度保障。

养老服务具有明显的准公共物品特征，这是政府政策支持的重要动力，也是推动社会力量参与养老服务供给的关键。实际上，大部分社会力量参与养老服务业不仅无法获得较高的收益回报，而且面临较高的运营风险。党的十八大以来，养老服务领域的政策供给呈现井喷式发展，各级政府给予高度关注。政策明确了社会力量参与养老服务供给的规划路径与发展方向，回应了老年人对多样化养老服务的真实需求。

2. 绩效反馈

绩效反馈是社会力量参与养老服务供给的重要保证。所谓绩效反馈，原意是指绩效管理中的重要一环，即管理者与被管理者之间进行沟通，就被管理者在一定周期内的表现进行面谈并对其工作中的优点及不足之处予以肯定和改进。而在养老服务中，绩效反馈则是指上一级政府将养老服务供给纳入下一级政府的考核指标之中，下一级政府为了获得出色的政策表现，需要对养老服务供给给予一定程度的行为回应。

养老服务供给是提高人民生活水平和质量的重要内容，因此，它被纳入政府绩效考核体系中。自上而下的绩效考核体系使中央政府将提升养老服务供给水平的责任目标和任务要求转化为地方各级政府的行为动力。当养老服务供给目标被纳入政府绩效考核指标体系之后，养老服务供给的任务指标就已经被置于地方政府的晋升竞争领域，从而可获得地方政府更强的行为回应（鲁迎春，2016：109~114）。当地方各级政府遵照上级政府的要求，进行养老服务供给的具体工作安排时，社会力量作为提供养老服务的重要主体就会被纳入政府的工作计划。社会力量通过对接基层政府，为民众提供养老服务，也能够实现养老服务供给的累积效应。因此，良好的绩效反馈在一定程度上成为社会力量参与养老服务供给的重要行为保证。

在内驱动力机制和外推动力机制的共同作用下，社会力量参与养老服务供给呈现一种"以经济动因为核心、政府政策配套供给、多种因素相互促进"的协同发展局面。在政府政策的支持下，一方面，养老服务带来的广阔盈利空间不断驱使着社会力量参与养老服务供给；另一方面，部分社会力量自身的社会公益情怀以及养老服务所带来的良好的绩效反馈也在一定程度上增强了社会力量参与养老服务供给的意愿，扩大了其供给范围，为社会力量提供源源不断的供给动力。两种动力机制的作用如图 3 - 2 所示。

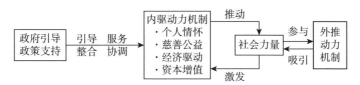

图 3 - 2　社会力量参与养老服务供给的动力机制

四 社会力量参与养老服务供给的运行机制

所谓运行机制，是指引导并制约事物发展的基本准则及相应制度，是决定行为的内外因素及相互关系的总称，例如市场运行机制、企业运行机制等。在养老服务供给中，社会力量也需要遵循一定的原则并按照相应的方式及时、高效供给养老服务。本研究将运行机制概括为供给决策机制、供给筹资机制、供给监督机制以及供给激励机制。四种机制相互作用，共同促进社会力量高效供给养老服务。

（一）供给决策机制

养老服务供给决策机制是有关养老服务供给决策主体及其权责分配、决策程序、决策方法和影响决策效果的各种信息之间所形成的各种规则和制度体系。它是养老服务供给运行机制的基础，在各机制中处于核心地位。计划经济时期，我国养老服务通常由政府或集体决策供给，这种"自上而下"的决策机制在一定程度上满足了当时城市和农村居民的养老服务需要。随着老年人养老服务需求的日益多元化以及我国社会主义市场经济体制改革的不断深化，这种传统的以政府为主体的"自上而下"的供给决策机制已不能满足新时代发展需要。因此，要不断健全养老服务供给决策机制，实现养老服务供需平衡，提高供给效率和效能。

（二）供给筹资机制

养老服务供给筹资机制是为了满足老年人养老服务需求，保障养老服务有充足稳定的资金来源，以有关养老服务筹资的方式、渠道、标准等要素为主体的相关规则及制度体系，是其他机制得以运行和正常开展的财力保障，也是养老服务体系运行的物质基础。计划经济时期，养老服务的筹资来源主要为政府和集体，在城市通常由企业或单位提供，在农村则主要由人民公社提供。改革开放后，我国农村地区实行家庭联产承包责任制，集体经济逐步衰弱，农村地区的养老服务一度陷入筹资困境。21 世纪以来，我国养老服务市场全面放开，城市与农村地区的养老服务资金来源逐渐增多，政府补贴、社会投资、经营性收入、个人捐赠等逐渐成为我国养老服务的主要资金来源，多元主体供给局面逐步形成。现阶段，一方面，要不断拓宽筹融资渠道，提升养老服务供给主体的活力，保障养老服务有充足稳定的资金来源；另一方面，要创新养老服务供给筹资机制和理念方式，扩大政府公共财政专项支出，积极引导社会力量参与。

（三）供给监督机制

养老服务供给监督机制是为了提高养老服务供给的透明度，防止政府或社会组织等因寻租、贪污腐败等而导致养老服务供给不足而设立的，以政府为核心的，对企业、社会组织、社会公众等社会力量参与养老服务供给过程和资金使用情况进行监督与管理的相关规则及制度体系，它是养老服务供给运行机制正常运转的重要保障。从监督类型来看，养老服务供给监督机制主要分为政府内部监督和社会外部监督两种。政府作为养老服务的主要供给者，一方面向社会公众提供符合其需求的养老服务，另一方面对养老服务的效果和质量进行监督，其主要方式有预算监督、业务部门监督以及绩效监督。社会外部监督，即以企业、社会公众、新闻媒体、社会组织等社会力量为主体对养老服务的供给过程进行监督。在供给养老服务的过程中，有时候为了实现组织内部利益最大化，在政府层面可能会出现照顾不到的地方，进而出现养老服务供给"政府失灵"，影响养老服务的供给质量和效率。在社会力量参与养老服务过程中，由于社会组织等自身力量不足，专业化程度不高等，也容易出现"社会失灵"现象。因此，要采取合理措施，完善养老服务供给监督机制，使养老服务供给过程更加透明、公正、高效率。

（四）供给激励机制

养老服务供给激励机制是指为了调动各方供给主体的积极性和参与性，在供给过程中由各激励主体，包括政府、企业、社会组织等，通过多种激励措施组成的所有相关规则和制度体系。它是养老服务供给运行的动力机制，是供给运行机制能够高效运转的重要保证。从激励方式上看，养老服务供给激励机制主要包括外部激励和内部激励。外部激励主要是指政府以外的组织对养老服务各供给主体的激励。内部激励则主要是指政府内部上级政府对下级政府、各级政府对其工作人员的激励。随着近年来我国政府对老龄事业重视程度的提高，民政部、财政部等颁布了一系列激励措施，如《关于开展公办养老机构改革试点工作的通知》、《关于鼓励民间资本参与养老服务业发展的实施意见》、《关于鼓励外国投资者在华设立营利性养老机构行政事业收费有关问题的通知》和《关于减免养老和医疗机构行政事业性收费有关问题的通知》等，从鼓励养老服务业公建民营、吸引外国投资者、鼓励民间资本等方面积极引导社会力量参与养老服务供给。

在四种运行机制的相互作用与协同配合下，社会力量在养老服务供给中发挥着越来越重要的作用（见图3-3）。首先，供给决策机制为社会力量提供有效的决策程序及方法，并为其提供各种规则和制度体系，是实现养老服务供需平衡、提高供给效率的关键，在各项机制

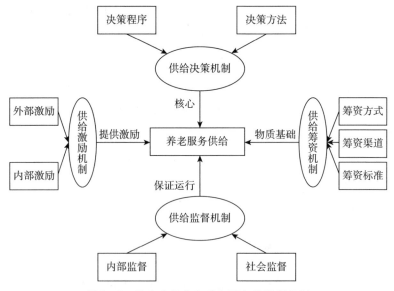

图3-3 社会力量参与养老服务的运行机制

中处于核心地位。其次，供给筹资机制为其提供稳定的资金来源，是各项机制得以运行和正常开展的物质基础和保证，具有基础性的保障作用。再次，供给监督机制提高了社会力量参与养老服务供给的透明度，在一定程度上保证了养老服务供给。最后，供给激励机制调动了各方供给主体的参与性，可实现从被动到主动的积极转换。

五　社会力量参与养老服务供给的模式构建

党的十八大以来，随着我国政府简政放权、深化供给侧结构性改革，我国养老服务市场全面放开，各种社会力量在政府的支持鼓励及引导下有序参与养老服务供给。本研究结合实地调研情况，按照社会力量参与养老服务供给的性质、特点、市场类别、供给对象、组织发展、资金实力、人员配备、政策导向、基础条件、收费标准、经营理念等特征，创新性地提出社会力量参与城市养老服务供给的三种模式，分别是社会力量嵌入型、社会力量瞄准型和社会力量偏好型；社会力量参与农村养老服务供给的两种模式，即社会力量缺失型和社会力量被动型。

（一）社会力量参与城市养老服务供给的模式构建[①]

1. 社会力量嵌入型

该模式的供给主体以"政府+社会企业+个人支付"的民非机构、日间照料中心为主。这一类型的养老机构享受政府相关政策支持，但机构自身组织发展一般、资金实力不强、人员配备一般、运营情况一般，服务对象以低收入的活力老人[②]、失能老人和高龄老人为主，能够满足老年人的基本生活需求，以福利化和市场化的发展方向为指导，通常收费标准是1600～4000元/（人·月）。对于这一类型的民办养老机构，政府通过划拨土地、完善设施等方式提供支持，个人通过支付服

[①]　本部分涉及的收费标准主要包括床位费、护理费、餐费及其他费用等，根据调研结果计算而来。

[②]　本书将"活力老人"界定为70岁以下、身体健康状况较好的老人。

务费（社保支付部分医疗与护理费用）享受机构提供的基本养老服务，机构通过合理运营获得微利来实现自身的可持续发展（见图3-4）。

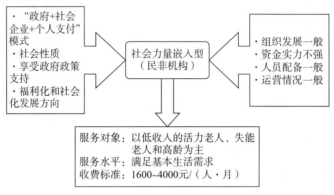

图 3-4 社会力量嵌入型

2. 社会力量瞄准型

该模式的供给主体以"政府＋商业企业＋个人支付"的民企机构为主。这一类型的养老机构获得的来自政府的支持较少，通常情况下只是被动接受政府政策的指导，机构自身发展、资金实力、人员配备及运营情况均良好，服务对象以中等收入的活力老人、失能老人和半失能老人为主，能够满足老年人的适度服务需求，以福利化和产业化的发展方向为指导，通常收费标准为4500～7000元／（人·月）。对于这一类型的民办养老机构，政府为其提供的政策优惠和运营补贴在该模式下较有限，机构通过整合自身土地、资金、人员、设施等基础资源，衡量自身优势从而精确瞄准部分养老服务需求群体。这部分服务对象因有稳定的退休收入而对机构提供的养老服务内容和服务质量有一定的要求，机构结合养老服务需求调整自身定位和服务内容从而获得收益来支持组织的可持续发展（见图3-5）。

3. 社会力量偏好型

该模式的供给主体以"商业企业＋个人支付"的民企机构为主。这一类型的养老机构，由政府提供土地征用优惠政策，机构依托背后企业的力量，组织发展好、资金实力强、人员配备优、运营情况较好，服务对象以高收入的活力老人、失能老人、半失能老人和失智老人为

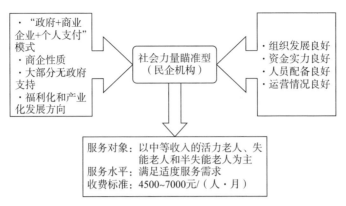

图 3 - 5　社会力量瞄准型

主，能够满足老年人的拓展需求，以福利化、产业化和品牌化的发展
方向为指导，通常收费标准为 5000 ~ 12000 元/（人·月）。这一类的
民办养老机构通常是养老服务行业的典型代表，能为政府制定相关政
策提供建议，并且有背后企业提供强有力的资源支持。因此，对于自
身发展而言，该类型的养老机构或是走智慧养老发展之路，或是走医
养结合发展之路，为老年人提供更加舒适的居住环境和高水平的软硬
件配套设施，服务对象以高学历、高社会声望的高净值老人为主，能
够满足服务对象多元化、高品质的养老服务需求。机构按照市场定价
原则收费并获得盈利，通过品牌化、规模化、产业化的发展方式来实
现组织的可持续发展（见图 3 - 6）。

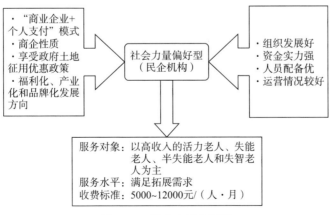

图 3 - 6　社会力量偏好型

综上，结合社会力量参与养老服务供给的性质、特点、市场类别、供给对象等因素，我国社会力量参与城市养老服务供给的三种模式如表 3-2 所示。

表 3-2　社会力量参与城市养老服务供给的三种模式

模式类型		社会力量嵌入型	社会力量瞄准型	社会力量偏好型
供给性质		民非机构	民企机构	民企机构
供给特点		公办补充保基本	长护覆盖	智慧型、医养结合
市场类别		低端	中端	高端
供给对象		低收入老人（活力老人、失能老人、高龄老人）（基本需求）	中等收入老人（活力老人，失能、半失能老人）（适度需求）	高收入老人（活力老人、失能老人和失智老人）（拓展需求）
组织发展		一般	良好	好
资金实力		不强	良好	强
人员配备		一般	良好	优
政策导向		享受政策、严格限制、程序烦琐	被动接受、政策支持较少	行业代表
运营情况		一般	良好	较好
基础条件	土地及环境	政府	政府+商业企业	政府+商业企业
	房产及硬件	政府	政府+商业企业	政府+商业企业
	服务及照料护理费	政府补贴+社保	政府补贴+社保+个人	政府补贴+社保+个人
	日常生活用品费	个人	个人	个人
收费标准		1600~4000 元/（人·月）	4500~7000 元/（人·月）	5000~12000 元/（人·月）
经营理念（发展方向）		福利化+市场化	福利化+产业化	福利化+规模化+连锁化+品牌化

注：收费主要包括床位费、护理费、餐费及其他费用等，为作者根据调研计算所得。
资料来源：作者根据调研情况整理。

（二）社会力量参与农村养老服务供给的模式构建

1. 社会力量缺失型

社会力量缺失型，由传统的公办养老机构转型而来。严格意义上，这一类型的养老机构通常由政府出资、委托社会力量管理。服务对象主要是"五保"老人、特困或残疾老人、"三无"老人等，入住的老人不需要交任何费用，老人的吃住费用、照护费用等都来自民政部门拨款。敬老院的作用是对农村特困老年人进行集中供养，体现了政府对老年人养老服务的兜底保障，属于基本养老服务的核心内容，具有公益性、福利性和救济性的特点。实践中，由于社会力量的缺失，这一类型的养老机构由乡里派专人管理，满足老年人基本需求，其他诉求难以真正得到回应。养老机构完全依靠地方政府财政拨款，政府负担很重，并且地方政府财力有限，能提供的养老服务也是最基本的兜底保障（见图 3-7）。通过对村干部的访谈得知，地方政府期待真正意义上有资质的社会力量加入，提高机构的服务水平和服务质量。

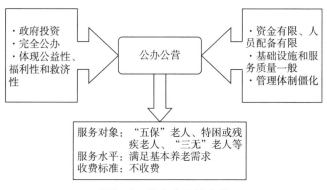

图 3-7　社会力量缺失型

2. 社会力量被动型

社会力量被动型，以民非机构为主要形式。这一类型的养老机构通过政府公开招标，获得经营权。服务对象以"五保"老人为主并辐射至社会上其他老人。这类机构主要面向高龄、失能老人，能够满足其基本生活需求，以福利化和市场化的发展方向为指导，通常收费标准为 1400～2200 元／（人·月）。其中，特困群体由政府集中供养，医疗费用由政府负责。这一类养老机构，通常情况下资金和人员配备有限，基础设施较为一般，处于亏损或收入刚刚能够维持运营的状态（见图 3-8）。在该模式下，社会力量由于政策等原因缺少完善养老服务供给的动力机制，政府购买服务缺乏体制机制保障。

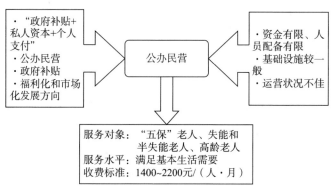

图 3-8 社会力量被动型

综上，结合社会力量参与养老服务供给的性质、特点、市场类别、供给对象等因素，我国社会力量参与农村养老服务供给的模式对比如表 3-3 所示。

表 3-3 社会力量参与农村养老服务供给的两种模式

模式类型	社会力量缺失型	社会力量被动型
供给性质	公办转型	民非为主
供给特点	公办公营	公办民营
供给对象	"五保"老人、特困或残疾老人、"三无"老人等	"五保"老人、失能和半失能老人、高龄老人
资金来源	政府财政拨款	"政府补贴＋私人资本＋个人支付"
人员配备	有限	有限
服务水平	满足基本养老需要	满足基本生活需要
收费标准	不收费	1400～2200 元/（人·月）
经营理念	公益性、福利性和救济性	福利化和市场化发展方向

资料来源：作者根据调研情况整理。

第四章 历史沿革：社会力量参与养老服务供给的发展演变

根据不同时期的特征，我国养老服务供给大致可以分为以下四个阶段：第一阶段为1949～1978年，即新中国成立至改革开放前；第二阶段为1979～1999年，即改革开放初期至20世纪末；第三阶段为2000～2012年，即21世纪初期至党的十八大前；第四阶段为2013年至今，即党的十八大后至今。

一 1949～1978年：以救助供养为核心内容的国家供给阶段

（一）物质供给与家庭养老服务的分离

1958年，我国第一部户籍法规《中华人民共和国户口登记条例》正式颁布，该条例将我国所有人口分为"农业户口"和"非农业户口"。自此，城乡二元分割体制正式形成，相伴而生的还有福利待遇体系的城乡分割。

我国农村地区的养老服务通常由集体提供。新中国成立以来，我国农村农业生产活动以集体形式进行，依据劳动量结合生产要素进行分配。农业合作社对于老弱病残等丧失劳动能力的人群予以适当救助，该时期农业集体经济占主导地位，养老服务主要由集体供给。在我国城市地区，由单位为退休职工提供养老服务。1951年《中华人民共和国劳动保险条例》颁布，该条例对城镇职工的养老保险进行了规定，其覆盖范围包括国有企业、公私合作企业、私营及合作社工厂等。《中华人民共和国劳动保险条例》规定养老保险的全部费用由企业承担，并规定男性工人或职工年满 60 周岁、工龄满 25 年、本企业工龄满 5 年（女性工人或职工年满 50 周岁、工龄满 20 年、本企业工龄满 5 年）可退休养老，并根据在本企业的工龄长短给付养老补助费。1955 年我国又颁布了《国家机关工作人员退休处理暂行办法》和《关于处理国家机关工作人员退职、退休时计算工作年限的暂行规定》，规定了机关事业单位工作人员退休金从国家预算拨给各单位的行政管理费中提取（见表 4 - 1）。

表 4 - 1　1951 ~ 1955 年我国养老政策及内容

时间	名称	主要内容
1951 年	《中华人民共和国劳动保险条例》	针对城镇职工养老保险做了规定
1955 年	《国家机关工作人员退休处理暂行办法》	机关事业单位工作人员退休办法
1955 年	《关于处理国家机关工作人员退职、退休时计算工作年限的暂行规定》	机关事业单位工作人员退休时工作年限的计算方法

资料来源：作者整理。

计划经济时期，在农村，由集体提供养老服务；在城市，由企业或机关事业单位提供养老服务。虽然城乡二元体制造成了养老待遇的差异，但在农村，对于特殊老人，如"五保"老人的所属集体提供养老服务；在城市，则是以就业为前提由企业提供养老服务。因此，以业缘关系为依托的养老服务供给局面出现。

（二）国家与集体共同承担养老救助功能

新中国成立后，国家在大中城市创办了一批福利事业单位，建立了大批养老院和生产教养院，收养安置了大批无家可归、无依无靠和无生活来源的老人及孤残儿童。1956 年，内务部发布《关于改善城市残老儿童教养院工作的通知》，决定将老年人和儿童从生产教养院中分离出来，单设残老院和儿童教养院，其性质为社会福利机构，资金由国家承担。在农村地区，国家要求合作社从总收入中抽取一部分资金作为对贫困老年人的补助费用，如果集体经济薄弱，则由国家给予适当的补贴。

这一时期，无论是在城市还是在农村，救助对象都是"三无"老人，即无劳动能力、无生活来源、无赡养人，或者其赡养人确无赡养能力的 60 周岁及以上老年人。农村针对"三无"老人的救助标准是"五保"。1956 年通过和实施的《高级农业生产合作社示范章程》规定："农业生产合作社对于缺乏劳动力或者完全丧失劳动力、生活没有依靠的老、弱、孤、寡、残疾的社员，在生产上和生活上给以适当的安排和照顾，保证他们的吃、穿和柴火的供应，保证年幼的受到教育和年老的死后安葬，使他们生养死葬都有依靠。"[①] 由此，我国农村地区建立起"五保"制度，即保吃、保穿、保烧、保教（孤儿为保教）和保葬，享受"五保"的农户被称为"五保户"。随着农村基本生活条件的改善，"五保"又逐渐演变为"保吃、保穿、保住、保医、保葬（教）"。这一时期的养老政策如表 4-2 所示。

表 4-2　1956 年我国养老政策及内容

时间	名称	主要内容
1956 年	《关于改善城市残老儿童教养院工作的通知》	将老人从教养院中划分出来，单设残老院
1956 年	《高级农业生产合作社示范章程》	农村"保吃、保穿、保烧、保教和保葬"的"五保"制度

资料来源：作者整理。

二　1979～1999 年：社会化养老服务初现的多元主体供给探索阶段

（一）以经济给付为核心的养老保险制度初建

随着改革开放的深入，我国的经济体制逐步由计划经济向社会主

---

① 《高级农业生产合作社示范章程》，https://www.pkulaw.com/chl/6d0fcab3bc0f13f1bdfb.html？keyword = % E9% AB% 98% E7% BA% A7% E5% 86% 9C% E6% 9D% 91% E5% 90% 88% E4% BD% 9C% E7% A4% BE% E7% A4% BA% E8% 8C% 83% E7% AB% A0% E7% A8% 8B&way = listView，最后访问日期：2023 年 12 月 5 日。

义市场经济转型，以往国家和集体承担养老服务的制度已不符合社会发展的需要。1986 年，国务院发布《国营企业实行劳动合同制暂行规定》，该规定将原先由企业独揽养老服务的体制转变为企业和个人共同缴费的养老保险。1991 年，国务院颁布《关于企业职工养老保险与企业补充养老保险的规定》，确定了养老保险由国家、企业和个人三方负担的原则，单位负责制由此被打破，自此以后社会养老保险初步形成。

在农村地区，家庭联产承包责任制的建立逐步弱化了集体经济，老年人的养老服务供给又转回到家庭。1986 年，国务院在上海试点农村社会养老保险制度。1992 年，民政部通过《县级农村社会养老保险基本方案（试行）》，该方案规定在我国农村地区实施农村社会养老保险制度，参保对象不再是国家提供商品粮的农村人口，而是农民个人缴费、集体补贴，60 周岁以后可以按月领取养老金。该制度在实行初期覆盖了大量农村人口，但由于个人账户主要依靠农民个人缴纳，国家资金支持较少，个人账户积累少，农民领取到的养老金无法维持基本生活，因此，该制度在 1999 年被国务院废止。这一时期我国养老政策如表 4 - 3 所示。

表 4 - 3 1986 ~ 1992 年我国养老政策及内容

时间	名称	主要内容
1986 年	《国营企业实行劳动合同制暂行规定》	企业独揽养老服务转变为企业和个人共同缴费
1991 年	《关于企业职工养老保险与企业补充养老保险的规定》	确定了养老保险由国家、企业和个人三方负担的原则
1992 年	《县级农村社会养老保险基本方案（试行）》	在我国农村地区实施农村社会养老保险制度

资料来源：作者整理。

（二）"社会福利社会化"的提出

改革开放以前，福利院、养老院、教养院等大多数由政府负责建立，不向被救助者收取任何费用。改革开放之后，随着社会经济的逐步发展，社会福利服务的供给主体也逐步多元化，既可以是国家，也可以是单位和个人。1988 年，民政部印发《关于支持和表彰个人办敬老院的决定》，明确表示国家鼓励并支持多种力量兴办社会福利事业，自此，由国家独办社会福利事业的局面被打破。《1999 年民政事业发展统计报告》数据显示，我国社会福利社会化局面已经形成，国有社会福利单位拥有床位数占总数的 78.9%，民办福利单位拥有床位 1.7 万张，占总数的 1.6%。[①]

（三）社会化养老服务的兴起

1986 年，民政部提倡在城市社区开展以民政对象为主的社区服务业，以适应当时的城市经济体制改革。1987 年，民政部在武汉市召开全国城市社区服务工作座谈会，提出要建立和完善社区服务体系。1991 年，民政部又提出要在城市探索"社区建设"，以加强城市基层社会管理和基层组织建设，其内容包括老年人综合服务站、老年人活动中心、街道敬老院、老年人婚介所等。其中，老年人活动中心是主要项目，其形式包括茶馆、寿星乐园、活动中心等。老年人综合服务站主要是为了满足老年人的特殊需求，其内容包括为老年人提供生活用品、为老年人制作服装、为老年人提供咨询和培训等。随着城市经济体制改革的深入和民政部的号召，1992 年国家计委将社区养老服务纳入国家计划，社区养老服务工作在全国各地全面开展。1994 年，民政部、卫生部和全国老龄委员会等多部门联合印发《中国老龄工作七年发展纲要（1994—2000 年)》，提出要逐步建立健全老年法规，建立符合我国国情的国家、社区和家庭相结合的养老保障体系。在此背景下，我国于 1996 年颁布了第一部《中华人民共和国老年人权益保障法》，从国家立法层面对老年人权益给予保障，明确指出家庭是老年人养老服务的供给主体，而政府则提供兜底保障，同时国家要建立完善的养老保险和医疗保险制度，以保障老年人的基本需要，并且鼓励社会组织、社区兴办养老机构和开展养老服务。此外，2000 年，国务院办公厅转发了

---

① 《1999 年民政事业发展统计报告》，中华人民共和国民政部，https://www.mca.gov.cn/n156/n189/c93376/content.html，最后访问日期：2023 年 12 月 26 日。

民政部等 11 部门《关于加快实现社会福利社会化的意见》，指出要积极引导鼓励社会力量参与养老服务供给，推进我国养老服务业的社会化。这一时期我国的养老政策如表 4-4 所示。

表 4-4 1994~2000 年我国养老政策及内容

时间	名称	主要内容
1994 年	《中国老龄工作七年发展纲要（1994—2000 年）》	建立符合我国国情的国家、社区和家庭相结合的养老保障体系
1996 年	《中华人民共和国老年人权益保障法》	从国家立法层面对老年人权益给予保障
2000 年	《关于加快实现社会福利社会化的意见》	积极引导鼓励社会力量参与养老服务供给

资料来源：作者整理。

三 2000~2012 年：老龄化社会推动社会力量参与供给的阶段

（一）社会化养老服务供给的全面铺开

第五次全国人口普查数据显示，截至 2000 年底，我国 65 岁及以上的老年人口为 8811 万人，占总人口的 6.96%，同 1990 年第四次全国人口普查数据相比，65 岁及以上人口的比重上升了 1.39 个百分点。[1]按照联合国制定的标准，我国已进入人口老龄化社会。此外，我国家庭核心化和小型化趋势较为明显，截至 2000 年底，我国平均每个家庭户的人口为 3.44 人，比 1990 年第四次全国人口普查时的 3.96 人减少了 0.52 人。[2]从年龄结构来看，0~14 岁人口为 28979 万人，15~64 岁人口为 88793 万人，老年抚养比为 9.9%，少年抚养比为 32.6%，总

---

[1] 《2000 年第五次全国人口普查主要数据公报》，国家统计局，http://www.gov.cn/gongbao/content/2001/content_60740.htm，最后访问日期：2023 年 9 月 12 日。

[2] 《2000 年第五次全国人口普查主要数据公报》，国家统计局，http://www.gov.cn/gongbao/content/2001/content_60740.htm，最后访问日期：2023 年 9 月 12 日。

抚养比为42.5%。到2010年，我国60岁及以上的老年人口已占总人口的13.26%，65岁及以上的老年人口占总人口的8.87%[①]，人口老龄化趋势更加严峻。人口的高龄化、家庭的小型化使我国家庭养老陷入困境，同时城镇化导致的人口流动使空巢老人数量上升，由家庭成员负责老年人养老面临重重困难。

这一时期，我国机构养老服务大规模发展并逐渐面向全体老年人，养老服务的规模不断扩大，社会养老服务体系初见雏形，具体表现在两个方面。第一，养老多元主体供给，面向全体老年人。2000年，国务院办公厅转发民政部等11部门《关于加快实现社会福利社会化的意见》，明确规定要实现养老服务投资主体多元化、推进社会福利社会化，同时要实现服务对象公众化，即社会福利机构除了面向特困群体外，还要面向全体老年人，以扩大服务范围和覆盖面。第二，机构养老向居家养老倾斜。《关于加快实现社会福利社会化的意见》明确指出，在老年人供养方式上坚持以居家为基础、以社区为依托、以社会福利机构为补充的发展方向。此后，上海、大连等城市相继设立了"居家养老服务站""居家养老院"等福利机构，为老年人提供养老服务，我国开启居家养老服务探索之路。

（二）"以居家为基础、社区为依托、机构为支撑"的养老服务体系初步形成

2000年10月，中共中央、国务院下发《关于加强老龄工作的决定》，首次提出要发展老年服务业，完善老年服务的内容和体系框架，为老年人提供集生活照料、文化娱乐和医疗卫生于一体的养老服务，并强调社区在养老服务供给中的重要地位。随后，财政部、国家税务总局于2000年下发《关于对老年服务机构有关税收政策问题的通知》，民政部于2001年下发《关于印发"社区老年福利服务星光计划"实施方案的通知》，并于2005年下发《关于支持社会力量兴办社会福利机

[①]　《2010年第六次全国人口普查主要数据公报》，国家统计局，http://www.gov.cn/guo-qing/2012-04/20/content_2582698.htm，最后访问日期：2023年9月12日。

构的意见》，在税收优惠、财政补贴和资金倾斜上为社会组织参与养老服务提供支持，促使我国的养老服务机构数量逐年增加。2001年，国务院印发《中国老龄事业发展"十五"计划纲要（2001—2005年）》，首次把老龄事业纳入政府的五年计划中，这一纲领性文件阐明了我国老龄事业在"十五"期间的发展方向，提出要建立适应中国城乡二元结构的养老保障体系，初步形成了以社区为依托的养老服务体系，逐渐满足老年人多样化多层次的养老服务需求。2006年8月，全国老龄委印发《中国老龄事业发展"十一五"规划》，提出要建立健全家庭养老和社会养老相结合的养老服务体系，加大养老服务设施建设，鼓励吸引社会力量兴办养老机构等。截至2009年底，全国共有各类社区养老服务中心17.5万个①，社区养老服务事业蓬勃发展。同年，国务院办公厅又下发《关于加快发展养老服务业意见的通知》，这是国务院第一次以独立文件的形式提倡大力发展养老服务业。此后，老龄事业成为拥有独立政策发展体系和顶层设计方向的重要事业。2008年，全国老龄委联合民政部等多部门印发《关于全面推进居家养老服务工作的意见》，系统阐述了居家养老的概念内涵和内容，提出要以社区为依托在城市范围内建立完善的居家养老服务中心，并力争覆盖80%的乡镇地区。至此，养老服务政策由以机构为主转变为以居家为主，"去机构化—回归家庭"成为养老政策的主流。

2011年，《中华人民共和国国民经济和社会发展第十二个五年规划纲要》、《中国老龄事业发展"十二五"规划》和《社会养老服务体系建设规划（2011—2015）》均提出，要加强养老服务体系建设，建立以居家为基础、社区为依托、机构为支撑的养老服务体系，实现养老服务从基本生活照料转向医疗健康、精神慰藉、法律援助等方面。2012年，全国人大又对《中华人民共和国老年人权益保障法》进行了修订，在原有六章的基础上，增添了社会服务、社会优待和宜居环境三章，

---

① 《民政部发布2009年度全国民政事业发展统计报告》，中华人民共和国中央人民政府，http://www. gov. cn/gzdt/2010 - 06/10/content_1624699. htm，最后访问日期：2023年9月12日。

并将老龄事业发展纳入国民经济发展计划和社会规划，老龄事业经费列入财政预算，该项法律的修订全面展示了国家对于养老服务事业发展的大力支持，为今后养老服务体系建设指明了方向。自此以后，我国养老服务体系初步形成，养老服务不断发展与完善。这一时期的政策如表4-5所示。

表4-5　2000~2012年我国养老政策及内容

时间	名称	主要内容
2000 年	《关于加快实现社会福利社会化的意见》	实现养老服务投资主体多元化、推进社会福利社会化
2000 年	《关于加强老龄工作的决定》	发展老年服务业，完善老年服务的内容和体系框架
2000 年	《关于对老年服务机构有关税收政策问题的通知》	在税收优惠、财政补贴和资金倾斜上都给予社会组织参与养老服务支持，促使我国的养老服务机构数量逐年增长
2001 年	《关于印发"社区老年福利服务星光计划"实施方案的通知》	
2005 年	《关于支持社会力量兴办社会福利机构的意见》	
2001 年	《中国老龄事业发展"十五"计划纲要（2001—2005 年）》	建立适应中国城乡二元结构的养老保障体系，初步形成了以社区为依托的养老服务体系，逐渐满足老年人多样化多层次的养老服务需求
2006 年	《中国老龄事业发展"十一五"规划》	建立健全家庭养老和社会养老相结合的养老服务体系
2006 年	《关于加快发展养老服务业意见的通知》	提倡大力发展养老服务业
2008 年	《关于全面推进居家养老服务工作的意见》	大力发展居家养老服务，要以社区为依托在城市范围内建立完善的居家养老服务中心，力争覆盖80%的乡镇地区
2011 年	《中国老龄事业发展"十二五"规划》《社会养老服务体系建设规划（2011—2015 年）》	加强养老服务体系建设，建立以居家为基础、社区为依托、机构为支撑的养老服务体系
2012 年	《中华人民共和国老年人权益保障法》	增添了社会服务、社会优待和宜居环境三章，并将老龄事业发展纳入国民经济发展计划和社会规划

资料来源：作者根据国务院办公厅、民政部等部门的政策文件整理所得。

四 2013年至今：养老服务市场全面放开、向 高质量供给转型阶段

（一）以促进社会力量参与养老服务供给的政策体系不断规范 完善

经过21世纪前10年的摸索，我国已初步建成"以居家为基础、社区为依托、机构为支撑"的养老服务体系，老年消费市场初步形成，老龄事业发展取得显著成效。

健全养老服务配套设施，促进养老服务产业规范健康发展。2013年，民政部印发《关于推进养老服务评估工作的指导意见》；2014年，民政部等5部门印发《关于加强养老服务标准化工作的指导意见》；2014年，财政部、国家发改委、民政部、全国老龄办印发《关于做好政府购买养老服务工作的通知》。这些文件从养老服务购买、养老服务评估、养老服务标准化等多个领域加强养老服务体系建设。同年，国务院印发《关于加快发展养老服务业的若干意见》，指出要统筹发展居家养老、机构养老和其他多种形式的养老，实行普遍性服务和个性化服务相结合的发展模式，并且要加强社区服务设施建设，综合发挥社区公共服务设施的养老服务功能，大力加强养老机构建设。2017年，国务院办公厅印发《关于制定和实施老年人照顾服务项目的意见》，强调要推进老年宜居社会、老年友好城市建设，加强社区、家庭的适老化设施改造，优先支持老年人居住比例高的住宅安装电梯等。为有效满足老年人多样化、多层次的养老服务需求，提高老年人及其子女获得感、幸福感和安全感，2019年4月，国务院办公厅印发了《关于推进养老服务发展的意见》，从6个方面提出了28条具体政策措施，明确指出要促进养老服务基础设施建设，实施特困人员供养服务设施改造提升工程、民办养老机构消防安全达标工程、老年人居家适老化改造工程以及落实养老服务设施分区分级规划建设等。2019年12月，工信部、民政部、国家卫健委、国家市场监督管理总局、全国老龄办等

部门联合印发《关于促进老年用品产业发展的指导意见》，提出要引导老年用品产业高质量发展，并针对功能性老年服饰、智能化辅助产品、养老照护产品以及康复训练辅具等领域制定了相关措施以促进老年用品创新升级，同时指出要加强对家庭、社区服务中心、养老机构等老年人日常活动场所的适老化环境改造，大力发展适老化环境改善产品。2020 年，为了进一步贯彻落实党的十九届五中全会关于"全面推进健康中国建设，实施积极应对人口老龄化战略"要求，国务院办公厅印发了《关于切实解决老年人运用智能技术困难实施方案的通知》，国家卫健委、国家中医药管理局印发了《关于加强老年人居家医疗服务工作的通知》，国务院办公厅印发了《关于促进养老托育服务健康发展的意见》等。这三个政策文件分别从老年人智能技术使用、居家医疗服务设施建设、养老托育设施布局等领域切实改善老年人的养老服务体验。

实现医疗卫生资源有序共享，提高养老服务资源配置能力。2015 年，国务院办公厅转发国家卫生计生委等部门《关于推进医疗卫生与养老服务相结合的指导意见》，明确要统筹医疗卫生与养老服务的资源布局，提高综合医院为老年患者服务的能力，全面落实老年医疗服务优待政策。2017 年，工业和信息化部、民政部和国家卫生计生委联合印发《智慧健康养老产业发展行动计划（2017—2020 年）》，指出要加快推动智慧健康养老产业发展，优化升级养老服务产业设施，积极引导医院、养老机构、社区服务中心和相关企业参与智慧养老试点项目建设，为智慧健康养老服务提供优质的医疗、养老资源保障。2019 年，为了进一步推进医养结合发展、进一步推进医疗卫生与养老服务相衔接，国家卫健委等部门联合印发《关于深入推进医养结合发展的若干意见》，提出要合理规划设置有关机构，实施社区医养结合能力工程，改造扩建社区卫生服务机构、城镇卫生院、社会养老机构等养老服务设施，为失能老年人提供集中或居家医养结合服务。2021 年，国家卫健委等多部门下发了《关于全面加强老年健康服务工作的通知》，国家卫健委等 8 部门下发了《关于印发加快推进康复医疗工作发展意见的通知》，中共中央、国务院印发了《关于加强新时代老龄工作的意见》。这三个政策文件全面阐释了新时代加强老龄工作的规划建议，从加强康复医院和学科建设、加强基层医疗机构康复能力建设、增设养老机构和床位数量等方面促进养老资源有效供给，提高养老、医疗服务质量。

引导社会力量有序参与，促进养老服务有效供给。2013 年，民政部下发了《关于开展公办养老机构改革试点工作的通知》；2015 年，民政部、国家发展改革委等 10 部门印发了《关于鼓励民间资本参与养老服务业发展的实施意见》；2014 年，商务部、民政部发布了《关于外商投资设立营利性养老机构有关事项的公告》；2014 年，财政部、国家发改委下发了《关于减免养老和医疗机构行政事业性收费有关问题的通知》。这些文件在养老服务业公建民营、吸引外国投资者、鼓励民间资本等方面完善政策供给，为社会力量参与养老服务提供了广阔的政策空间。2015 年，国务院办公厅转发国家卫生计生委等部门《关于推进医疗卫生与养老服务相结合的指导意见》，指出要鼓励社会力量兴办医养结合机构，为社会力量举办医养结合机构留出空间，鼓励有条件的地方提供一站式便捷服务。2016 年，为发展老年教育，积极应对人口老龄化、实现教育现代化以及建设学习型社会，国务院办公厅印发《老年教育发展规划（2016—2020 年）》，进一步强调要充分激发市场主体活力，推进举办主体、资金筹措渠道的多元化，通过政府购买服务、项目合作等多种方式，支持和鼓励各类社会力量通过独资、合资等形式举办或参与老年教育和服务提供。2016 年，国务院办公厅印发《关于全面放开养老服务市场提升养老服务质量的若干意见》，从全面放开养老服务、大力提升居家社区养老生活品质、全力建设优质养老服务供给体系方面加强养老服务及产品的有效供给，推进养老服务业健康可持续发展。2019 年 10 月，国家卫健委等部门颁布了《关于深入推进医养结合发展的若干意见》，从深化医养签约合作、合理规划设置有关机构、加强医养结合信息化支持等方面强化医疗卫生与养老服务衔接，并通过投资优惠、税收优惠、用地优惠等措施鼓励社会力量举办医养结合机构，完善医养结合市场化运作机制。2021 年，为实施积极应对人口老龄化国家战略，加强新时代老龄工作，提升广大老年人的获得感、幸福感、安全感，中共中央、国务院印发《关于加强新时代老龄工作的意见》，在健全养老服务体系、完善老年人健康支撑体系、促进老年人社会参与、构建老年人友好型社会以及培育银发经济等领域提出了一系列改革意见，并强调各地可以通过直接建设、委托运营、购买服务、鼓励社会投资等多种方式发展机构养老服务，提升养老服务质量。

（二）以高质量发展为核心鼓励社会力量参与养老服务供给的市场全面放开

近年来，随着国务院简政放权、优化服务改革的深入，我国养老服务业逐渐迈入供给侧改革阶段。2016 年，国务院办公厅印发《关于全面放开养老服务市场提升养老服务质量的若干意见》，明确指出我国养老服务体系已经进入以市场化为导向的新阶段，在新阶段下，需要不断健全市场机制、提高服务质量、逐步实现供需结构平衡，深入推进养老服务体系供给侧改革。2017 年，民政部等部门颁布《关于加快推进养老服务业放管服改革的通知》，提出要加快养老服务业"放管服"改革，规范养老服务项目投资手续，简化养老服务机构申报流程，加强政府监督和服务能力。2019 年 3 月，国务院印发《关于推进养老服务发展的意见》，充分明确民政部、财政部以及人社部等部门的职责分工，将养老服务业发展的各个环节进行了细化，并提出要进一步深化养老服务"放管服"改革，拓宽融资渠道，提高服务质量，扩大养老服务消费市场。2019 年 9 月，民政部印发《关于进一步扩大养老服务供给促进养老服务消费的实施意见》，进一步提出要提高养老服务有效供给、加强老年人消费支撑保障、培育养老服务消费新业态，并逐步优化营商和消费环境。自此，我国养老服务业供给侧改革不断深入，养老服务质量不断提高。

在全面放开养老服务市场的背景下，我国养老服务业进入快速高效发展阶段。2019 年 10 月，十九届四中全会审议通过《中共中央关于坚持和完善中国特色社会主义制度 推进国家治理体系和治理能力现代化若干重大问题的决定》，指出要加快构建居家社区机构相协调、医养康养相结合的养老服务体系，进一步明确了我国养老服务体系建设的新方向。2019 年 11 月，国务院印发《国家积极应对人口老龄化中长期规划》，该规划是我国到 21 世纪中叶积极应对人口老龄化的综合性规划文件，也是全面深化改革阶段的又一里程碑式转变。其中，明确了积极应对人口老龄化的战略性目标，强调要改善养老服务领域的劳动力供给，夯实全社会的财富储备基础以应对人口老龄化，设计高质量养老服务产品，提升老年服务业科技创新水平，营造养老、孝老、敬老、爱老的和谐社会环境。此后，我国正式将积极应对人口老龄化上升为国家战略，一方面，国家提出要进一步积极应对老龄化，鼓励老年人参与社会，高度关注老龄社会问题；另一方面，我国在全面放开养老服务市场的基础上，不断深化养老服务业供给侧改革，积极拓宽养老服务业筹融资渠道，提升养老服务供给的质量，逐步将养老服务作为提升国家治理能力现代化的重要环节。

2022 年，为了贯彻落实积极应对人口老龄化国家战略，围绕推动老龄事业和产业协同发展、推动养老服务高质量发展，国务院印发《"十四五"国家老龄事业发展和养老服务体系规划》，强调要坚持以习近平新时代中国特色社会主义思想为指导，坚持党委领导、政府主导、社会参与、全民行动，实施积极应对人口老龄化国家战略。同时，提出要织牢社会保障和兜底性养老服务网、扩大普惠型养老服务覆盖面、强化居家社区养老服务能力、完善老年健康支撑体系、大力发展银发经济、践行积极老龄观、营造老年友好型社会环境、增强发展要素支持体系、维护老年人合法权益等，从社会保障、养老服务以及健康支撑体系等多方面将积极老龄观融入经济社会发展全过程，让老年人共享改革发展成果、安享幸福晚年。自此以后，我国养老服务业进入高质量发展时期。这一时期的政策如表 4-6 所示。

表 4 − 6　2011～2022 年我国养老政策及内容

时间	名称	主要内容
2011 年	《关于加强养老服务标准化工作的指导意见》《关于做好政府购买养老服务工作的通知》	从养老服务购买、养老服务评估、养老护理员职业技能培训等多个领域加强养老服务体系建设
2013 年	《关于推进养老服务评估工作的指导意见》	
2013 年	《关于加快发展养老服务业的若干意见》	统筹发展居家养老、机构养老和其他多种形式的养老，实行普遍性服务和个性化服务相结合的发展模式
2013 年	《关于开展公办养老机构改革试点工作的通知》	从养老服务业公建民营、吸引外国投资者、鼓励民间资本等方面完善政策供给，为社会力量参与养老服务提供广阔的空间
2015 年	《关于推进医疗卫生与养老服务相结合的指导意见》	
2014 年	《关于减免养老和医疗机构行政事业性收费有关问题的通知》	
2015 年	《关于推进医疗卫生与养老服务相结合的指导意见》	统筹医疗卫生与养老服务的资源布局，提高综合医院为老年患者服务的能力
2016 年	《老年教育发展规划（2016—2020 年）》	充分激发市场主体活力，推进举办主体、资金筹措渠道的多元化，支持和鼓励各类社会力量举办或参与老年教育和服务提供
2016 年	《关于全面放开养老服务市场提升养老服务质量的若干意见》	不断健全市场机制、提高服务质量、逐步实现供需结构平衡，深入推进养老服务体系供给侧改革
2017 年	《智慧健康养老产业发展行动计划（2017—2020 年）》	加快推动智慧健康养老产业发展，优化升级养老服务产业设施
2017 年	《关于制定和实施老年人照顾服务项目的意见》	推进老年宜居社会、老年友好型城市建设，加强社区、家庭的适老化设施改造，优先支持老年人居住比例高的住宅安装电梯，等等
2017 年	《关于加快推进养老服务业放管服改革的通知》	加快养老服务业"放管服"改革，规范养老服务项目投资手续，简化养老服务机构申报流程，加强政府监督和服务能力
2019 年	《关于推进养老服务发展的意见》	合理规划设置有关机构，实施社区医养结合能力提升工程，改造扩建社区卫生服务机构、城镇卫生院、社会养老机构等养老服务设施，为失能老年人提供集中或居家医养结合服务

续表

时间	名称	主要内容
2019 年	《关于深入推进医养结合发展的若干意见》	合理规划设置有关机构，实施社区医养结合能力提升工程，改造扩建社区卫生服务机构、城镇卫生院、社会养老机构等养老服务设施，为失能老年人提供集中或居家医养结合服务
2019 年	《国家积极应对人口老龄化中长期规划》	改善养老服务领域的劳动力供给、夯实全社会的财富储备基础以应对人口老龄化、设计高质量养老服务产品、提升老年服务业科技创新水平、营造养老、孝老、敬老、爱老的和谐社会环境
2020 年	《关于切实解决老年人运用智能技术困难实施方案的通知》《关于加强老年人居家医疗服务工作的通知》《关于促进养老托育服务健康发展的意见》	从老年人智能技术使用、居家医疗服务设施建设、养老托育设施布局等领域切实改善老年人的养老服务体验
2021 年	《关于全面加强老年健康服务工作的通知》《关于印发加快推进康复医疗工作发展意见的通知》《关于加强新时代老龄工作的意见》	从加强康复医院和学科建设、加强基层医疗机构康复能力建设、增设养老机构和床位数量等方面加强养老资源有效供给，提高养老、医疗服务质量
2022 年	《"十四五"国家老龄事业发展和养老服务体系规划》	织牢社会保障和兜底性养老服务网、扩大普惠型养老服务覆盖面、提升居家社区养老服务能力、完善老年健康支撑体系、大力发展银发经济、践行积极老龄观

资料来源：作者根据国务院办公厅、人力资源和社会保障部、民政部、国家卫生健康委、工业和信息化部、国家医保局等部门政策文件整理所得。

第五章　现状摸底：老年人基本状况及社会力量参与城市养老服务供给状况

本次调查的问卷设计围绕老年人基本状况、老年人对养老服务的需求现状、养老服务的供给现状以及养老服务供给区域差异这四个方面展开，具体结果如下文所述。

一　老年人社会人口学特征

（一）老年人基本情况

特征1：老年人以中低龄（60~79岁）、女性为主，过半数拥有初高中、中专或大专学历，约65%的老年人退休前曾在机关事业单位、国有或集体单位工作（见表5-1）。

表5-1　老年人基本情况（$N = 1134$）①

单位：%

		人数	占比
性别	男	483	42.59
	女	651	57.41
年龄	低龄60~69岁	531	46.83
	中龄70~79岁	258	22.75
	高龄80岁及以上	345	30.42

① 本章涉及的全部图表的数据均来自本研究的调查，后文出现将不再赘述。

续表

		人数	占比
区域分布	东部地区	255	22.49
	中部地区	150	13.23
	西部地区	84	7.41
	东北地区	645	56.88
文化程度	小学及以下	333	29.37
	初高中、中专或大专	576	50.79
	大学本科	153	13.49
	研究生及以上	72	6.35
曾就业状况	机关事业单位职工	345	30.42
	国有或集体单位职工	399	35.19
	私营企业员工	96	8.47
	个体户	81	7.14
	在家务农	138	12.17
	临时工	39	3.44
	没工作	36	3.17

本次抽样调查样本中男性老年人 483 人，占 42.59%；女性老年人651 人，占 57.41%，女性老年人比男性老年人占比高出 14.82 个百分点。从年龄分布来看，80 岁及以上高龄老年人 345 人，占 30.42%。60~79岁老年人约占 70%，其中 60~69 岁的低龄老年人 531 人，占 46.83%；70~79 岁的中龄老年人 258 人，占 22.75%。从区域分布来看，东部地区老年人有 255 人，占 22.49%；中部地区老年人有 150 人，占13.23%；西部地区老年人有 84 人，占 7.41%；东北地区老年人有 645人，占 56.88%[①]。从文化程度来看，初高中、中专或大专学历的老年人占比最高，占 50.79%；小学及以下学历的老年人有 333 人，占29.37%；大学本科学历的老年人有 153 人，占 13.49%；研究生及以上学历的老年人有 72 人，占 6.35%。从曾就业状况来看，大部分样本老年人退休前在机关事业单位及国有或集体单位就职。其中，曾为机

[①] 由于疫情原因，调研团队所在的东北地区的人数占比高，导致在区域分布描述时，东北地区有些数据分析的占比明显高于东、中西地区。但在抽样过程中，东中西地区按照严格抽样标准，统计上无误。

关事业单位职工的有 345 人，占 30.42%；曾为国有或集体单位职工的有 399 人，占 35.19%。其他职业分布如下：私营企业员工有 96 人，占 8.47%；个体户有 81 人，占 7.14%；在家务农有 138 人，占 12.17%；临时工有 39 人，占 3.44%；没工作的有 36 人，占 3.17%。

特征 2：低龄老年人口文化程度相对更高。其中，女性老年人文化程度差异较大，受教育程度呈现区域异质性。

不同曾就业状况和文化程度下的老年人存在性别差异（见表 5-2）。

表 5-2　文化程度和曾就业状况下性别结构状况（$N = 1134$）

单位：%

性别	文化程度				曾就业状况						
	小学及以下	初高中、中专或大专	大学本科	研究生及以上	机关事业单位职工	国有或集体单位职工	私营企业员工	个体户	在家务农	临时工	没工作
男	21.74	56.52	17.39	4.35	34.78	32.3	8.70	5.59	12.42	4.35	1.86
女	35.02	46.54	10.61	7.83	27.19	37.33	8.29	8.29	11.98	2.76	4.16

从文化程度来看，约半数老年人的学历集中在初高中、中专或大专，低龄老年人文化程度比其他年龄段老年人的文化程度高，即低龄老年人的学历在研究生及以上的人数比例较高，高龄老年人的学历在小学及以下的人数比例比其他年龄段老年人的人数比例高（见表 5-3）。

表 5-3　文化程度和曾就业状况下年龄结构状况（$N = 1134$）

单位：%

年龄	文化程度				曾就业状况						
	小学及以下	初高中、中专或大专	大学本科	研究生及以上	机关事业单位职工	国有或集体单位职工	私营企业员工	个体户	在家务农	临时工	没工作
低龄（60~69 岁）	21.47	51.98	15.82	10.73	30.52	27.68	12.43	9.04	13.56	2.82	3.95
中龄（70~79 岁）	32.56	52.32	10.47	4.65	27.91	29.06	8.14	8.14	15.12	6.98	4.65
高龄（80 岁及以上）	39.36	47.52	12.25	0.87	32.36	51.60	2.62	3.50	7.87	1.76	0.29

从区域来看，不同地区老年人的文化程度存在较大差异。东部地区老年人和东北地区老年人中学历在初高中、中专或大专的老年人比例较高。并且东部地区和东北地区老年人文化程度为大学本科的比例比中部、西部地区老年人高。中部地区和西部地区老年人文化程度在在小学及以下的比例较高。另外，从曾就业状况来看，东部地区与东北地区的老年人曾就业单位分别主要集中于机关事业单位和国有或集体单位，而中部与西部地区在家务农的老年人占比较高（见表5-4）。

表5-4　文化程度和曾就业状况下老年人区域分布状况 （$N = 1134$）

单位：%

地区	文化程度				曾就业状况						
	小学及以下	初高中、中专或大专	大学本科	研究生及以上	机关事业单位职工	国有或集体单位职工	私营企业员工	个体户	在家务农	临时工	没工作
东部地区	16.47	56.47	16.47	10.59	40.00	22.35	17.65	5.88	10.59	2.35	1.18
中部地区	46.94	46.94	4.08	2.04	14.00	30.00	8.00	2.00	28.00	4.00	14.00
西部地区	50.00	39.29	3.57	7.14	21.43	25.00	—	17.86	28.57	7.14	—
东北地区	28.04	50.47	15.88	5.61	31.31	42.98	6.08	7.48	7.01	3.28	1.86

特征3：从家庭状况来看，过半数老年人处于在婚状态，平均拥有1~2个子女，子女在精神和经济上给予老年人支持和帮助。

从婚姻状况来看，半数以上（729人）处于已婚状态，占64.29%；未婚33人，占2.91%；丧偶345人，占30.42%；离婚27人，占2.38%。从子女数量来看，没有子女的老年人66人，占5.82%；有1个子女的老年人504人，占44.44%；有2个子女的老年人339人，占29.89%；有3个及以上子女的老年人225人，占19.84%（见表5-5）。

表 5－5　老年人家庭状况（$N = 1134$）

单位：%

变量		占比
婚姻状况	未婚	2.91
	已婚	64.29
	离婚	2.38
	丧偶	30.42
子女数量	无	5.82
	1 个	44.44
	2 个	29.89
	3 个及以上	19.84
是否独生子女家庭情况	独生子女家庭	44.44
	非独生子女家庭	55.56

从子女数量来看，伴随年龄的增加，样本老年人中有 3 个及以上子女的占比呈上升趋势。低龄老年人（60～69 岁）有 1 个子女的人数占比最高，中龄老年人（70～79 岁）有 2 个子女的人数比例最高，高龄老年人（80 岁及以上）有 3 个及以上子女的比例最高。从婚姻状况来看，低龄老年人（60～69 岁）处于已婚状态的人数比例最高，中龄老年人（70～79 岁）和高龄老年人（80 岁及以上）丧偶的人数比例很高（见表 5－6）。

从子女赡养状况来看，首先，子女经常以聊天形式给予老年人精神支持的占比为 56.08%。访谈中获悉，电话、微信视频是主要的聊天形式。其次，子女在经济上给予老年人支持，占比为 41.80%；再次，约不到 1/4 的老年人表示，子女住在同一城市，可提供买菜、做饭等日常生活照料。最后，超过 3/4 的老年人表示子女工作忙或在异地，无法提供日常生活照料。

表 5 - 6　性别、婚姻状况和子女数量差异下年龄分布状况（N = 1134）

单位：%

年龄	性别		婚姻状况				子女数量			
	男	女	未婚	已婚	离婚	丧偶	无	1个	2个	3个及以上
低龄 （60~69岁）	45.20	54.80	2.82	80.79	2.27	14.12	6.78	70.62	18.08	4.52
中龄 （70~79岁）	40.70	59.30	2.33	53.49	2.32	41.86	3.49	27.91	45.34	23.26
高龄 （80岁及以上）	39.65	60.35	2.92	47.23	2.62	47.23	5.54	16.62	36.73	41.11

（二）老年人健康状况

特征 4：过半数老年人患有慢性病，但自理状况较好。女性老年人的健康状况和自理状况均优于男性老年人。随着年龄的增长，老年人健康状况逐渐变差，需要更多生活照料和医疗护理。

从自理状况来看，老年人完全自理的有 597 人，占比为 52.65%；偶尔需要他人帮助的有 303 人，占比为 26.72%；经常需要他人帮助的 195 人，占比为 17.20%；完全不能自理的 39 人，占比为 3.44%。从健康状况来看，健康老年人 399 人，占比为 35.19%；大部分老年人（609 人）患慢性病，占比为 53.70%；患重症疾病[①]的老年人有 84 人，占比为 7.41%；患阿尔茨海默病的有 42 人，占比为 3.70%[②]。

进一步分析可知，女性老年人自评为健康的人数占比高于男性老年人。女性老年人患慢性病的人数占比明显高于男性老年人，男性老年人患阿尔茨海默病的比例明显高于女性老年人（见表 5 - 7）。同时，女性老年人完全自理的比例也明显高于男性老年人。在经常需要他人

---

① "重症疾病"在调查时包括残障，为叙述简便，简写为"重症疾病"，下文同。

② 这部分老年人的问卷在其家人或护工的帮助下完成作答。

帮助这一自理状况下，无明显的性别差异，但完全不能自理的男性老年人占比明显高于女性老年人（见表5-8）。

表5-7 性别、年龄、区域差异下老年人健康状况（$N = 1134$）

单位：%

健康状况	性别		年龄			区域			
	男	女	低龄（60~69岁）	中龄（70~79岁）	高龄（80岁及以上）	东部地区	中部地区	西部地区	东北地区
健康	42.86	57.14	63.16	15.04	21.80	30.82	9.02	6.02	54.14
慢性病	39.41	60.59	39.41	27.59	33.00	18.72	14.28	9.36	57.64
重症疾病	53.57	46.43	39.29	25.00	35.71	14.29	21.43	—	64.28
阿尔茨海默病	64.29	35.71	14.29	21.43	64.28	14.29	21.43	7.14	57.14

从年龄分布来看，中龄、低龄老年人自评健康状况明显优于高龄老年人。各年龄段老年人患慢性病的人数占比比较接近。低龄老年人患重症疾病的比例与高龄老年人患重症疾病的比例相差不大。高龄老年人患阿尔茨海默病的比例明显高于中龄、低龄老年人。同时，低龄老年人完全自理的比例明显高于其他年龄段的老年人。在偶尔需要他人帮助和经常需要他人帮助这一自理状况下，高龄老年人占比明显高于中龄、低龄老年人占比。相较其他年龄段老年人，完全不能自理的中龄老年人人数占比最低。

从区域分布来看，东部和东北地区老年人的健康状况明显优于其他地区，中部和东部地区老年人患慢性病的比例相差不大，东北地区老年人患慢性病的比例最高，东北地区患重症疾病的比例也较高，西部地区老年人患阿尔茨海默病的比例较低。同时，东部和东北地区完全自理的人数比例较高，东北地区偶尔需要他人帮助、经常需要他人帮助、完全不能自理的老年人占比相对于其他地区都较高。

表5-8　性别、年龄、区域差异下老年人自理状况（ *N* = 1134 ）

单位：%

自理状况	性别		年龄			区域			
	男	女	低龄 （60 ~ 69 岁）	中龄 （70 ~ 79 岁）	高龄 （80 岁及 以上）	东部地区	中部 地区	西部 地区	东北 地区
完全自理	37.19	62.81	66.83	14.57	18.60	30.15	6.53	7.54	55.78
偶尔需要 他人帮助	45.54	54.46	26.73	31.68	41.59	15.84	21.78	11.88	50.50
经常需要 他人帮助	49.23	50.77	18.46	33.85	47.69	10.77	18.46	1.54	69.23
完全不能 自理	69.23	30.77	38.46	23.08	38.46	15.38	23.08	—	61.54

（三）老年人经济状况

特征5：老年人收入水平相对较低，日常经济来源主要包括退休金或养老金、子女支持及个人储蓄。支出集中在饮食、购买养老服务和医疗护理三方面。

从退休前收入状况来看，老年人退休前平均收入为3160元，退休后平均收入为3474元。其中，无收入的老年人72人，占6.35%；收入在3000元以下的531人，占46.83%；收入在3000 ~ 5000元的261人，占23.02%；收入在5000 ~ 7000元的146人，占12.87%；收入在7000元及以上的124人，占10.93%。从退休后收入状况来看，无收入的老年人87人，占7.67%；收入在1 ~ 3000元的387人，占34.13%；收入在3000 ~ 5000元的353人，占31.13%；收入在5000 ~ 7000元的189人，占16.67%；收入在7000元及以上的118人，占10.41%。

从日常经济来源看，老年人拥有退休金或养老金的比例为80.16%，子女支持的占30.69%，拥有个人储蓄的占38.10%，享受政府补助（低保金等）的占9.52%，退休后继续工作获得收入的占9.26%，有财产性（如出租房屋、存款利息、投资理财）收入的占16.40%，选择"其他"的占1.06%。需要说明的是，选择"其他"的老年人会有兄弟姐妹给予一定的经济帮助。

从日常支出状况看，老年人的主要支出集中在饮食、购买养老服务和医疗护理三方面，占比分别约为70%、50%和45%。其他支出（旅游休闲、个人爱好、服饰用品、照看孙辈等）占比均保持在15%左右。其中，选择"其他"的老年人，其支出多为还房贷和支付管理费用。

从资产状况来看，拥有住房的老年人839人，占73.99%；无住房的老年人295人，占26.01%。

特征6：男性老年人退休前后收入状况优于女性老年人，东部地区老年人收入水平明显高于其他地区。

进一步分析发现，从性别分布来看，女性老年人无收入和收入在1～3000元的人数比例高于男性老年人，男性老年人收入在3000元及以上的人数比例明显高于女性老年人。老年人退休后的收入状况普遍优于退休前。其中，女性老年人退休后收入在1～3000元的人数比例高于男性老年人，且退休后收入在3000～5000元的人数比例相较退休前高。男性老年人退休后收入在3000元及以上的人数比例明显高于女性老年人，且退休后收入在1～3000元的人数比例相较退休前低。住房状况方面，73.99%的老年人拥有住房，男性老年人与女性老年人拥有住房的人数比例基本相当（见表5－9）。

表5－9 性别结构差异下老年人退休前后收入状况和住房状况 （N = 1134）

单位：%

性别	退休前收入状况					退休后收入状况					住房状况	
	无收入	1～3000元	3000～5000元	5000～7000元	7000元及以上	无收入	1～3000元	3000～5000元	5000～7000元	7000元及以上	有住房	无住房
男	3.85	41.66	26.92	16.03	11.54	5.13	29.48	32.05	20.52	12.82	73.91	26.09
女	8.13	50.72	20.09	10.53	10.53	9.53	37.63	30.47	13.80	8.57	75.58	24.42

从区域分布来看，东部地区老年人退休后与退休前收入状况相差

不大。退休后，中部地区和东北地区老年人收入在 1～3000 元的人数占比较高，西部地区老年人在 3000～5000 元的人数占比较高。在住房状况方面，东部和西部地区老年人拥有住房的人数占比相近，中部和东北地区老年人拥有住房的人数占比相差不大。

表 5－10 区域分布差异下老年人退休前后收入状况和住房状况（N = 1134）

单位：%

地区	退休前收入状况					退休后收入状况					住房状况	
	无收入	1～3000 元	3000～5000 元	5000～7000 元	7000 元及以上	无收入	1～3000 元	3000～5000 元	5000～7000 元	7000 元及以上	有住房	无住房
东部地区	7.06	28.23	22.35	17.65	24.71	4.77	23.81	27.37	20.24	23.81	87.06	12.94
中部地区	12.00	40.00	18.00	6.00	4.00	23.81	47.62	21.43	4.76	2.38	72.00	28.00
西部地区	7.14	32.14	39.29	10.72	10.71	7.41	33.33	44.45	11.11	3.70	89.29	10.71
东北地区	4.24	55.67	21.23	12.26	6.60	5.63	35.68	32.87	18.31	7.51	68.84	31.16

（四）老年人参保状况

特征 7：老年人基本医疗保险基本实现全覆盖，基本养老保险覆盖率低于全国水平。[①]

从基本养老保险参与状况来看，老年人参加基本养老保险的有 909 人，占 80.16%；没有参加基本养老保险的有 225 人，占 19.84%。从医疗保险参与状况来看，参加城镇职工基本医疗保险的老年人占 54.50%，参加城乡居民基本医疗保险的占 31.75%，参加公费医疗的占 12.70%，参加商业医疗保险的占 12.43%（见表 5－11）。

---

① 《基本养老保险参保率提高到 95%——健全多层次养老保险体系》，人民日报，https://www.gov.cn/zhengce/2021－07/13/content_5624486.htm，最后访问日期：2023 年 12 月 28 日。

表 5－11 老年人基本养老保险、医疗保险参与状况 （N＝1134）

单位：%

参保状况		占比
基本养老保险参与状况	参加	80.16
	未参加	19.84
医疗保险参与状况	城镇职工基本医疗保险	54.50
	城乡居民基本医疗保险	31.75
	大病医疗保险	10.85
	公费医疗	12.70
	商业医疗保险	12.43
	无	3.70

从年龄差异来看，高龄老年人的养老保险参保状况优于中龄老年人。其中，高龄老年人未参加养老保险的比例明显低于中龄、低龄老年人。从文化程度来看，初高中、中专或大专的老年人参加养老保险的人数占比较高，近六成不参加养老保险的老年人为小学及以下学历（见表 5－12）。

表 5－12 不同年龄与文化程度差异下老年人养老保险参保状况 （N＝1134）

单位：%

参保状况	年龄			文化程度			
	低龄（60～69 岁）	中龄（70～79 岁）	高龄（80 岁及以上）	小学及以下	初高中、中专或大专	大学本科	研究生及以上
未参加养老保险	54.67	30.67	14.66	59.46	35.14	4.05	1.35
参加养老保险	44.88	20.79	34.33	22.11	54.46	15.84	7.59

特征 8：超八成老年人不了解长期照护保险，但期望通过报销的方式解决未来可能面临的失能风险。

从长期照护保险参与状况来看，老年人参加长期照护保险的占

96.00%①，未参加长期照护保险的占 4.00%。目前大部分长期护理保险试点捆绑基本医疗保险制度，采用依托基本医疗保险基金的做法实施长期照护保险，将划转医保统筹基金和调整医保统账结构作为资金来源的主要渠道。

从长期照护保险了解状况来看，仅 17.46% 的老年人了解长期照护保险制度，其余 82.54% 的老年人对该制度不了解。从长期照护保险涵盖群体预期来看，70.90% 的老年人认为覆盖人群应为不论年龄的所有完全失能的人。从长期照护保险报销方式预期来看，认为长期照护保险报销方式应为职工报销的老年人有 687 人，占 60.58%；认为应为居民报销的有 447 人，占 39.42%（见表 5 - 13）。

表 5 - 13　老年人长期护理保险参与状况及预期（*N* = 1134）

单位：%

	选项	占比
长期照护保险参与状况	参加	96.00
	未参加	4.00
长期照护保险了解状况	了解	17.46
	不了解	82.54
长期照护保险涵盖群体预期	完全失智、失能的老人	22.49
	部分失能的老人	6.61
	不论年龄的所有完全失能的人	70.90
长期照护保险报销方式预期	职工报销	60.58
	居民报销	39.42
商业性长期照护保险预期	愿意参加	35.98
	不愿意参加	64.02

进一步分析发现，高龄老年人参加长期照护保险的比例高于中龄老年人（见表 5 - 14）。

---

① 样本集中在长期照护保险试点地区，所以长期照护保险参与率较高。

表 5 – 14　性别、年龄、区域差异下老年人参加长期照护保险状况（N = 1134）

单位：%

参加状况	性别		年龄			区域			
	男	女	低龄（60 ~ 69 岁）	中龄（70 ~ 79 岁）	高龄（80 岁及以上）	东部地区	中部地区	西部地区	东北地区
未参加	50.00	50.00	64.29	21.43	14.28	7.14	7.14	7.14	78.57
参加	42.42	57.58	46.28	22.87	30.85	23.14	13.50	7.44	55.92

从年龄和文化程度来看，中龄、低龄老年人对长期照护保险的了解状况明显优于高龄老年人。初高中、中专或大专及以上文化程度老年人对该制度的了解状况更好（见表 5 – 15）。

表 5 – 15　年龄和文化程度差异下老年人对长期照护保险的了解状况（N = 1134）

单位：%

了解状况	年龄			文化程度			
	低龄（60 ~ 69 岁）	中龄（70 ~ 79 岁）	高龄（80 岁及以上）	小学及以下	初高中、中专或大专	大学本科	研究生及以上
不了解	44.23	22.44	33.33	32.69	53.53	9.29	4.49
了解	59.38	23.44	17.18	14.06	37.50	32.81	15.63

从曾就业状况来看，曾是国有或集体单位职工和机关事业单位职工的老年人相对于其他职业的老年人更了解长期照护保险，临时工和没工作的老年人，对长期照护保险制度的了解较少（见表 5 – 16）。

表 5 – 16　曾就业状况差异下老年人对长期照护保险的了解状况（N = 1134）

单位：%

了解状况	机关事业单位职工	国有或集体单位职工	私营企业员工	个体户	在家务农	临时工	没工作
不了解	25.32	36.86	8.33	7.69	13.78	4.17	3.85
了解	53.96	26.98	9.53	4.76	4.76	—	—

从区域分布来看，东部地区老年人认为长期照护保险涵盖群体为完全失智、失能的老人的比例较高。在认为涵盖对象为部分失能的老人中，东部和西部地区的人数占比相同，中部地区的人数占比与这两个地区的差异不大。东北地区老年人认为长期照护保险涵盖群体为不论年龄的所有完全失能的人的比例明显高于其他地区（见表5-17）。

表5-17　区域差异下老年人对长期照护保险涵盖群体的预期状况（*N* = 1134）

单位：%

涵盖群体	东部地区	中部地区	西部地区	东北地区
完全失智、失能的老人	45.88	25.88	14.12	14.12
部分失能的老人	20.00	24.00	20.00	36.00
不论年龄的所有完全失能的人	15.30	8.21	4.10	72.39

进一步分析发现，从年龄差异来看，高龄老人更偏向职工报销，低龄老年人更偏向居民报销。从文化程度来看，初高中、中专或大专学历的老年人偏向职工报销，小学及以下学历的老年人更偏向居民报销。从区域分布来看，东部与东北地区老年人更偏向职工报销，中部与西部地区老年人更偏向居民报销（见表5-18）。

表5-18　年龄、文化程度和区域差异下老年人对长期照护保险报销
方式预期的状况（*N* = 1134）

单位：%

报销方式	年龄			文化程度				区域			
	低龄（60~69岁）	中龄（70~79岁）	高龄（80岁及以上）	小学及以下	初高中、中专或大专	大学本科	研究生及以上	东部地区	中部地区	西部地区	东北地区
职工报销	44.98	21.40	33.62	19.21	52.85	17.90	10.04	24.89	9.61	7.42	58.08
居民报销	51.75	24.48	23.77	46.85	46.86	5.59	0.70	19.58	19.58	7.69	53.15

从曾就业状况来看，机关事业单位职工和国有或集体单位职工更偏向职工报销，其他人员更偏向居民报销（见表5-19）。

表5-19　曾就业状况差异下老年人对长期照护保险报销方式的
预期状况　（N=1134）

单位：%

报销方式	机关事业单位职工	国有或集体单位职工	私营企业员工	个体户	在家务农	临时工	没工作
职工报销	43.67	42.79	4.81	2.18	3.49	1.32	1.31
居民报销	6.99	23.78	14.69	15.38	25.88	6.99	6.29

特征9：老年人参加商业性长期照护保险的意愿不强，主要原因是经济上无法承受且不信任商业保险。

从商业性长期照护保险预期来看，愿意参加保险公司提供的长期照护保险的老年人占35.98%，不愿意参加的占64.02%。进一步分析发现，在年龄分布上，愿意参加保险公司提供的长期照护保险的老年人占比在各年龄段存在差异；从文化程度来看，初高中、中专或大专学历的老年人更愿意参加保险公司提供的长期照护保险；在区域分布上，东北地区和东部地区的老年人更愿意参加保险公司提供的长期照护保险（见表5-20）。

表5-20　年龄、文化程度和区域差异下老年人对商业性长期照护
保险的预期状况　（N=1134）

单位：%

参加保险预期	年龄			文化程度				区域			
	低龄（60~69岁）	中龄（70~79岁）	高龄（80岁及以上）	小学及以下	初高中、中专或大专	大学本科	研究生及以上	东部地区	中部地区	西部地区	东北地区
愿意	59.12	22.9	17.98	19.12	55.88	16.18	8.82	36.76	13.24	10.29	39.71
不愿意	40.60	23.08	36.32	35.90	47.86	11.11	5.13	14.96	13.25	5.98	65.81

从曾就业状况来看，曾为机关事业单位职工的老年人参加保险公司提供的长期照护保险的意愿较高，曾为国有或集体单位职工的老年人不愿意参加的较多（见表5-21）。

表 5 - 21　曾就业状况差异下老年人对商业性长期照护保险的
预期状况　（N = 1134）

单位：%

参加保险 预期	机关事业 单位职工	国有或集体 单位职工	私营企业 员工	个体户	在家务农	临时工	没工作
愿意	42.65	23.53	12.50	8.82	11.03	—	1.47
不愿意	21.57	42.86	6.43	6.43	12.86	5.57	4.28

在老年人不愿意选择商业性长期照护保险的原因方面，经济上无法承受的占 31.48%，自己有储蓄的占 11.90%，有子女赡养的占 9.26%，不信任商业保险的占 23.54%，选择"其他"的占 8.75%。在实际调研和访谈中我们了解到，老年人选择"其他"的原因是暂时并不需要商业保险。

进一步分析发现，从年龄差异来看，高龄老年人不愿意选择商业性长期照护保险的意愿最强，主要原因是自己有子女赡养，且不愿意在经济上添加负担。而中龄、低龄老年人，不愿意选择商业性长期照护保险，主要是因为经济上无法承受、自己有储蓄和不信任商业保险；从文化程度上看，小学及以下学历的老年人不愿意选择商业性长期照护保险主要是因为有子女赡养，初高中、中专或大专学历的老年人不愿意选择商业性长期照护保险的主要原因是自己有储蓄。（见表 5 - 22）。

表 5 - 22　年龄和文化程度差异下老年人不愿选择商业性长期照护
保险的原因　（N = 1134）

单位：%

不愿选择原因	年龄			文化程度			
	低龄 （60 ~ 69 岁）	中龄 （70 ~ 79 岁）	高龄 （80 岁 及以上）	小学及 以下	初高中、 中专或 大专	大学本科	研究生及 以上
经济上无法承受	40.34	24.37	35.29	39.50	46.22	10.08	4.20
自己有储蓄	40.00	22.22	37.78	26.67	55.55	11.11	6.67
有子女赡养	22.86	17.14	60.00	40.00	45.72	8.57	5.71
不信任商业保险	46.07	25.84	28.09	34.83	49.44	8.99	6.74
其他	25.00	25.00	50.00	37.50	43.75	18.75	—

从曾就业状况来看，曾为机关事业单位职工的老年人不愿意选择商业性长期照护保险的原因是"其他"，访谈中了解到，主要是他们不需要。曾为国有或集体单位职工的老年人不愿意选择商业性长期照护保险是因为他们自己有储蓄，不需要再选择商业性长期照护保险给自己添加压力。在家务农人员不愿意选择商业性长期照护保险的主要原因是经济上无法承受和有子女赡养。

表 5 – 23　曾就业状况差异下老年人不愿选择商业性长期照护保险的原因（$N = 1134$）

单位：%

不愿选择原因	机关事业单位职工	国有或集体单位职工	私营企业员工	个体户	在家务农	临时工	没工作
经济上无法承受	13.45	47.06	4.20	5.04	19.33	7.56	3.36
自己有储蓄	20.00	55.56	4.44	8.90	4.44	4.44	2.22
有子女赡养	20.00	48.57	—	8.57	20.00	2.86	—
不信任商业保险	25.00	36.36	6.82	5.68	14.77	3.41	7.96
其他	50.00	20.00	30.00	—	—	—	—

（五）老年人宜居环境状况

特征10：老年人多在社区或居住机构的老年活动室和附近的公共娱乐场所进行闲暇活动，活动内容以看电视、听广播，聊天、打牌和看手机浏览信息为主。其中，女性参与闲暇活动的意愿高于男性，且随着年龄增长，自理状况变差，老年人对闲暇活动场所和活动内容的需求逐渐降低。

在闲暇活动场所方面，老年人多在社区或居住机构的老年活动室进行闲暇活动，占64.55%，在附近的公共娱乐场所活动的占比为38.89%，在家里活动的占比为29.10%。在闲暇活动内容方面，老年人以看电视、听广播，聊天、打牌和看手机浏览信息为主要的闲暇活

动方式，占比分别为 73.54%、44.71% 和 30.16%。选择将体育锻炼、
读书看报、琴棋书画、养花鸟、钓鱼等作为闲暇活动的老年人次之，
占比分别为 29.37% 和 23.02%。另外，还有部分老年人以料理家务、
照看孙辈、旅游、参加公益活动、参加宗教活动为闲暇活动内容，占
比分别为 19.05%、16.14%、9.79%、4.76% 和 3.70%。

进一步分析发现，性别、年龄、自理状况对老年人的闲暇活动场所
均有不同程度的影响。首先，相对于男性，女性更愿意进行闲暇活动。
其次，年龄较大的人，对活动场所的需求较少，80 岁及以上的老年人的
活动场所主要集中在社区或居住机构的老年活动室，而 60~69 岁的低龄
老人的闲暇活动场所主要是附近的公共娱乐场所。最后，自理状况与活
动场所密切相关，自理状况越差的老年人，其闲暇活动场所越单一，相
反自理状况越好的老年人，其闲暇活动场所越多（见表 5 - 24）。

表 5 - 24　性别、年龄、自理状况差异下老年人的闲暇活动场所（N = 1134）

单位：%

闲暇活动场所	性别		年龄			自理状况			
	男	女	低龄（60~69 岁）	中龄（70~79 岁）	高龄（80 岁及以上）	完全自理	偶尔需要他人帮助	经常需要他人帮助	完全不能自理
社区或居住机构的老年活动室	41.80	58.20	36.48	25.00	38.52	42.88	30.41	23.01	3.70
附近的公共娱乐场所	44.22	55.78	75.51	13.61	10.88	73.79	23.45	2.76	—
家里	43.64	56.36	59.09	24.55	16.36	57.80	32.11	7.33	2.76

同样，在闲暇活动内容方面，性别、年龄、自理状况对老年人的
闲暇活动内容都有不同程度的影响。首先，相对于男性，女性参与到
更多的闲暇活动中，闲暇活动内容更丰富。其次，随着年龄的增长，
老年人对闲暇活动的参与度逐渐降低。最后，自理状况与闲暇活动丰
富程度和参与度呈正相关，自理状况越差的老年人，闲暇活动越少
（见表 5 - 25）。

特征 11：超七成自理状况较好的老年人愿意对住房进行无障碍设

施改造，对无障碍设施的使用频率较高。

在无障碍设施改造预期方面，愿意对住房进行无障碍设施改造（如安装电梯、安装无障碍通道、安装扶手等）的老年人占比为76.46%，不愿意对住房进行无障碍设施改造的老年人占比为21.69%。

表5－25 性别、年龄、自理状况差异下老年人闲暇活动的主要内容（N=1134）

单位：%

闲暇活动内容	性别		年龄			自理状况			
	男	女	低龄（60～69岁）	中龄（70～79岁）	高龄（80岁及以上）	完全自理	偶尔需要他人帮助	经常需要他人帮助	完全不能自理
看电视、听广播	46.04	53.96	39.93	24.10	35.97	44.96	30.58	20.86	3.60
聊天、打牌	41.42	58.58	43.20	21.30	35.50	47.93	34.91	14.79	2.37
读书看报、琴棋书画、养花鸟、钓鱼等	50.57	49.43	42.53	24.14	33.33	65.52	24.14	9.20	1.14
照看孙辈	44.26	55.74	86.89	11.48	1.63	85.25	14.75	—	—
料理家务	29.17	70.83	81.94	11.11	6.95	77.78	22.22	—	—
体育锻炼	37.84	62.16	52.25	18.92	28.83	61.26	24.32	12.61	1.81
参加公益活动	22.22	77.78	61.11	16.67	22.22	55.56	38.89	5.55	—
旅游	45.95	54.05	91.89	5.41	2.70	86.49	13.51	—	—
参加宗教活动	42.86	57.14	57.14	21.43	21.43	64.29	35.71	—	—
看手机浏览信息	45.61	54.39	62.28	19.30	18.42	73.68	15.79	8.77	1.76
无	41.67	58.33	33.33	33.33	33.34	25.00	16.67	33.33	25.00

进一步分析发现，自理状况与无障碍设施改造意愿密切相关。愿意对住房进行无障碍设施改造的老年人，多为完全自理或偶尔需要他人帮助的老年人，占比分别为56.40%和24.22%。这部分群体对无障碍设施的需求和使用频率较高。而完全不能自理的老年人的改造意愿并不强烈（见表5－26）。这可能与完全不能自理老年人无法使用无障碍设施有关。

表 5 – 26　自理状况差异下老年人无障碍设施改造预期（*N* = 1134）

单位：%

改造预期	自理状况			
	完全自理	偶尔需要他人帮助	经常需要他人帮助	完全不能自理
是	56.40	24.22	15.92	3.46
否	37.80	35.37	21.95	4.88

（六）老年人社会参与状况

特征 12：近六成老年人不存在智能设备使用困难，多用微信和小视频类 App。约四成存在使用智能设备的障碍。

在日常生活困难状况方面，老年人主要面临的日常生活困难是使用智能设备困难，占比为 39.15%；其余日常生活困难问题按依次为：上下楼梯、洗澡、乘坐公共交通工具、简单家务、上厕所、室内行走、上下床、穿衣、沟通交流、吃饭，占比分别为 28.04%、24.87%、20.63%、12.17%、11.90%、10.05%、9.79%、9.52%、8.22% 和 5.03%。另外，还有 38.62% 的老年人日常生活没有任何困难。

在智能设备使用状况方面，使用智能设备上网浏览信息和娱乐的老年人占比为 53.97%，不使用智能设备的老年人占比为 44.97%。

在智能设备尤其是在应用软件（App）使用方面，老年人主要使用的是微信，占比为 90.34%；其次是小视频类 App（如抖音、快手、火山等），占比为 45.89%；再次是新闻类 App，占比为 28.99%；又次是拼多多、淘宝、QQ 等 App，占比分别为 19.32%、8.21% 和 7.25%。另有 7.73% 的老年人使用其他类 App，通过访谈我们发现，主要为小说、音乐、电影、麻将类 App 等。

进一步分析发现，性别、年龄、自理状况对老年人的智能设备使用情况都有不同程度的影响。首先，女性的智能设备使用情况好于男性。其次，随着年龄的增长，老年人智能设备使用存在困难的情况逐渐增多，这表明年龄对智能设备的使用具有较大影响。整体上，年龄越大，学习接受智能设备的能力越低。最后，自理状况与智能设备使用困难的情况呈正相关，自理状况越好，智能设备使用困难的情况越少（见表 5 - 27）。

表 5 - 27　性别、年龄、自理状况差异下老年人使用智能设备情况（$N = 1134$）

单位：%

使用状况	性别		年龄			自理状况			
	男	女	低龄（60 ~ 69 岁）	中龄（70 ~ 79 岁）	高龄（80 岁及以上）	完全自理	偶尔需要他人帮助	经常需要他人帮助	完全不能自理
使用不存在困难	39.22	60.78	64.71	19.61	15.68	71.57	20.10	6.37	1.96
使用存在困难	47.06	52.94	26.47	26.47	47.06	29.41	35.29	30.00	5.30

另外，区域差异对老年人智能设备使用情况有一定程度的影响，中西部地区老年人的智能设备使用情况明显差于东部地区老年人（见表 5 - 28）。

表 5 - 28　区域差异下老年人使用智能设备情况（$N = 1134$）

单位：%

使用状况	地区			
	东部地区	中部地区	西部地区	东北地区
使用不存在困难	31.86	7.84	8.82	51.48
使用存在困难	11.76	18.24	5.88	64.12

（七）老年人情感活动情况

特征 13：老年人中，低龄、女性老年人向子女、配偶或亲朋倾诉心事的意愿较强烈。

在心事倾诉意愿方面，老年人有心事时最愿向子女倾诉，占比为 41.03%；向配偶和亲朋倾诉的意愿次之，占比分别为 30.98% 和 28.26%；再次是向养老机构工作人员或社区工作人员倾诉，占比分别为 25.27% 和 1.90%。另外，有 16.58% 的老年人有心事时不愿向任何人倾诉。

进一步分析发现，性别、年龄、自理状况对老年人的心事倾诉意愿都有不同程度的影响。首先，相比于男性来说，女性有更多的倾诉意愿且会选择更多的倾诉对象。其次，与高龄老年人相比，低龄老年人倾诉心事的意愿更为强烈，低龄老年人的倾诉对象多为配偶，而高龄老年人的倾诉对象多为养老机构工作人员。最后，自理状况与心事倾诉意愿密切相关，完全自理的老年人更愿意向配偶和子女倾诉（见表5－29）。

表5－29　性别、年龄、自理状况差异下老年人心事倾诉意愿（*N*=1134）

单位：%

心事倾诉对象	性别		年龄			自理状况			
	男	女	低龄（60~69岁）	中龄（70~79岁）	高龄（80岁及以上）	完全自理	偶尔需要他人帮助	经常需要他人帮助	完全不能自理
不提	44.26	55.74	36.07	29.51	34.42	50.82	29.51	14.75	4.92
配偶	51.75	48.25	78.07	17.54	4.39	72.81	17.54	6.14	3.51
子女	34.44	65.56	43.05	26.49	30.46	52.98	26.49	16.56	3.97
亲朋	34.62	65.38	50.96	17.31	31.73	50.00	32.69	16.35	0.96
社区工作人员	42.86	57.14	28.57	42.86	28.57	28.57	42.86	28.57	—
养老机构工作人员	43.01	56.99	23.66	30.11	46.23	19.35	38.71	36.56	5.38

特征14：老年人普遍存在"日常生活没人照顾""生病了没钱看病""生活孤单"等担忧。其中，自理状况差的中龄、低龄老年人和女性老年人心理压力更大；经济发展水平较低的中部、西部地区老人，多在经济层面或照料层面存在忧虑。

养老忧虑方面，28.04%的老年人没有养老忧虑，其余有养老忧虑的老年人，担心的养老问题主要集中在"生病了没人照顾"、"生活孤单"、"生病了没钱看病"和"没有生活费来源或生活费不足"等方面，占比分别为28.57%、28.31%、24.07%和20.37%。另外，还有一些老年人有"无精力/时间照顾孙辈"、"日常生活没人照顾"和"子女不孝顺"等忧虑，占比分别为12.43%、12.17%和5.29%。

进一步分析发现，性别、年龄、自理状况对老年人的养老忧虑都有不同程度的影响。首先，相对于男性老年人，女性老年人有更多的养老忧虑。女性在经济、精神、个人价值等各个方面都有不同程度的忧虑。其次，相比高龄老年人，低龄老年人有更多的养老忧虑。最后，自理状况越好的老年人越无养老忧虑，完全自理的老年人的养老忧虑多集中在精神和个人价值实现方面，偶尔或经常需要他人帮助的老年人，其养老忧虑主要集中在经济和日常生活方面（见表5-30）。

表 5-30　性别、年龄、自理状况差异下老年人的养老忧虑（$N=1134$）

单位：%

养老忧虑	性别		年龄			自理状况			
	男	女	低龄（60~69岁）	中龄（70~79岁）	高龄（80岁及以上）	完全自理	偶尔需要他人帮助	经常需要他人帮助	完全不能自理
没有生活费来源或生活费不足	41.56	58.44	46.75	27.27	25.98	35.06	35.06	25.97	3.91
生病了没钱看病	39.56	60.44	56.04	20.88	23.08	47.25	29.67	20.88	2.20
生病了没人照顾	47.22	52.78	47.22	27.78	25.00	45.37	30.56	21.30	2.77
日常生活没人照顾	39.13	60.87	41.30	23.91	34.79	30.43	30.43	28.26	10.88
生活孤单	43.93	56.07	56.07	26.17	17.76	55.14	28.04	12.15	4.67
子女不孝顺	40.00	60.00	20.00	45.00	35.00	35.00	40.00	20.00	5.00
无精力/时间照顾孙辈	42.55	57.45	76.60	14.89	8.51	74.47	19.15	6.38	—
无	44.34	55.66	35.85	19.81	44.34	50.94	27.36	17.92	3.78

另外，区域差异对老年人养老忧虑也有一定程度的影响。中部地区老年人的养老忧虑多集中在生病了没人照顾和日常生活没人照顾照料层面（见表5-31）。这反映了目前我国中西部地区经济发展水平相对落后与养老服务供给相对短缺的叠加困境。

表 5 – 31 区域差异下老年人的养老忧虑（$N = 1134$）

单位：%

养老忧虑	地区			
	东部地区	中部地区	西部地区	东北地区
没有生活费来源或生活费不足	32.47	9.09	6.49	51.95
生病了没钱看病	19.78	21.98	8.79	49.45
生病了没人照顾	15.74	32.41	9.26	42.59
日常生活没人照顾	21.74	28.26	10.87	39.13
生活孤单	15.89	24.30	13.08	46.73
子女不孝顺	50.00	10.00	15.00	25.00
无精力/时间照顾孙辈	19.15	23.40	19.15	38.30
无	4.72	13.21	1.89	80.18

二 养老服务需求现状及特征

（一）调研发现的养老服务需求现状

通过社会力量参与养老服务来满足老年人多样化的养老服务需求，首先需要把握老年人对养老服务的需求内容。调查发现，老年人养老服务需求有以下特征。

1. 老年人对养老服务内容的需求呈现异质性特点

总体上看，老年人对送餐、打扫卫生、陪同聊天、心理咨询等服务的需求较大，体现了养老服务需求日趋多样化，覆盖基本照料、精神慰藉等多个方面。东部地区的老年人期望得到日间照料、帮助使用智能设备、代收快递等方面的服务；西部地区的老年人期望得到代购生活用品、陪同聊天和心理咨询等方面的服务；东北地区的老年人期望得到陪同买菜、帮助读书读报、帮助使用智能设备、代收快递等方面的服务；中部地区的老年人期望获得帮助洗澡、洗衣服、代购生活用品、日间照料等方面的服务（见表 5 – 32）。从区域划分来看，中部地区的老年人养老服务需求较多，且需求集中于较基础的服务内容。

这说明中部地区的养老服务供给有较大的扩展空间。

表 5 - 32　养老服务预期（N = 1134）

区域	送餐	帮助洗澡	打扫卫生	陪同买菜	洗衣服	代购生活用品	日间照料	陪同聊天	心理咨询	帮助读书读报	帮助使用智能设备	代收快递
东部地区	√		√				√	√	√		√	√
中部地区	√	√	√		√		√	√			√	
西部地区	√		√			√						
东北地区	√		√	√				√	√		√	√

注：标注"√"表示此区域大部分老年人有此基本养老服务需求。

2. 老年人普遍在家庭医生和家庭病床、定期体检、安装救助门铃等方面有强烈需求

从地区来看，东部地区的老年人期望获得家庭医生和家庭病床、定期体检、安装救助门铃的基本医疗服务；中部地区的老年人期望获得健康讲座和咨询、临终关怀等基本服务；西部地区的老年人对健康讲座和咨询等服务较为期待；东北地区的基本医疗服务供给状况较好，老年人对临终关怀服务较为期待（见表 5 - 33）。总体上看，老年人对基本医疗服务的需求内容较多，这既体现了老年人自我健康意识的增强，也反映了基本医疗服务供给仍需进一步加强。

表 5 - 33　基本医疗服务供给预期（N = 1134）

区域	家庭医生和家庭病床	定期体检	健康讲座和咨询	安装救助门铃	临终关怀
东部地区	√	√		√	
中部地区	√	√	√	√	√
西部地区	√	√	√	√	
东北地区	√				√

注：标注"√"表示此区域大部分老年人有此基本养老服务需求。

3. 老年人普遍对健身设施、定期文艺表演活动和老年兴趣小组（如乐器、绘画学习班等）等文化娱乐服务较为期待

从老年人文化娱乐服务需求来看，老年人普遍对健身设施、定期文艺表演活动和老年兴趣小组（如乐器、绘画学习班等）等文化娱乐服务较为期待。除此之外，东部地区的老年人期望建立棋牌室；中部地区的老年人期望建立棋牌室和书报阅览室。西部地区和东北地区的老年人期望获得普法宣传和法律咨询服务（见表5-34）。

表5-34　文化娱乐服务供给预期（$N = 1134$）

区域	棋牌室	健身设施	书报阅览室	定期文艺表演活动	老年兴趣小组（如乐器、绘画学习班等）	普法宣传和法律咨询
东部地区	√	√		√	√	
中部地区	√	√	√	√	√	
西部地区		√		√	√	√
东北地区		√				√

注：标注"√"表示此区域大部分老年人有此基本养老服务需求。

4. 老年人对宜居环境增建设施的多样性更为关注

从老年人宜居环境增建设施预期来看，东部地区老年人期望建医疗保健室和老年食堂；中部地区老年人期望建医疗保健室；西部地区老年人较为期望建社区养老院、老年食堂和法律咨询中心；东北地区老年人期望开设社区养老院和老年食堂（见表5-35）。

表5-35　宜居环境增建设施预期（$N = 1134$）

区域	医疗保健室	社区养老院	老年食堂	婚介服务中心	法律咨询中心
东部地区	√		√		
中部地区	√				
西部地区		√	√		√
东北地区		√	√		

注：标注"√"表示此区域大部分老年人有此基本养老服务需求。

从总体上看，基本养老服务方面，老年人对送餐服务、日间生活照料和心理慰藉方面的服务需求较大；基本医疗服务方面，老年人需求更加多元，对定期体检的需求最多；文化娱乐服务方面，对于各项文化娱乐服务的需求比较普遍，对书报阅览室与普法宣传和法律咨询的服务需求较小；在宜居环境增建设施方面，老年人对开设老年食堂的期望较高。

（二）调研发现的养老服务需求特征

1. 老年人对专业照护服务呈刚性需求

调查数据表明，有36%的老年人期望得到专业的机构照护服务，占比最高；选择居家自我养老方式、居家上门照护和居家子女养老方式的次之，占比分别为19%、18%和18%；选择社区日间照料和邻里亲朋养老方式的老年人占比最低，分别为6%和3%。可以看到，老年人对专业化的养老服务需求较高，对居家上门照护服务亦有所偏好。而选择社区日间照料养老方式的老年人较少，原因可能是现阶段我国大部分地区的社区养老服务尚不完善，社区养老服务设备设施缺乏、专业化照护人才不足、照护服务内容不全、服务水平较低，无法满足老年人基本的养老服务需求。再加上目前对社区养老方式的宣传不到位，老年人及其家属对社区养老的了解不多、信任不足。

进一步调查发现，影响老年人养老方式选择的主要有三大原因，即"专业化照护服务"、"与老年人交流"和"生活方式不同"。其中，期望得到专业化照护的占比为54.76%，期望可以和老年人一起交流的占比为32.28%，生活方式不同影响老年人养老方式选择的占比为21.69%。可以推测，老年人倾向机构养老方式的原因：一是机构能为老年人提供专业化照护服务；二是机构内老年人之间交流更加方便，有利于老年人获得陪伴，消除孤独情绪；三是机构养老可以避免老年人与子女因生活方式不同而带来的不适。另外，期望得到"子女照顾"的占比为20.63%，选择"照顾孙辈"的占比为 7.94%，选择"无支付能力"的占比为 7.67%。这部分老年人出于经济条件限制或帮助子女的目的，普遍选择居家自我养老或居家子女养老。

从性别方面来看，男性老年人选择预期养老方式的原因倾向于"得到更好照顾"，女性老年人比较倾向"得到更好照顾"和"与老年人交流"。从年龄方面来看，大部分低龄老年人选择预期养老方式的原因是"得到更好照顾"和"生活方式不同"，而高龄老年人选择预期养老方式的原因是"得到更好照顾"和"与老年人交流"。从自理状况来看，老年人自理能力越强，对"照料孙辈"、"得到更好照顾"和"与老年人交流"的期望越高（见表 5-36）。

表 5-36　老年人口预期养老方式原因（$N = 1134$）

单位：%

选择预期养老方式原因	性别		年龄			自理状况			
	男	女	低龄（60~69岁）	中龄（70~79岁）	高龄（80岁及以上）	完全自理	偶尔需要他人帮助	经常需要他人帮助	完全不能自理
子女照顾	8.47	12.17	10.05	4.76	5.82	10.58	5.82	3.97	0.26
照料孙辈	3.17	4.76	5.03	1.32	1.59	5.29	2.38	0.26	—
子女负担	6.08	8.47	6.61	3.97	3.97	5.82	5.29	3.17	0.26
生活方式不同	8.99	12.70	14.02	2.91	4.76	14.29	4.76	1.85	0.53
无支付能力	3.17	4.50	1.59	4.23	1.85	1.59	2.38	3.17	0.53
得到更好照顾	25.13	29.63	24.07	11.38	19.31	25.4	15.61	10.58	2.91
与老年人交流	12.96	19.31	13.49	9.26	9.26	16.4	9.79	4.76	1.06

2. 老年人养老方式选择受健康状况、文化程度、经济负担影响因素制约

表 5-37 显示，从年龄方面来看，中龄老年人预期养老方式以机构照护服务为主，低龄老年人预期养老方式以居家自我养老为主，高

龄老年人比较倾向机构照护服务。从健康状况方面来看，健康老年人大多期望居家自我养老，而患慢性病、重症疾病及阿尔茨海默病的老年人则期望机构照护服务。从自理状况方面来看，自理程度偏低的老年人，更期望机构照护服务，完全自理的老年人则更期望居家自我养老（见表 5 - 38）。这可能是因为高龄老年人相对中龄、低龄老年人的身体状况较差，更期望得到专业化的照护服务。健康状况较差的老年人大多自理状况较差，机构照护服务能够为其提供连续性、专业化、全方位的照护服务，可减轻子女亲友的照护压力，因此，成为其预期养老方式的首选。

除此之外，从文化程度方面来看，研究生以下学历的老年人更倾向于机构照护服务。从职业类型来看，曾经为机关事业单位职工、国有或集体单位职工的老年人更倾向于机构照护服务。从子女数量来看，独生子女在照护、赡养老年人方面有更沉重的经济负担和照护负担，这在一定程度上影响了老年人的养老方式选择。因此，只有一个子女的老年人更倾向于居家自我养老，而有多个子女的老年人则期望机构照护服务或居家子女养老（见表 5 - 39）。

表 5 - 37　老年人口预期养老方式 （$N = 1134$）

单位：%

养老方式	性别		年龄			健康状况			
	男	女	低龄 （60 ~ 69 岁）	中龄 （70 ~ 79 岁）	高龄 （80 岁 及以上）	健康	慢性病	重症 疾病	阿尔茨 海默病
居家子女养老	7.14	10.85	10.85	3.70	3.44	8.20	8.47	0.79	0.53
居家自我养老	7.67	11.37	12.96	2.91	3.17	10.32	7.67	0.79	0.26
居家上门照护	9.52	8.73	7.67	3.70	6.88	3.97	12.70	1.06	0.53
邻里亲朋互助	0.79	2.65	1.59	1.06	0.79	1.06	2.12	0.26	—
社区日间照料	2.91	2.65	4.50	0.53	0.53	2.38	3.17	—	—
机构照护服务	14.56	21.16	9.26	10.85	15.34	9.26	19.58	4.50	2.38

表 5－38 老年人口预期养老方式 （N = 1134）

单位：%

养老方式	自理状况				文化程度				曾就业状况						
	完全自理	偶尔需要他人帮助	经常需要他人帮助	完全不能自理	小学及以下	初高中、中专或大专	大学本科	研究生及以上	机关事业单位职工	国有或集体单位职工	私营企业员工	个体户	在家务农	临时工	没工作
居家子女养老	11.11	5.29	1.59	—	6.88	8.99	1.06	1.06	3.44	5.82	1.85	1.32	4.76	—	0.79
居家自我养老	14.37	3.17	1.06	0.26	5.29	8.99	3.17	1.59	5.03	5.82	2.12	2.91	2.12	1.06	—
居家上门照护	8.20	4.23	5.29	0.53	4.50	9.26	3.17	1.32	6.61	6.61	2.12	0.26	1.85	0.79	—
邻里亲朋互助	1.41	1.59	0.26	—	0.26	2.12	0.53	0.53	1.59	0.26	0.26	0.53	0.53	—	0.26
社区日间照料	4.50	0.79	0.26	—	0.53	2.65	1.06	1.32	3.17	1.32	0.26	0.53	0.26	—	—
机构照护服务	12.70	11.64	8.73	2.65	11.90	18.52	4.50	0.53	10.32	15.34	1.85	1.59	2.65	1.59	2.12

表 5 - 39　老年人口预期养老方式（$N = 1134$）

单位：%

养老方式	子女是否为独生子女	
	是	否
居家子女养老	7.14	10.85
居家自我养老	14.02	4.23
居家上门照护	8.73	8.99
邻里亲朋互助	0.79	2.38
社区日间照料	4.50	1.06
机构照护服务	9.26	22.22

3. 老年人对机构养老服务需求旺盛，服务质量和服务价格成为老年人选择养老机构的首要考虑因素

对机构老年人养老服务需求的调查发现，老年人对基本养老服务、基本医疗服务以及文化娱乐服务供给各方面均有较大需求。进一步分析需求服务项目可知，老年人对基本养老服务的需求集中在送餐、打扫卫生等日常生活照料以及心理咨询、陪同聊天等精神慰藉服务上。相较于基本养老服务，老年人对基本医疗服务的需求更加普遍，迫切需要家庭医生和家庭病床、定期体检、安装救助门铃等基本医疗服务。文化娱乐服务方面，老年人对健身设施、文艺表演活动、老年兴趣小组（如乐器、绘画学习班等）等服务项目需求较多，体现了他们对精神文化的追求。

从老年人选择机构的预期因素来看，服务质量和服务价格是老年人的主要考虑因素，占比分别为 87.32% 和 66.67%，医疗护理、医保报销和离家距离次之，占比分别为 51.64%、45.54% 和 34.27%。

根据老年人不同特征进一步细分可知，年龄方面，所有年龄群体都将服务价格和服务质量作为主要考虑因素；性别方面，男性和女性老年人均优先考虑服务质量和服务价格；文化程度和职业类型方面，除研究生及以上老年人，其他文化程度的老年人也均以服务价格和服务质量为主要考虑因素；曾就业状况方面，曾为机关事业单位职工、国有或集体单位职工的老年人，服务价格和服务质量也是其主要考虑因素；自理状

况方面，老年人自理程度越高，越注重服务质量（见表5－40）。

表5－40　机构选择因素预期（N＝1134）

单位：%

考虑因素	性别		年龄			自理状况			
	男	女	低龄（60～69岁）	中龄（70～79岁）	高龄（80岁及以上）	完全自理	偶尔需要他人帮助	经常需要他人帮助	完全不能自理
服务价格	15.34	22.22	8.20	10.58	18.78	12.43	12.43	10.58	2.12
医保报销	10.32	15.34	7.14	7.94	10.58	8.20	9.79	6.61	1.06
服务质量	21.43	27.78	11.64	14.02	23.37	17.72	16.14	12.96	2.38
医疗护理	14.02	15.08	6.88	9.79	12.17	9.26	8.47	9.52	1.85
离家距离	7.94	11.38	4.23	3.97	11.11	7.14	6.08	4.76	1.33

考虑因素	文化程度				曾就业状况						
	小学及以下	初高中、中专或大专	大学本科	研究生及以上	机关事业单位职工	国有或集体单位职工	私营企业员工	个体户	在家务农	临时工	没工作
服务价格	14.02	17.72	5.56	—	10.85	17.72	0.79	0.53	4.50	1.32	1.59
医保报销	6.61	15.87	2.63	0.26	7.14	11.38	0.53	1.06	2.91	1.59	1.06
服务质量	16.40	25.66	6.35	0.53	14.02	23.28	1.06	1.59	4.50	2.12	2.38
医疗护理	8.73	16.14	3.70	0.53	8.99	13.23	0.79	1.32	1.59	1.32	1.59
离家距离	7.94	8.73	2.65	—	5.82	9.79	—	0.53	2.12	0.79	0.26

4. 老年人对以"质量高，价格低"为核心的社区养老服务的多样性、专业化、可持续性充满期待

从社区老年人对养老服务的需求来看，社区老年人对基本养老服务的需求集中于送餐服务，其次是陪同聊天和心理咨询；对基本医疗服务的需求集中于定期体检；在文化娱乐服务上，对定期文艺表演活动和老年兴趣小组（如乐器、绘画学习班等）的需求更高；在宜居环境增建设施上，对建设老年食堂的需求较大，其次是医疗保健室和社区养老院。

从选择社区的预期因素来看，服务价格和服务质量是影响老年人选择的主要因素，占比分别为83.03%和72.12%，医保报销、医疗护

理和离家距离次之，占比分别为 64.85%、63.03% 和 14.34%。

从性别来看，无论是男性老年人还是女性老年人均优先考虑服务质量和服务价格；从年龄分布来看，所有中龄、低龄老年人均优先考虑服务质量和服务价格；从自理状况来看，完全自理的老年人，更注重服务质量和服务价格，从文化程度来看，大学本科文化程度的老年人，更加关注服务质量和医疗护理；从曾就业状况来看，曾为机关事业单位职工的老年人较为重视服务质量和服务价格，而在家务农、临时工与没工作的老年人关注点集中在服务价格上（见表 5－41）。

三　养老服务供给现状及特征

探析社会力量参与养老服务的路径机制，需要全面了解目前我国养老服务供给现状，深入挖掘养老服务存在的问题和不足，剖析问题根源并有针对性地提出加强社会力量参与养老服务的着力点和方向。

（一）调研发现的养老服务供给现状

1. 机构养老服务供给基本能满足老年人日常生活、医疗护理、精神慰藉、文化娱乐等多方面需求

目前，我国大部分养老机构供给的养老服务项目丰富多样，基本能够满足老年人日常生活、医疗护理、精神慰藉、文化娱乐等方面的需求。机构养老服务供给项目大致分为日常生活照料、医疗服务、康复训练、精神慰藉、娱乐健身活动、临终关怀六类，项目种类基本涵盖老年人的服务需求。从供给数据上看，92.02% 的老年人表示所在机构有日常生活照料服务，68.54% 的老年人表示所在机构有医疗服务，73.24% 的老年人表示所在机构有康复训练服务，61.97% 的老年人表示所在机构有精神慰藉服务，认为所在机构有娱乐健身活动的老年人占 72.30%，认为所在机构提供临终关怀服务的占 45.54%。

表 5-41 社区选择因素预期 （N=1134）

单位：%

考虑因素	性别		年龄			自理状况				文化程度				职业						
	男	女	低龄（60~69岁）	中龄（70~79岁）	高龄（80岁及以上）	完全自理	偶尔需要他人帮助	经常需要他人帮助	完全不能自理	小学及以下	初高中、中专或大专	大学、本科	研究生及以上	机关事业单位职工	国有或集体单位职工	私营企业员工	个体户	在家务农	临时工	没工作
服务价格	34.55	48.48	64.24	15.15	3.64	61.01	16.97	3.64	0.61	21.21	41.2	8.48	12.12	24.85	15.76	15.15	8.48	14.55	2.42	1.82
医保报销	26.06	38.79	50.91	9.09	4.85	48.28	13.33	1.82	0.61	18.18	32.12	7.88	6.60	18.79	14.55	9.09	8.48	10.30	0.61	—
服务质量	30.30	41.82	57.58	10.30	4.24	56.77	11.52	2.42	0.61	12.73	32.73	13.33	13.33	29.70	13.33	10.91	9.09	6.67	1.21	1.21
医疗护理	28.48	34.55	49.09	8.48	5.45	46.67	13.94	2.42	—	12.12	33.33	10.91	6.67	18.79	16.36	9.09	8.48	8.48	1.21	0.61
离家距离	5.45	10.91	10.30	4.24	1.82	14.22	5.24	0.75	—	8.48	4.24	2.42	1.21	3.64	3.64	1.21	1.82	5.45	0.61	—

2. 养老机构主要提供帮助洗澡、打扫卫生、代购生活用品等日常生活照料服务

基本养老服务供给方面，西部地区的养老机构服务供给内容较少，东北地区的养老机构服务供给更加全面。目前，大部分地区养老机构能够为老年人提供帮助洗澡、打扫卫生、代购生活用品等服务，但在心理咨询和帮助读书读报等精神生活服务的供给上相对欠缺（见表5-42）。

表5-42　各地区养老机构基本养老服务供给情况（N=1134）

区域	送餐	帮助洗澡	打扫卫生	洗衣服	代购生活用品	日间照料	陪同聊天	心理咨询	帮助读书读报	帮助使用智能设备
东部地区	√	√	√		√		√			
中部地区	√	√	√		√	√				
西部地区		√	√		√					√
东北地区	√	√	√		√		√	√	√	

注：标注"√"表示此区域大部分机构有此基本养老服务供给。

3. 机构医疗护理服务集中于定期体检和安装救助门铃

各区域养老机构都能为老年人提供定期体检服务，但在家庭医生和家庭病床与临终关怀方面供给不足。大部分区域的养老机构能够为老年人安装救助门铃，仅有东部地区和东北地区的养老机构能够提供健康讲座和咨询服务（见表5-43）。

表5-43　各地区养老机构基本医疗服务供给情况（N=1134）

区域	家庭医生和家庭病床	定期体检	健康讲座和咨询	安装救助门铃	临终关怀	其他
东部地区	√	√	√	√		
中部地区		√		√		
西部地区		√				√
东北地区		√	√	√	√	

注：标注"√"表示此区域大部分机构有此基本养老服务供给。

4. 棋牌室是养老机构普及程度最高的文娱活动区域

目前，棋牌室是各区域养老机构普及程度最高的文娱活动区域，也

有多个地区的养老机构提供健身设施和举办定期文艺表演活动，普法宣传和法律咨询服务比较缺乏。其中，东部地区和东北地区养老机构的文化娱乐服务供给状况优于其他地区，均能提供棋牌室、健身设施、书报阅览室、定期文艺表演活动和老年兴趣小组（如乐器、绘画学习班等）。中部地区养老机构的服务主要集中于棋牌室、健身设施和定期文艺表演活动，西部地区只能提供棋牌室供老年人娱乐（见表5－44）。

表5－44　区域划分下各养老机构文娱服务供给情况（N = 1134）

区域	棋牌室	健身设施	书报阅览室	定期文艺表演活动	老年兴趣小组（如乐器、绘画学习班等）	普法宣传和法律咨询	其他
东部地区	√	√	√	√	√		
中部地区	√	√		√			
西部地区	√						
东北地区	√	√	√	√	√		

注：标注"√"表示此区域大部分机构有此基本养老服务供给。

5. 社区主要提供基础的基本生活服务，与机构服务供给存在较大差距

从社区基本养老服务供给情况看，东部地区和中部地区的社区养老服务项目供给较多。总体上看，送餐、打扫卫生、日间照料服务较为普及，其他服务项目尤其是精神文化服务项目供给存在较大缺口（见表5－45）。这表明社区基本养老服务供给内容尚不完善，与机构基本养老服务供给存在较大差距。

表5－45　区域划分下社区基本养老服务供给情况（N = 1134）

区域	送餐	帮助洗澡	打扫卫生	陪同买菜	洗衣服	代购生活用品	日间照料	陪同聊天	心理咨询	帮助读书读报	帮助使用智能设备
东部地区	√					√	√				
中部地区	√	√			√			√			
西部地区			√				√				
东北地区	√		√								

注：标注"√"表示此区域大部分机构有此基本养老服务供给。

6. 社区内提供家庭医生和家庭病床、定期体检服务较普遍

从社区基本医疗服务供给情况来看，各地区的社区基本医疗服务供给内容相似，社区内提供家庭医生和家庭病床、定期体检服务较普遍，健康讲座和咨询次之，只有中部地区能够提供安装救助门铃服务，临终关怀在社区中尚未发展起来（见表 5 - 46）。

表 5 - 46　区域划分下社区基本医疗服务供给情况 （N = 1134）

区域	家庭医生和家庭病床	定期体检	健康讲座和咨询	安装救助门铃	临终关怀	其他
东部地区	√	√	√			
中部地区				√		√
西部地区	√	√	√			
东北地区	√	√				√

注：标注"√"表示此区域大部分机构有此基本养老服务供给。

7. 社区普遍配置有健身设施和棋牌室

从社区文化娱乐服务供给情况看，东部地区和西部地区的社区文化娱乐服务供给内容更丰富，中部地区和东北地区较少。社区普遍配置有健身设施和棋牌室，书报阅览室的普及程度次之，普法宣传和法律咨询服务欠缺，极少有社区为老年人提供老年兴趣小组（如乐器、绘画学习班等）和定期文艺表演活动。

表 5 - 47　区域划分下社区文化娱乐服务供给情况 （N = 1134）

区域	棋牌室	健身设施	书报阅览室	定期文艺表演活动	老年兴趣小组（如乐器、绘画学习班等）	普法宣传和法律咨询	其他
东部地区		√	√			√	
中部地区	√	√					
西部地区	√	√	√				
东北地区	√	√					

（二）调研发现的养老服务供给特征

1. 老年人对机构养老服务内容基本满意，对服务质量和收费标准的满意度相对较低

对不同年龄段和不同自理状况的老年人对养老机构服务内容、服务质量、收费标准的满意度调查发现，老年人对机构养老服务内容基本满意，对服务质量和收费标准的满意度则相对较低（见表 5 - 48）。

表 5 - 48　按年龄与按自理状况划分的老年人对机构的满意度（*N* = 1134）

单位：%

评价内容		年龄			自理状况			
		低龄（60 ~ 69 岁）	中龄（70 ~ 79 岁）	高龄（80 岁岁及以上）	完全自理	偶尔需要他人帮助	经常需要他人帮助	完全不能自理
服务内容	很满意	23.21	31.80	42.44	31.62	32.48	28.21	43.38
	比较满意	35.31	40.23	37.46	40.98	43.48	26.23	25.65
	一般	41.48	27.97	20.10	27.40	12.56	26.09	30.97
	不满意	—	—	—	—	11.48	19.47	—
	很不满意	—	—	—	—	—	—	—
服务质量	很满意	27.88	32.20	34.92	32.77	14.65	18.91	32.89
	比较满意	34.07	22.22	23.71	31.09	29.63	35.92	45.56
	一般	38.05	27.27	21.37	29.41	45.45	38.73	10.32
	不满意	—	21.69	20.00	6.73	10.27	6.44	11.23
	很不满意	—	—	—	—	—	—	—
收费标准	很满意	23.36	33.64	23.00	30.84	21.22	20.20	30.68
	比较满意	24.23	23.08	32.69	32.71	38.85	40.92	37.91
	一般	29.59	31.03	31.38	29.91	24.48	30.69	20.45
	不满意	22.82	12.25	12.93	6.54	15.45	8.19	10.96
	很不满意	—	—	—	—	—	—	—
医疗报销程度	很满意	43.53	18.44	18.03	34.95	33.98	25.24	36.83
	比较满意	37.78	21.11	27.11	35.56	28.89	31.11	39.44
	一般	18.69	28.13	21.74	29.49	37.13	43.65	23.73
	不满意	—	32.32	33.12	—	—	—	—
	很不满意	—	—	—	—	—	—	—

年龄方面，相比低龄老年人，高龄老年人对机构整体服务的满意程度更高。同时高龄老年人对机构收费标准更满意，而低龄老年人对机构服务内容和服务质量更满意；自理状况方面，自理能力弱的老年人对机构服务供给的满意度相对较低，原因可能是自理能力弱带来的心理挫折感会对老年人的性格产生一定影响，进而影响其对机构的评价。另外，自理能力弱的老年人的服务需求增多、服务收费提高也加重了老年人及其家庭的经济负担。相反，自理能力强的老年人对服务质量和服务内容的满意度高于自理能力弱的老年人。

2. 养老服务供给存在养老方式差异

与机构相比，社区养老服务起步晚，发展较缓慢，存在服务供给内容少、服务供给水平低等问题。在对老年人养老方式预期及原因的调查中，近五成老年人选择机构养老方式是出于对服务质量的考量，期望获得专业化的照护服务。相比之下选择社区养老方式的老年人数量较少，且主要为自理状况较好的老年人。这说明社区养老服务并不能满足老年人对专业化照护服务的需求。现阶段大部分地区的社区养老服务供给机制尚未建立健全，供给内容有待增加、供给质量仍有待提高。

3. 养老服务供给质量难以满足老年人需求

养老服务供需双方的着重点不同导致了服务供需失衡。随着物质生活水平的不断提高，老年人对晚年生活的质量要求也不断提高，相应地对养老服务的质量有了更高的期待。在老年人对养老服务的满意度调查中我们发现，老年人对服务质量和收费标准的满意度相对较低，这是因为老年人对照护服务的专业化程度、照护人员的服务态度、服务的细致程度有了更高的要求。这表明老年人所在的养老机构或社区的服务供给仍有提升空间。老年人对服务细节的高要求反映出其更注重养老服务质量，而现有的养老服务供给水平不足，导致养老服务供需失衡。

四　养老服务供需区域差异及特征

受区域经济发展水平、老龄化程度、服务照护能力等多种因素的影响，养老服务供需存在一定区域差异性。在探究社会力量有效参与养老服务供给的路径问题上，我们不仅要关注养老服务均等化供给问题，更要关注养老服务差异化供给问题。在服务供给过程中应充分考虑不同区域对基本养老服务的需求，挖掘区域差异现状及原因，提高供给质量。

（一）调研发现的养老服务供需区域差异

1. 基本养老服务供给集中于基础生活照料，无法满足老年人精神需求

老年人普遍在送餐、打扫卫生等日常生活服务和陪同聊天、心理咨询等精神文化服务方面有较强烈的需求。东部地区的老年人对送餐和日间照料等服务较为期望；西部地区的老年人除送餐外，对代购生活用品、陪同聊天和心理咨询服务较为期待。东北地区的老年人还有帮助读书读报、帮助使用智能设备等服务需求。中部地区的老年人在帮助洗澡、洗衣服、打扫卫生、日间照料等方面均有需求，这反映了中部地区的基本养老服务供给还较为欠缺，无法满足老年人日益增长的需求。而在机构或社区基本养老服务供给方面，东部、中部地区的基本养老服务供给内容更丰富，西部地区和东北地区的供给内容相对不足（见表5-49）。整体来看，较为普及的服务是打扫卫生服务，其次是送餐和洗衣服，在心理咨询和帮助读书读报等精神生活服务项目上供给不足。

表5-49　区域划分下社区、机构基本养老服务供需情况（N=1134）

	区域	送餐	帮助洗澡	打扫卫生	陪同买菜	洗衣服	代购生活用品	日间照料	陪同聊天	心理咨询	帮助读书读报	帮助使用智能设备
需求	东部地区	√						√				
	中部地区	√	√	√		√		√	√	√		√
	西部地区	√					√			√		
	东北地区	√		√			√				√	√

续表

	区域	送餐	帮助洗澡	打扫卫生	陪同买菜	洗衣服	代购生活用品	日间照料	陪同聊天	心理咨询	帮助读书读报	帮助使用智能设备
供给	东部地区	√	√	√		√	√	√	√			√
	中部地区	√	√	√		√			√			
	西部地区			√		√		√				√
	东北地区	√		√								√

注：标"√"表示此区域大部分老年人需要此服务，社区或机构有此基本养老服务供给。

2. 基本医疗服务供给以定期体检为主，临终关怀服务存在较大供需缺口

从基本医疗服务供给情况来看，各地区的供给内容基本相似，东部地区、中部地区和东北地区供给的基本医疗服务内容最全面，西部地区供给情况最不理想。内容上，各机构或社区均能为老年人提供定期体检服务，大部分地区能够为老年人安装救助门铃，部分地区能提供健康讲座和咨询服务，而在家庭医生和家庭病床与临终关怀等内容方面提供的也较少（见表5-50）。而老年人在家庭医生和家庭病床、安装救助门铃和临终关怀方面的服务需求强烈，基本医疗服务供需存在明显差距。

表5-50　区域划分下社区、机构基本医疗服务供需情况（$N=1134$）

	区域	家庭医生和家庭病床	定期体检	健康讲座和咨询	安装救助门铃	临终关怀	其他
需求	东部地区	√	√		√		
	中部地区	√	√	√	√	√	
	西部地区	√	√	√	√	√	
	东北地区	√				√	
供给	东部地区	√	√	√	√		
	中部地区		√	√	√		√
	西部地区		√	√			
	东北地区	√	√				√

注：标"√"表示此区域大部分老年人需要此服务，社区或机构有此基本养老服务供给。

3. 棋牌室、健身设施等文化娱乐服务供给较为普遍，但仍无法满足老年人多样化文化娱乐需求

老年人的文化娱乐需求呈现多样化特征，他们普遍对健身设施、定期文艺表演活动和老年兴趣小组（如乐器、绘画学习班等）等文化娱乐服务较为期待。除此之外，东部地区的老年人期望建立棋牌室等，中部地区的老年人期望建立书报阅览室等，西部地区和东北地区的老年人期望获得普法宣传和法律咨询等服务。而在文化娱乐供给内容方面，东部地区和东北地区的服务供给内容更丰富，中部和西部地区相对较少。目前，机构或社区普遍配置棋牌室和健身设施，定期文艺表演活动和书报阅览室的普及程度次之，只有东部地区提供普法宣传和法律咨询服务（见表 5－51）。

表 5－51　区域划分下社区、机构文化娱乐服务供需情况 （ *N* = 1134）

	区域	棋牌室	健身设施	书报阅览室	定期文艺表演活动	老年兴趣小组（如乐器、绘画学习班等）	普法宣传和法律咨询	其他
需求	东部地区	√	√		√	√		
	中部地区	√	√	√	√	√		
	西部地区	√	√		√	√	√	
	东北地区		√				√	
供给	东部地区	√	√	√	√	√	√	
	中部地区	√	√		√			
	西部地区	√	√					
	东北地区	√	√	√	√	√		

注：标"√"表示此区域大部分老年人需要此服务，社区或机构有此基本养老服务供给。

4. 宜居环境增建设施预期存在区域差异

对社区老年人来说，东部地区的老年人期望增建医疗保健室和老年食堂，中部地区老年人希望增建医疗保健室，西部地区老年人较为期望增建社区养老院、老年食堂和法律咨询中心，东北地区老年人期望增建社区养老院和老年食堂。而对于机构老年人来说，东部地区的老年人期望增建社区养老院、老年食堂、法律咨询中心和其他宜居环境设施，中部地区的老年人对医疗保健室、社区养老院、老年食堂和法律咨询中心等设施均较为期望，西部地区老年人的期望主要集中在医疗保健室、社区养老院和老年食堂上，东北地区老年人对医疗保健室和法律咨询中心的增建期望更高（见表 5 − 52）。

表 5 − 52　区域划分下社区、机构宜居环境增建设施预期（N = 1134）

主体	区域	医疗保健室	社区养老院	老年食堂	婚介服务中心	法律咨询中心	其他
社区	东部地区	√		√			
	中部地区	√					
	西部地区		√	√		√	
	东北地区		√	√			
机构	东部地区		√	√		√	√
	中部地区	√	√	√		√	
	西部地区	√	√	√			
	东北地区	√				√	

注：标"√"表示此区域大部分老年人需要此服务，社区或机构有此基本养老服务供给。

（二）调研发现的养老服务供需不均衡特征

从养老服务供需状况来看，我国养老服务的供需契合度不高，供需结构不平衡，主要体现为：养老服务供需结构不平衡、养老服务供需失衡现象存在养老方式差异、养老服务供需失衡现象存在地区差异。

1. 养老服务供需结构不平衡

首先是养老服务内容上存在供需失衡。调查中的老年人对精神文化类服务的需求较高，而养老服务供给集中于送餐、日间照料等较基础的养老服务。在基本养老服务中，老年人对陪同聊天、心理咨询等服务的需求高，但此类服务供给相对不足。对比文化娱乐服务的供给与需求情况发现，目前机构和社区所供给的文化娱乐服务内容较少，无法满足老年人日益增长的多样化文化娱乐服务需求。

其次是养老服务供需双方的着重点不同导致失衡，表现为养老服务的服务质量难以满足老年人的要求。随着物质生活水平的不断提高，老年人期望获得更高质量的晚年生活，相应地对养老服务的质量要求不断提高。对老年人对养老服务的满意度的调查发现，老年人对服务质量和服务价格的满意度相对较低，他们对照护服务的专业化程度、照护人员的服务态度、服务的细致程度要求较高，认为所在的养老机构在这些方面仍有提升空间。老年人对服务细节的高要求反映出老年人更注重养老服务质量，而现有的养老服务供给未能满足老年人对服务质量的需求，导致养老服务供需失衡。

2. 养老服务供需失衡现象存在养老方式差异

与机构相比，社区养老服务发展较缓慢，存在服务供给内容少、服务供给水平低等问题。对老年人养老方式预期及原因的调查发现，超过六成的老年人为获得更专业、全面的养老服务而选择机构养老方式。相比之下选择社区养老方式的老年人数量较少，且基本是自理状况较好的老年人。这说明目前社区养老服务尚不能满足老年人对专业化照护服务的需求，社区养老服务供给数量和供给质量仍有待提高。

3. 养老服务供需失衡现象存在地区差异

调查发现，东部地区和东北地区的养老服务供给需求契合度较高，相比之下，中部地区和西部地区的养老服务供需缺口较大。如基本养老服务中，中部地区心理咨询、帮助使用智能设备等服务的供需契合度低；西部地区送餐、代购生活用品、陪同聊天、心理咨询等服务的供需契合度较低。基本医疗服务中，中部地区老年人对健康讲座和咨询服务的需求、西部地区老年人对安装救助门铃服务的需求未能得到有效满足；文化娱乐服务方面，中部地区老年人对定期文艺表演活动的需求，西部地区老年人对定期文艺表演活动、老年兴趣小组（如乐器、绘画学习班等）、普法宣传和法律咨询服务的需求均未得到有效满足。

五　对调研结果的进一步反思

（一）养老服务需求的多样性与供给存在偏差

2020 年 10 月，党的十九届五中全会在北京召开，会议指出要实施积极应对人口老龄化国家战略。推动养老服务协调均衡发展是积极应对人口老龄化国家战略中的重要一环。目前，我国养老服务业发展总体上较为滞后，老年居民多元化的养老服务需求与养老服务供给之间存在失衡。一方面，养老服务对象和服务内容上存在供需不匹配。调查显示，入住养老机构的老年人大多数为自理老人或孤寡老人，其享受的养老服务多为低层次的生活照料类服务及健康体检类服务。而个性化的、高质量的养老服务供给不足，对失能失智老人的特殊性照料服务供给也存在不足。另一方面，我国养老服务在地区空间布局上也存在供需偏差。东部地区经济发展水平较高，政府财政收入也较高，因而在养老服务供给、养老设施建设以及养老事业发展等方面会增加政策供给和经济投入，从而促进了当地养老服务业的快速发展。而中西部地区经济发展水平相对较低，政府财政收入相对较少，因而对养老服务产业的投入也远不及东部地区，进而造成我国养老服务业空间布局上的供需偏差（盛见，2021：28～33）。

（二）社会力量参与养老服务供给机制不完善

我国养老机构分为公办养老机构、民企机构和民非机构三种类型，各种性质的养老机构均存在服务供给不足问题。公办养老机构作为我国老年社会福利事业的"最后一道防线"，具有托底保障的功能，但公办养老机构数量少，除需要接收"三无"人员、"五保"老人等经济困难老人外，还承担了超龄孤儿、失智群体等困难群体的供养责任，其实质是社会福利院。在此情况下，公办养老院面临床位紧张、运营开支大、院内工作人员不足且工作强度大等问题，以现有的财政拨款难以维持正常运转。同时，公办养老机构相较于民营机构存在养老服务设施落后与老化、缺乏专业化护理人员、管理体制不完善等问题，仅能保障老年人基本生活需求，其养老服务供需契合度不高。而民非机构是由政府进行"重资产"建设，社会力量以"轻资产"形式参与市场竞争（赵萌、潘珍妮、孙高升，2021：111～113）的养老机构。由于民非机构具有趋利性，容易产生违背社会福利性质，过度"市场化""产业化"（董彭滔，2018：85～88）、排斥经济条件较差的弱势老年群体等风险。

目前，我国社会力量参与养老服务普遍存在供给能力不足、供给水平不高、供给效率低、供需错配等问题。一方面，有社会力量参与的养老服务机构较少，养老设施不完善，专业的养老服务人员短缺；另一方面，养老服务主体功能错位，承接服务的机构对政府依赖性过强，政府主导功能强，社会主体易形成"等、靠、要"的思想，运营盈利空间小，因而承接养老服务的机构少。最后，我国养老服务供给主体以政府为主，社会力量参与不足，社会组织发育不全，社会志愿服务队伍力量弱小，难以平衡公益性与营利性，这也导致参与养老服务的运营者难以坚持，最终退出市场。

（三）社会力量参与养老服务供给受多重因素叠加影响

首先，养老服务供给是一项综合性的公共服务工程，其发展与地方经济的支持息息相关。区域经济发展水平是促进养老服务体系建设的基本动力，区域经济的差异性直接影响养老服务供给水平：一方面，持续的经济增长带来地方 GDP 的增加，为地方政府开展养老服务供给奠定了雄厚的物质基础，也使老年人人均可支配收入增加，从而能够购买更多的养老服务；另一方面，经济发展水平的提高往往意味着城乡居民物质生活条件的改善，养老服务的消费意愿和能力相对增强，这将有利于繁荣养老服务市场，丰富养老服务业态。调查发现，中部和西部地区的养老服务供需不平衡现象显著高于东部及东北地区，尤其是西部地区，老年人养老服务需求得不到满足的现象最为突出。这一方面是由于地方经济发展水平限制其养老服务供给能力和对于养老服务领域发展的关注度，另一方面是由于老龄化水平极大程度地决定养老服务对一个地区经济、社会发展的影响力，进而影响地方政府对养老服务的重视程度。西部地区经济发展水平相对落后，老龄化程度低于东北地区和中部地区，因此，养老服务发展相对缓慢，服务供给内容、服务质量等方面与老年人需求契合度较低。

其次，受地区文化环境因素的影响，养老服务资源的区域分布呈现非均衡的状态。一是养老服务供给人员分布不均衡。东北地区、中西部地区经济发展水平相对较低，居民受教育程度与东部沿海地区相比存在一定差距，部分居民及老年人难以对护理服务人员的职业形成社会认同，因而导致这些地区人才流失严重，护理人员招聘困难。目前，从事养老服务供给的护理人员多为农民工、下岗工人、年龄偏大的女性，技能水平不高，供给质量较差。二是涉及养老服务、老年教育、老年卫生保健以及老年人生活产品等相关产业的区域发展不均衡。与中西部地区相比，东部地区高等院校、科研院所的分布更为集中，对养老服务、养老产业、老年教育等的研究更为密集和深入，在一定程度上也促成以"敬老""爱老""助老"为主的地域文化氛围的形成，因而在社会力量参与养老服务供给方面更具吸引力。而中西部地区由于地理位置偏远、居民文化程度相对较低，思想观念较为落后，因而对养老服务、老年教育等老年事业的接受能力较差，在一定程度上也阻碍了社会力量的参与。

最后，养老服务体系的发展有赖于政府的规划和相应政策的具体落地情况。已有研究发现，财政分权体制及基于政绩考核的政府竞争行为，造就了地方政府财政支出结构存在明显的偏向性特征，向生产性领域倾斜，而在福利与保障性方面，财政支出水平偏低（曾通刚、赵媛，2019：1497～1511）。福利多元主义理论强调政府应放弃"大包大揽"的传统做法，将不适合政府承担的养老服务交给市场和社会，从"划桨者"转变为"掌舵者"，这就要求政府出台并实施鼓励社会力量参与养老服务的优惠政策，为其营造蓬勃发展的社会环境。为了鼓励和支持社会力量参与养老服务供给，各地方政府在融资、土地使用、服务补贴、税收减免等方面出台了许多优惠扶持政策。但事实上这些优惠政策难以落实，缺乏宣传，政策的可操作性不强。经济发展水平较高的东部地区获得中央扶持和优惠多，对养老服务供给的鼓励政策更全面、系统，相反，中西部地区的地方政府倾向于发展生产性行业，养老服务市场前期投资大、收益回报时间长，地方政府对养老服务供给的财政及政策支持不足。

第六章 深度反思：社会力量参与城市养老服务供给的影响因素[*]

以民办养老机构为主的社会力量在养老服务供给过程中发挥了不可小觑的作用。民办养老机构一方面能够提供老年生活照料和护理服务（林闽钢，2014：7~11），另一方面能够为老年人提供活动和参与社会的机会，使他们获得精神满足、提高生活质量。十九届四中全会审议通过的《中共中央关于坚持和完善中国特色社会主义制度 推进国家治理体系和治理能力现代化若干重大问题的决定》指出，要加快构建居家社区机构相协调、医养康养相结合的养老服务体系，进一步明确了我国养老服务体系建设的总体目标和新方向。在从"补充"、"支撑"到"充分发展"的定位转变过程中，民办养老机构在应对人口老龄化中的重要作用不断凸显，以社会力量为主体的养老服务格局日渐形成。党的十九届五中全会，将"积极应对人口老龄化"上升为国家战略，这是具有里程碑、划时代意义的。在这一总体目标下，民办养老机构如何可持续发展，哪些因素影响其运作机制，成为新时代需要探讨的问题。

一 样本与数据

（一）样本情况

本研究采用分层和随机抽样相结合的方法，共收集全国 182 家养老

---

[*] 本章部分内容已经以《民办养老机构可持续发展的困境及对策研究》（作者：韩烨、冀然、付佳平）发表在《人口学刊》2021 年第 4 期。两案例中研究方法相同但数据来源不同。由于篇幅有限，本章省略部分实证过程。

服务机构的基本情况。其中，公办养老服务机构15家，占比为8.24%；民办养老服务机构167家，占比为91.76%。本研究以167家民办养老服务机构为样本进行数据分析，调查样本基本可以代表民办养老服务机构总体发展情况。调查样本的基本特征如表6-1所示。

表6-1 模型变量与样本描述（N=167）

自变量	模型变量	编码	占比（%）	自变量	模型变量	编码	占比（%）
机构特征	机构性质	1=工商注册类	9.76	机构定位	持证比例	1=30%以下	25.14
		2=民政注册类	90.24			2=30%~50%	45.30
	经营时间	1=1年以下	12.60			3=50%~80%	23.65
		2=1~3年	31.15			4=80%以上	5.91
		3=3~5年	31.35		功能分类	1=综合型	56.32
		4=5年以上	24.99			2=护理型	43.68
	扩建打算	1=无	49.00		比较优势	1=地理位置好	11.08
		2=不确定	15.04			2=收费低	66.66
		3=有	35.96			3=交通便利	22.26
	风险应对	1=购买机构责任险	11.47	服务质量	医养结合	1=仅配备医务室	62.74
		2=没有购买机构责任险	88.53			2=配备医务室、医疗设备	32.10
资金来源	财政补贴	1=不享受	22.63			3=配备医务室、医疗设备、专属医生	5.16
		2=省市级补贴	67.26		智能服务	1=便捷高效	8.36
		3=国家级补贴	10.11			2=基本覆盖	5.67
	长护险报销	1=有	38.75			3=零星覆盖	43.66
		2=无	61.25			4=没有	42.31
因变量	运营是否可持续	0=否	77.65				
		1=是	22.35				

资料来源：作者整理。

样本显示，民办养老机构大都是近5年成立的，以民政注册类机构为主（占90.24%），约1/3的机构还有在未来扩建的打算。仅有11.47%的机构购买机构责任险，机构风险意识薄弱。77.37%的养老服务机构享受到财政补贴，其中 67.26% 享受省市级补贴，10.11% 享受到国家级补贴。有长护险报销的比例为 38.75%，其余 61.25% 的民办养老机构不享有长护险报销资格。机构内护理员持证比例主要集中在 30%~80%。从功能分类来看，分为综合型及护理型，占比分别为56.32% 和 43.68%。每一种类型下，机构分化特征也较为明显。"收费低""交通便利""地理位置好"成为老年人及其家人选择民办养老机构的主要原因。从医养结合程度来看，近一半（占62.74%）的民办养老机构仅配备医务室，32.10% 的民办养老机构配备医务室和医疗设备，5.16% 的民办养老机构同时配有医务室、医疗设备和专属医生。从智能服务标准来看，仅有 8.36% 的机构有便捷高效的智能养老服务，分别有 5.67% 和 43.66% 的民办养老机构有基本覆盖和零星覆盖的智能养老服务，42.31% 的民办养老机构没有智能服务。

（二）模型选择

民办养老机构可持续发展的核心思路是增强机构的可持续运营能力，以提高核心竞争力，完善机构内部基础设施，满足老年人需求，提供优质服务，形成规模经济，以促进养老事业和产业协同发展。因此，本研究运用 Logistic 模型来对养老服务机构"运营是否可持续"及其影响因素进行实证分析。由于因变量的问题"您经营的机构运营是否可持续"对应的回答为"是"与"否"（分别赋值 0 和 1）的二分变量，设

$$p(y_i = 1) = \pi_i$$
$$p(y_i = 0) = 1 - \pi_i$$
$$\pi_i = \frac{1}{1 + e^{-(\beta_0 + \beta_1 x_{i1} + \beta_2 x_{i2} + \cdots + \beta_p x_{ip})}}$$

用 y 表示养老服务机构可持续运营状况，y_1，y_2，$\cdots$，y_n 是取值 0~1 的随机变量。x_1，x_2，$\cdots$，x_n 是与 y 相关的自变量；n 为观测数据的样本量，即 $(x_{i1}，x_{i2}，\cdots，x_{ip}；y_i)$（$i = 1，2，\cdots，n$）。

需要指出的是，如果回归模型存在非线性，OLS 不能得出有效结

论，这时采用极大似然估计法（Maximum Likelihood Estimation，MLE）估计 β 得出的结论通常更具有现实意义。实际操作中，我们使用沃尔德检验（Wald Test）和似然比检验（Likelihood Ratio Test）对研究假设进行统计检验。基本思想是，在两种检验方法下 p 值均有意义的指标具有显著性，解释现实问题的说服力更强；至少一种方法下 p 值具有意义的指标要参考现实情况定义具体的显著性水平（陈强，2014：74～75）。

二 研究假设

（一）假设提出的依据

"机构特征论"、"收入决定论"和"服务质量论"是当前学界对影响民办养老机构可持续发展的归因。从机构自身特征来看，已有研究表明经营时间越长，越依据口碑效应吸引老年人入住，可持续运营效果越明显（许福子，2014）。也有学者认为，经营时间与养老机构可持续运营能力不相关，但如果机构有扩建的预期，说明经营时间长确实可以增强其可持续发展能力（Schaal，Tonio，and Klewe，2015：43－47）。同时，如果机构具有风险意识，投保机构意外险，在发生风险时就能保证现金流稳定与机构正常运转（丁学娜等，2019）。地理位置好的养老机构一般发展得较好（张增芳，2012）。老年人也更偏好交通便捷的机构（宋姗等，2016）。"收入决定论"主要关注财政补贴对机构可持续发展的促进作用，这一结论已经得到学界的共识（Eggink，Ras，and Woittiez，2016：63－70）。其中，一部分学者提出，政府财政补贴可以在一定程度上提高民办养老机构的养老服务供给量，大幅降低其运营的成本和风险。数据对比显示，建设补贴的政策效应要优于运营补贴（郭倩、王效俐，2020）。且一旦民办养老机构不享受财政补贴，其入住率也有可能会下降（朱凤梅，2019）。另一部分学者则指出政府在支持养老机构发展方面，财政投入力度及比例都存在较多问题，应尽快解决，在加大财政投入力度的同时，还需优化财政投入比例（冯佳，2019）。进一步分析发现，对养老服务需方的财政补贴未能充分考虑不同养老方式的费用支出差异，而对养老服务供方的财政补贴大部分缺少实际可操作性（陈志勇、张薇，2017）。从"服务质量论"得到的研究结果来看，具有医疗护理功能的机构入住率高，具有更高的可持续性（田北海、王彩云，2014）。理论上民办养老机构的服务质量应与其服务定价紧密相连，但现阶段养老服务质量普遍参差不齐且服务定价较不合理，所以建立与民办养老机构发展趋势相统一的质量评价体系与价格标准体系迫在眉睫（沈勤、树佳伟，2018）。值得注意的是，养老机构的服务质量很大程度上取决于政府的惩罚力度和财政补贴力度。高水平的惩罚力度与财政补贴力度均会促进养老机构提升其服务质量，但反过来也会增加政府的监管成本和财政支出，所以需要选择适当水平的惩罚力度与财政补贴力度（岳向华、林毓铭，2019）。通过对既有文献的梳理，本研究认为，影响民办养老机构可持续发展的因素可归纳为机构特征、机构定位、资金来源与服务质量。其中，机构特征反映机构自身客观情况，如机构性质、经营时间、扩建打算、风险应对。机构定位反映机构经营者对机构建立或运营建设时的主观偏好，因此要单独列出。资金来源在原有研究针对财政补贴的基础上，增加长护险报销的二级指标。服务质量更加细化为医养结合服务和智能养老服务，这两个细化指标符合当下养老机构的定位及发展方向。

（二）研究假设的提出

基于以上分析，本研究提出以下假设。

假设1：工商注册类与民政注册类的机构特征能够促进机构可持续发展。

假设2：财政补贴可以促进机构可持续发展。

假设3：护理员的持证比例、功能分类和自身优势能够促进机构可持续发展。

假设4：医养结合与智能服务能够促进机构可持续发展。

三　实证分析

（一）极大似然回归估计的实证过程

分别运用 Backward：LR 方法和 Backward：Wald 方法进行极大似然回归（见表 6-2），两个模型都在 0.05 的水平上显著，且第一个模型拟合效果大于第二个（R^2 较大），第二个模型的主要作用是找出参数均显著的自变量。结果显示，两种方法均不显著的自变量为机构性质、经营时间、扩建打算、风险应对，假设 1 不成立。相反，财政补贴、持证比例、长护险报销、功能分类、比较优势五个自变量始终对因变量影响显著。医养结合指标在第一个模型中显著，智能服务在第二个模型中显著（见表 6-2）。

表 6-2　Backward：LR 方法和 Backward：Wald 方法运算结果比较

自变量	Backward：LR		Backward：Wald	
	df	Sig.	df	Sig.
机构性质	—	—	—	—
经营时间	—	—	—	—
扩建打算	—	—	—	—
财政补贴	2	0.118	2	0.429
持证比例	3	0.008	3	0.001
风险应对	—	—	—	—
长护险报销	1	0.108	1	0.023
功能分类	1	0.023	1	0.021
比较优势	2	0.002	2	0.001
医养结合	2	0.034	—	—
智能服务	—	—	3	0.017

注：两种方法的预测准确度分别为 87.11% 和 89.93%；-2log likelihood 分别为 314.108 和 316.234；Cox. & Snell R^2 分别为 0.302 和 0.192；R 分别为 0.636 和 0.609。

（二）两种方法下的参数估计

进一步，将两种方法结果中均显著的自变量进行模型参数估计（见表6-3），结果如下。

首先，财政补贴变量中，受国家级补贴的机构比受省市级补贴的机构显著性更强；护理员持证比例超过80%的机构显著性更强；拥有长护险报销资格的机构的显著性明显高于不享有长护险报销资格的机构，假设2成立。

其次，护理型机构的影响明显高于综合型机构；收费低是比较优势中最显著的指标，交通便利和地理位置好次之，假设3成立。

最后，配备医务室、医疗设备的机构或有零星覆盖智能服务的机构更可持续运营，假设4成立。

四　实证结果的反思

上文研究表明，财政补贴、持证比例、长护险报销、功能分类、比较优势、医养结合、智能服务七个指标影响养老服务机构的可持续运营情况。理论上，如果各影响因素发挥正向效应，就能促进机构可持续发展，从而提高运营能力。而现实中各影响因素无法充分发挥正向效应，具体表现在以下几点。

（一）机构定位不清，服务内容缺乏精准化

调查显示，民办养老机构对自身发展定位不清，无法满足老年人对养老服务的差异化需求。一方面，低龄、健康老年人偏好居家社区养老，对提供日常照料的机构养老模式"表示抗拒"，无法成为民办养老机构的目标客户群，部分机构床位闲置，与公办机构"一床难求"形成鲜明对比。另一方面，长期依托于街道、社区的居家养老服务中心的建设和运营成本都由财政负担，其功能定位多集中于文体娱乐，普遍缺乏对失能居家老人的专业性、系统性照护。

表6-3 **Backward: LR 方法下和 Wald 方法下的参数估计**

变量	Backward: LR						Backward: Wald					
	B	S.E.	Wald	df	Sig.	Exp (B)	B	S.E.	Wald	df	Sig.	Exp (B)
财政补贴			6.096	2	0.019				7.123	2	0.047	
省市级补贴	-0.142	0.815	0.030	1	0.962	0.847	0.598	0.733	0.666	1	0.415	1.818
国家级补贴	-1.072	0.878	1.489	1	0.212	0.869	-0.396	0.851	0.217	1	0.641	0.514
持证比例			7.151	3	0.007				7.656	3	0.004	
30%以下	20.077	9136.146	0.000	1	0.998	523998825.044	19.635	8696.326	0.000	1	0.999	336800053.776
30%~50%	19.755	9136.146	0.000	1	0.998	379741000.244	16.336	8696.326	0.000	1	0.999	12434681.230
50%~80%	19.520	9136.146	0.000	1	0.998	300212165.202	14.365	8696.326	0.000	1	0.999	1732368.318
长护险报销												
有	0.869	0.325	7.151	1	0.005	2.383	0.992	0.313	8.236	1	0.008	2.697
功能分类												
综合型	-1.169	0.345	11.471	1	0.001	0.218	1.125		12.659	1	0.001	3.080
比较优势			7.662	2	0.001				8.023	2	0.002	
地理位置好	-0.405	0.881	0.212	1	0.645	0.499	-0.956	0.858	0.029	1	0.066	0.601
收费低	-1.201	0.881	2.599	1	0.107	0.357	-0.308	0.852	1.258	1	0.015	0.361
医养结合			9.455	2	0.043							
仅配备医务室	2.064	0.680	9.221	1	0.749	7.885						

续表

变　量	Backward: LR						Backward: Wald					
	B	S. E.	Wald	df	Sig.	Exp（B）	B	S. E.	Wald	df	Sig.	Exp（B）
配备医务室、医疗设备	0.240	0.754	0.102	1	0.329	1.273						
智能服务									9.968	3	0.009	
便捷高效							0.103	0.769	9.550	1	0.002	1.108
基本覆盖							0.502	0.509	0.018	1	0.894	1.652
零星覆盖							-0.748	0.752	0.974	1	0.324	0.030
常量	-39.002	29720.020	0.000	1	0.999	0.000	-21.834	25426.741	0.000	1	0.999	0.000

注：未列出的项目为参照组。

数据来源：作者整理。

（二）医养结合程度低，结合推进难度大

一方面，如果机构内部设置医务室、护理站，就会存在投入资金不足、人员缺乏、固定资产投入较高、投资回收期长且效益低等问题。调查显示，养老机构的医务室如果配备专业医护人员，每年需支付多于 10 万元的医护人员工资，另外，还有水费、电费、采暖费等成本开销。如果机构将收费转嫁给老年人，则导致大多数老年人负担不起，机构难以持续运营。另一方面，医疗卫生资源紧张，三甲医院自身业务都"忙不过来"，且医疗卫生机构缺乏与养老机构实现双向转介绿色通道的动力机制。

（三）智慧养老发展有限，创新动力不足

一是成本偏高。开发智能养老产品或服务需要较高成本，大部分老人愿意接受智慧养老服务，但不愿意承担费用，尤其是个性化、高品质服务背后的高额费用。二是普及率较低。老年人由于知识水平、记忆力、传统生活习惯等对智能产品的使用程度较低，机构缺乏引入智能养老产品的动力机制。三是缺乏专业团队管理。养老机构在开展智慧养老设计、建设、运营和宣传推广等各个环节都缺乏足够经验，整体创新性不足。

（四）资金来源不足，政府激励有限

调查显示，养老机构基本上处于被动式"接受补贴"状态，大部分养老机构反映对补贴政策了解较少，与公办机构相比，民办机构主要通过事后"补床头"或"补人头"的方式进行补贴申请，申请程序烦琐。在融资方面，由于很难从银行贷款，且利润不能分红，民办机构面临资金来源渠道较少的困境，进而影响机构硬件和软件建设，影响服务供给能力。

第七章　不容忽视：社会力量参与城市养老服务供给面临的问题及挑战

　　个案分析可以使我们增进对于个人、组织、机构、社会及其他相关领域的了解（殷，2010）。个案研究的本质特征是解剖特定的"一点"，即将研究的注意力全部集中于一个（或少数几个）特定的个案上。通过对其进行深入、细致、全面、详尽的考察和研究，来达到对这一个案的最好认识和理解（风笑天，2022：140～149）。结合上文描述，以东北地区 H 市、C 市、S 市为个案缩影，对应理论框架建构模式，抽取社会力量嵌入型、社会力量瞄准型、社会力量偏好型三种典型养老机构，对相关负责人、管理人员、护理人员、入住老人进行半结构式访谈，深入探寻社会力量参与城市养老服务供给模式的差异及其面临的问题和挑战。

一　案例选择与资料获取

（一）案例地区老龄化现状

　　第七次全国人口普查数据显示，J 省 C 市 60 岁及以上人口为1890010 人，占总人口的 20.85%，其中，65 岁及以上人口为1282886人，占总人口的 14.15%。与 2010 年第六次全国人口普查数据相比，60 岁及以上人口的比重上升了 8.12 个百分点，65 岁及以上人口的比重上升了 6.07 个百分点。H 省 H 市 60 岁及以上人口为 2200060 人，占 21.98%，其中 65 岁及以上人口为 1466109 人，占 14.65%。与 2010年第六次全国人口普查数据相比，60 岁及以上人口的比重上升 9.21 个

百分点，65 岁及以上人口的比重上升了 6.56 个百分点。L 省 S 市 60
岁及以上人口为 2108131 人，占 23.24%，其中 65 岁及以上人口为
1403246 人，占 15.47%。同 2010 年第六次全国人口普查数据相比，60
岁及以上人口的比重上升了 7.94 个百分点，65 岁及以上人口的比重上
升了 5.10 个百分点，详细数据见表 7-1。① 通过对比发现，案例城市
人口老龄化速度明显快于全国，60 岁及以上人口和 65 岁及以上人口占
总人口的比重及变动幅度均大于全国数据，老龄化程度更严峻。

表 7-1　案例城市老年人口比重及增长速率

单位：人、%

地区	总人口	变动幅度	60 岁及以上人口	比重	变动幅度	65 岁及以上人口	比重	变动幅度
全国	1411780000	↑5.38	264020000	18.70	↑5.44	190640000	13.50	↑4.63
C 市	9066906	↑3.42	1890010	20.85	↑8.12	1282886	14.15	↑6.07
H 市	10009854	↓5.89	2200060	21.98	↑9.21	1466109	14.65	↑6.56
S 市	9070093	↑11.89	2108131	23.24	↑7.94	1403246	15.47	↑5.10

资料来源：根据第七次全国人口普查数据整理，为匿名需要，隐去具体来源。

（二）抽样机构与研究框架契合度

社会力量在内驱动力机制和外推动力机制双重作用下参与到养老
服务供给中，以老年人的有效需求、实际购买力和养老偏好为依据确
定目标层次，向老年人提供符合其多层次需求的养老服务。养老机构
作为社会力量参与养老服务供给，供给性质、供给特点、市场类别、供
给对象、组织发展、资金实力、人员配备、政策导向、运营情况、基础
条件、收费标准、经营理念等不同，决定了不同目标定位的养老机构的
运营模式表现出异质性特征，可持续发展路径具有差异性。依据以上指
标，本研究总结了社会力量参与城市养老服务供给的三种模式——社会
力量嵌入型、社会力量瞄准型和社会力量偏好型（详见表 3-2）。

在所抽样的养老机构中，H 省 H 市 X 长者照护中心面向低收入的

① 为匿名需要，隐去数据来源。

老人，提供基本的养老服务，满足基本生活需求，收费水平较低；J 省 C 市 Y 养老照护（医养）中心服务群体为中等收入的老人，适当满足老年人更高层次的养老需求，收费水平适中；L 省 S 市 Z 长者照料中心定位为高端养老机构，服务收入水平较高的老年人，向老年人提供高层次的养老服务，收费水平较高。本次调研所选择的三家养老机构目标定位、机构特征、生存现状具有典型性，所提供的养老服务模式具有代表性，与本研究的研究框架相契合，从而确保调查结果具有借鉴意义。

（三）调查过程

首先对所抽样的养老机构基本情况进行梳理，包括机构基础设施、收费标准等。在了解机构的基本情况以后，访谈人员对养老机构负责人、管理人员、护理人员等工作人员和居住在机构的老人进行访谈。在访谈开始前，拟定访谈大纲，随后依据访谈过程中遇到的实际情况进行调整，确保访谈问题具有科学性和贴合实际。在调研过程中，主要工作是依据访谈提纲对相关人员进行访谈，以更加全面地了解民办养老机构的特征和面临的问题。

（四）养老机构简介

1. X 长者照护中心

X 长者照护中心隶属于 X 养老公司，该公司成立于 2003 年，已有 20 年养老运营管理经验。X 养老公司依托智能化标准的服务，严格按照养老规范的护理制度要求，成为标准化养老企业的代表。X 养老公司通过"线上＋线下"养老服务全覆盖，构建社区居家和机构多层级的长期照护体系。X 长者照护中心于周边 5 公里内服务近 10 个社区，毗邻公园和三甲医院，交通便利，配套完善。X 长者照护中心主要从事老年人介护服务、养老信息咨询服务、候鸟旅居文化交流、养老信息化建设等。

2. Y 养老照护（医养）中心

Y 养老照护（医养）中心隶属于 Y 养老公司，位于 C 市经济技术开发区，交通便利，区位优势明显，周边医疗资源丰富，邻近多家医院。该项目建筑面积约 4000 平方米，内设床位 100 余张，房间类型多样（有单间、夫妻间、多人间等），可满足不同老人的定制化需求。一楼和二楼为综合门诊部、功能活动区。三楼及以上为老人生活居住区。Y 养老照护（医养）中心为老人及老人家属建立了"医、养、健、文"多维度的养老服务体系，且入住形式灵活，服务内容全面。从机构养老起步，以智能化信息系统为依托，以综合门诊部全科医疗服务为保障，以日托服务的方式向居家养老延伸，以喘息服务的方式向专业术后照护拓展，通过高标准专业化服务全方位解决健康、介助介护、认知照护和舒缓疗护等不同养老、养护需求，进而为老人提供一种崭新的生活方式，让老人在阳光下安享幸福晚年。

3. Z 长者照料中心

Z 长者照料中心是 S 市政府引入社会资本在 2018 年 6 月投入运营的养老项目，2020 年 1 月正式运营。项目拥有 2000 多平方米的庭院，建筑面积约 6700 平方米，有独立卫生间的房间 115 间，有床位 150 张。遵循以人为本、自立支援的照护理念，主要为高龄、自理/半自理、失能失智的老人提供专业的照护服务；二层设有认知症护理专区"怡乐坊"，为老年人提供专业的服务、完善便利的适老生活设施和舒适、高品质的生活居所。Z 长者照料中心引入国际先进的照护理念，其管理团队具有十余年海内外高端养老院的运营经验，并拥有一支年轻化、知识化、专业化的护理团队，成员均为养老护理及医护大专以上学历，热情并富有活力，持有高级护理师、心理咨询师、营养管理师、康复理疗师等专业资格证书的有 17 人。

三个机构的情况如表 7-2 所示。

表 7-2 养老机构简介

养老机构	所在城市	服务对象	收费水平	市场类别	特色服务
X 长者照护中心	H 市	高龄、自理/半自理、失能老人	1600～4000 元/（人·月）	低端	老年人介护服务

续表

养老机构	所在城市	服务对象	收费水平	市场类别	特色服务
Y 养老照护（医养）中心	C 市	高龄、自理/半自理、失能老人	4500～7000 元/（人·月）	中端	"医、养、健、文"多维度的养老服务
Z 长者照料中心	S 市	高龄、自理/半自理、失能失智老人	5000～12000 元/（人·月）	高端	T-CP 护理、智能化设施、认知症照护

注：T-CP 护理是 Z 长者照料中心通过符合国际标准的适老化设计，医养结合的服务形式，配以专业的医护人员，打造的一种专业护理模式。T（Team）即专业化的护理团队，CP（Contact Person）即紧急情况时与家属的联络。

资料来源：作者根据养老机构官网资料及访谈资料整理。

（五）受访者基本信息

访谈对象共 51 人，其中有男性 18 人、女性 33 人（见表 7 - 3）。养老机构入住老人年龄在 60～93 岁，平均年龄约 82 岁。大部分为重度或中度失能者，认知清晰，沟通无障碍。养老机构管理者大部分为女性（占比为 82%），平均年龄约 43.6 岁。护理团队多为女性，占比为 87.5%，平均年龄 48.8 岁。

表 7 - 3　受访者的基本信息描述

序号	机构简称	性别	年龄（岁）	身份	备注
1		女	36	养老机构管理者	
2		女	45	养老机构护理人员	
3		女	62	养老机构医疗人员	
4		男	84	养老机构入住老人	完全自理、子女 2 个
5	X 长者照护中心	女	93	养老机构入住老人	中度失能、丧偶、无子女
6		女	42	养老机构管理者	
7		女	53	养老机构护理部主任	
8		男	64	养老机构医疗人员	
9		男	78	养老机构入住老人	中度失能、丧偶、子女 1 个

序号	机构简称	性别	年龄（岁）	身份	备注
10	X长者照护中心	女	87	养老机构入住老人	中度失能、丧偶、子女1个
11		女	51	养老机构管理者	
12		女	56	养老机构护理部主任	
13		女	53	养老机构护理人员	
14		男	86	养老机构入住老人	重度失能、子女2个
15		男	84	养老机构入住老人	重度失能、丧偶、子女2个
16		女	54	养老机构管理者	
17		女	49	养老机构护理人员	
18		女	87	养老机构入住老人	重度失能、丧偶、子女3个
19		男	87	养老机构入住老人	重度失能、子女5个
20	Y养老照护（医养）中心	女	38	养老机构管理者	
21		女	32	养老机构护理人员	
22		男	75	养老机构入住老人	中度失能、子女3个
23		女	83	养老机构入住老人	中度失能、子女2个
24		女	42	养老机构专职医生	
25		女	56	养老机构护理人员	
26		男	62	养老机构护工	
27		男	79	养老机构入住老人	重度失能、离婚、子女3个
28		女	76	养老机构入住老人	完全自理、子女2个
29		男	45	养老机构护工	
30		女	91	养老机构入住老人	完全自理、丧偶、子女5个
31		男	82	养老机构入住老人	中度失能、子女2个
32		女	47	社会工作师	
33		女	36	志愿者	
34		男	87	养老机构入住老人	重度失能、子女2个
35		男	85	养老机构入住老人	完全自理、子女2个
36	Z长者照料中心	男	48	养老机构管理者	
37		女	28	养老机构护理人员	
38		女	34	养老机构医护人员	

序号	机构简称	性别	年龄（岁）	身份	备注
39		女	86	养老机构入住老人	完全自理、丧偶、子女3个
40		男	78	养老机构入住老人	中度失能、丧偶、子女1个
41		女	35	养老机构专职医生	
42		女	36	营养管理师	具有职业资格证书
43	Z长者照料中心	女	57	社会工作师	
44		女	60	养老机构入住老人	中度失能、离婚、子女1个
45		男	83	养老机构入住老人	中度失能、丧偶、子女2个
46		女	42	外聘音乐老师	具有职业资格证书
47		女	57	心理咨询师	
48		男	82	养老机构入住老人	中度失能、子女2个
49		女	73	养老机构入住老人	完全自理、子女2个
50	C市养老服务协会	男	42	工作人员	
51	S市养老服务协会	女	35	工作人员	

二　社会力量嵌入型机构及其运营困境

（一）社会力量嵌入型机构特征

X长者照护中心是社会力量嵌入型模式的典型代表，属民非机构，具有"政府＋社会企业＋个人支付"的特征，享受了较多的政府政策支持，但其自身发展不佳，资金实力较弱，也缺少专业的养老服务人员，机构总体运营情况一般。

（二）社会力量嵌入型机构运营困境

1. 政府政策支持困境

（1）民非机构土地划拨及使用的供应机制欠缺

我国的土地供应方式，主要是依据土地的营利性、非营利性使用性质来选择采用划拨还是出让的方式，这种供地方式不适应当前养老服务多样化的发展需求（桑东升等，2020）。对于社会力量兴办的非营利性养老机构来说，主管部门对于非营利性养老机构认定困难会影响机构土地的使用性质，进而影响机构所需土地的供应方式，从而影响养老机构的运营成本。

对参与调研的 H 市民办养老机构的分布情况、规模大小、建设主体等特征的分析发现，社会力量嵌入型养老机构所处的地理位置较为优越，区位优势较为明显，能够辐射周围社区，机构周边配套设施较为完善，但普遍规模不大。对于这些养老机构而言，土地非营利使用性质认定过程是较为困难的，用地保障存在一定的阻力。

> 材料①
>
> 养老服务设施规划土地政策
>
> 鼓励利用商业、办公、工业、仓储存量房屋以及社区用房等举办养老机构，所使用存量房屋在符合控详规划且不改变用地主体的条件下，可在 5 年内实行继续按土地原用途和权利类型适用过渡期政策。
>
> 资源规划部门应结合养老服务设施用地规划布局和建设用地供应计划统筹安排，充分保障非营利性养老服务机构划拨用地需求……鼓励非营利性养老服务机构以租赁、出让等有偿使用方式取得国有建设用地使用权，支持政府以作价出资或者入股方式提供土地，与社会资本共同投资建设养老服务项目。
>
> 政策文件
> 2022 年 3 月

政府出台了关于养老服务设施用地的相关政策，但是在实际土地划拨过程中，主管部门对养老机构的性质认定非常困难，对

---

① 因匿名需要，隐去所引用材料的发文机构、文件名称等信息。下同。

确定土地用途的性质产生很大影响，难以明确应当按照哪一条标准来确定土地供应方式。我们养老机构一直面临用地难的问题，机构用地对我们机构的发展影响挺大的，如果土地使用成本过高，我们就更难以经营下去了。（受访者 6，X 长者照护中心管理者，女，42 岁）

（2）对政策依赖性较强，费用减免落地不易

地方政府在实际推行上级政府有关税费等优惠政策的过程中，存在政策制定的滞后性、政策落实程度的不统一等问题，会影响民非机构投入资金的力度，限制机构发展规模扩大的速度，制约机构实际运营的收益水平。就社会力量嵌入型养老机构而言，政府为其提供的政策支持对于其维持运营具有十分重要的作用。

对参与调研的 H 市民办养老机构的相关负责人对于政府提供的优惠政策的看法的调研发现，社会力量嵌入型民办养老机构对于政府相关政策的依赖性较强，但政府相关优惠政策难以落地将切实影响到社会力量嵌入型养老机构的实际运转，进而影响这一类型机构长期运营的积极性。

材料

税费减免政策

对各类养老机构的优惠政策。对养老机构提供的养老服务，符合条件的，免征增值税……养老护理员可按相关政策规定参加市有关部门组织的职业技能培训。对养老机构，给予免收卫生许可和卫生监测费，优惠或减免初次安装固定电话收取的一次性费用。到 2025 年 12 月 31 日前，提供社区养老服务取得的收入，在计算应纳税所得额时，按 90% 计入收入总额。对养老机构从业人员中具有中专学历以上毕业生、初级以上技术职称的专业人才和具有初级工以上的技能型人才，其人事关系及档案由人才服务机构免费管理，并可根据本人意愿由市人社局或市人才中心出具落

户介绍信落集体户口，有居住条件的落常住户口。对养老机构提供的养老服务，按照国家和省规定减免行政事业性收费。（牵头部门：市税务局、市资源规划局、市财政局、市人社局、市公安局、市水务局、市民政局按职责分工牵头；责任单位：区县市政府）

对非营利性养老机构的优惠政策。对符合条件的福利性、非营利性养老机构的自用房产、土地，免征房产税和城镇土地使用税。对经财政、税务部门按照管理权限联合审核确认，符合非营利组织享受免税资格条件的养老机构，其符合条件的收入可作为企业所得税免税收入……对非营利性养老机构建设免征有关行政事业性收费。

政策文件

2022 年 3 月

养老机构建成时，当地政府在土地、税费、奖补等政策层面给予机构一定的支持，譬如在税费优惠政策层面，大多采取以相关税费减半的优惠政策来鼓励机构建设；在奖补政策上会给予我们机构相应床位的政策补贴，但是有些扶持政策其实是难实现的，政府给予的绝大部分政策支持其实是有一定时间限制的。并且我们机构在申请相应政策审批的环节上也花了较长的时间，有的政策文件涉及多个政府部门的审批，因此，我们在短时间内很难申请下来，在政策核准的这段时间里也无形增加了机构的开支成本。（受访者 6，X 长者照护中心管理者，女，42 岁）

2. 机构宜居环境困境

（1）嵌入社区场地狭小，老年人活动场所有限

养老机构的空间设计一方面需要满足老年人的居住、护理、社交娱乐等方面的需求，另一方面需要满足工作人员提供各类服务的动线、视线等空间需求。因此，养老机构在对建筑空间进行规划设计时，一要符合老年人安全性、舒适性、便利性的生理需求，二要符合老年人私密性

人际交往的心理需求，三要符合护理人员提供高效养老服务的硬件要求。

对参与调研的 H 市民办养老机构的老年人平均居住面积、室内环境、室外活动场所等基本情况的实地调查发现，H 市社会力量嵌入型民办养老机构入住老年人的平均居住面积较为狭小，居住房间的采光性及私密性较差，能为老年人提供做操、唱歌、跳舞、棋牌、健身等活动的场所特别有限，因而难以为老人提供舒适、温馨而私密的居住环境。

　　我以前自家居住的房子整体面积比较大，卧室房间比现在居住的空间宽敞多了，现在居住的房间相对狭小，两张床之间太窄了，我家孩子过来看我的时候都没地儿坐。这个房间采光不是特别好，我有时候在房间里待时间长了会有点发闷，感觉不太舒服。（受访者 5，X 长者照护中心入住老人，女，93 岁，中度失能）

　　我平时喜欢锻炼锻炼身体，早上就跟着护理员在一楼大厅放的健康操视频做早操，但人一多，大厅就特别挤，我就不乐意去了，活动不开，施展不开。（受访者 4，X 长者照护中心入住老人，男，84 岁，完全自理）

　　咱们这个养老院的娱乐休闲设施太有限了，平时只能在这个院子外面的平地上溜达溜达，但我爱好还蛮广泛的，没事就去干部退休中心那边跟我的朋友一起打打球、看看报，比这边的活动丰富，饭菜也比这边的好些。（受访者 4，X 长者照护中心入住老人，男，84 岁，完全自理）

（2）机构基础设施陈旧，适老化设施配备不足

从环境心理学的角度来看，老年人的行为既会被养老机构的环境和设施所影响，也会反过来影响养老机构的设计。因此，养老机构的环境设计应考虑老年人的需求和行为习惯，从老年人特殊的生理、心

理、行为和社会交往等需求出发，设计不同类型养老机构的室内环境、室外环境以及配套设施。对于养老机构老年宜居环境建设，国家也对其建筑形式、建筑材料、配套设施和建筑环境进行了规范（于竞宇、符志能，2020）。

对参与调研的 H 市民办养老机构的服务设施分区分级规划、消防安全等基本情况的实地调查发现，社会力量嵌入型民办养老机构目前的基础设施相对陈旧，提供的设施较为单一，适老化设施配备也较为不足。

> 我来的时间很长，其间装修了一次，自身感觉没什么变化。我们住在这里也是为了有人照顾，所以在活动这方面我不是太看重。我基本也不会出去，想活动就去三楼的阳光活动房，偶尔会去楼下溜达。当然在室外的话，基本上也没有什么可以锻炼的。（受访者9，X 长者照护中心入住老人，男，78岁，中度失能）

3. 机构服务质量提升困境

（1）服务质量一般与机构评级偏低交互影响

政府部门已经出台了一系列规范性文件，旨在确保养老机构的服务质量，明确养老机构的服务标准。作为为老年人提供优质晚年服务、保障广大老年人安居乐业的重要条件，积极提升民办养老机构的服务质量具有非常重要的现实作用。按照《民政部关于加快建立全国统一养老机构等级评定体系的指导意见》（民发〔2019〕137 号）、《H 省民政厅〈关于印发 H 省养老机构等级评定管理办法（试行）〉的通知》和《H 市养老机构等级评定管理办法（试行）》要求，H 市民政局委托第三方评估机构对养老机构进行了等级评定，2021 年 H 市养老机构等级划分与评定结果显示，参与等级评定的养老院中被评为四级养老院的有 6 家，其中半数为公办养老机构，等级为三级的养老机构有 23 家。① 整体来看，

---

① 为匿名需要，此处隐去资料来源。

社会力量嵌入型民办养老机构获评的等级相对偏低，机构等级评定还有较大的提升空间。同时，根据入住老人对所在机构的服务满意度的评价，老年人普遍认为机构现有的服务水平一般，仅能保障其基本的养老需求。

> 我老伴因为脑梗后遗症偏瘫了，说不了话。一开始在家照顾（她），但是时间长了不方便，这机构离家也算近，我就陪她来机构了。这里的护理员和住宿环境肯定是没家里好，但这不是没办法嘛，我对这里还算是比较满意的。在平时活动时，我还是得在旁边看着点，毕竟护理员也不能时刻在旁边看着，而且有些看护的事情我还是自己来比较放心。（受访者4，X长者照护中心入住老人，男，84岁，完全自理）

> 我在这里是因为平时家里没人，孩子们担心我自己在家没人照顾，我才来的这个地方。我在这儿也就是吃个饭，打个麻将。平时每周我都会回家住几天。对我来说这边也就是白天有人可以照看下我。（受访者4，X长者照护中心入住老人，男，84岁，完全自理）

> 我们这个机构的老人以健康、半失能老人为主，尤其是以健康老人为主。而对这些健康老人，我们会从饮食、生活起居、娱乐等方面对他们进行照顾。目前老人（对我们）的评价还是挺好的。别看我们机构不是特别大，但是我们的机构很温馨，我们尽可能让老人住得舒服，住得安心。未来，我们会进一步提升我们的服务，改善老人的居住环境，增加一些适老化的产品，丰富老人的娱乐生活。也希望在日后的评定当中，分数可以更高，让老人们放心，让老人的家人们放心。（受访者1，X长者照护中心管理者，女，36岁）

（2）服务内容单一与多元化发展不足并存

在对 H 市民办养老机构开展调研之前，课题组成员针对民办养老机构的养老服务供给内容设计了相应的访谈问题，将机构养老服务划分为基本养老服务、基本医疗服务、文化和娱乐服务、精神关爱服务等四大类不同的服务内容。其中，基本养老服务包括送餐、帮助洗澡、打扫卫生、陪同买菜、洗衣服、代购生活用品、日间照料、陪同聊天、帮助读书读报、帮助使用智能设备等服务类别，基本医疗服务包括家庭医生和家庭病床、定期体检、健康讲座和咨询、安装救助门铃等服务类别，文化和娱乐服务包括棋牌室、健身设施、书报阅览室、定期文艺表演活动、老年兴趣小组（如乐器、绘画学习班等）等服务类别，精神关爱服务包括心理咨询、精神慰藉、临终关怀等服务类别。

调研发现，民办养老机构养老服务内容等存在以下问题。

一是基本养老服务待完善。从基本养老服务供给情况来看，社会力量嵌入型民办养老机构能够提供的主要是送餐、帮助洗澡、打扫卫生、洗衣服等基础养老服务内容，大部分机构尚未提供如陪同买菜、代购生活用品、帮助读书读报、帮助使用智能设备等多元化的服务内容。另外，社会力量嵌入型民办养老机构的智慧养老服务内容尚未开发出来，大部分机构目前能够提供的仅是安防监控服务。

二是基本医疗服务待补充。从基本医疗服务供给情况来看，社会力量嵌入型民办养老机构能够提供的主要是定期体检、健康讲座和咨询、安装救助门铃等基础医疗服务内容，大部分机构没有预留专门的医疗空间，没有配备专门的医护人员，难以为老年人提供家庭医生和家庭病床、临终关怀等特殊的医疗护理服务，对于入住机构的老人也尚未建立起实时监控更新的健康档案数据库。

三是精神关爱服务待开发。从精神关爱服务供给情况来看，社会力量嵌入型民办养老机构能够提供的主要是陪同聊天服务，几乎没有机构能够提供心理咨询服务，机构较少为入住老年人组织开展定期文艺表演活动、老年兴趣小组（如乐器、绘画学习班等）、运动会、读书会、手工课等丰富老年人精神生活的娱乐休闲活动，机构对于老年人的精神需求重视不够，发挥老年人兴趣和专长的活动组织得较少，对于活力老年人的知识、技能、爱好开发不足。

　　像帮助老人洗澡、保持屋内卫生、定时给失能或者半失能的老人护理，这些是我们平时的基本服务。像洗衣服，我们有专门的洗衣房，随时洗随时更换，但是像你说的陪同买菜我们是没有的，一般情况是老人想吃啥有儿女送。另外，老人想吃什么我们的菜单就会更换什么，有的老人喜欢看个小说和短视频，我们也会去教一教，但平时太忙的话，也可能会顾不上，会在忙完之后，再去告诉他怎么弄。（受访者7，X长者照护中心护理部主任，女，53岁）

　　我平时喜欢刷快手，录点大家跳舞、打太极的小视频，护理员会帮我们弄，但是他们太忙的时候，我们也就自己研究。当然是希望能有专门的老师来教教我们怎么可以拍得更好。（受访者4，X长者照护中心入住老人，男，84岁，完全自理）

　　平时老人的娱乐生活还是以老人意愿为主，我们会安排一些活动，比如上午9点到10点是老人跳健康操的时间。有的会去打打麻将，也有在这玩玩我们准备的小玩具什么的，剩下的就是晒晒太阳、聊聊天。在老人过生日或者有什么节日的时候，我们也会举办一些活动，看老人意愿。而对于失智老人或者失聪的老人，我们有时也很无力，与这些老人没法正常沟通，只能通过他的日常来判断他们的需求。平时是以护理员的沟通为主，我们通过沟通后了解情况，会尽可能地满足老人的需求。（受访者1，X长者照护中心管理者，女，36岁）

　　平时我就是做做操、打打麻将，和我的朋友们晒太阳聊天，公寓里该有的也都有。但平时想买点东西，儿女要是没送的话，自己买也确实不太方便，年龄大了。（我）也没什么爱好，就是喜欢溜达溜达，但是管得还挺严的，也不让（我们）随便出去，需要申请。没意思了就看护理员怎么安排，我就随着大家做，跟着大家走。（受访者4，X长者照护中心入住老人，男，84岁，完全自理）

机构内会提供一些基本的服务，比如请医院的医生来我们这里给老人做一些简单的检查，给老人宣传一些简单好用的养生小妙招，机构提供最多的服务，也就是护理服务，我们的护理员也都是经过严格培训和资质审查的。但像你说的那种家庭医生，机构里是没有提供的。我们在医院有绿色通道，一旦老人身体出现什么问题，我们会及时地送去医院。（受访者6，X长者照护中心管理者，女，42岁）

4. 机构运营、可持续发展困境
（1）机构定位不清，专业优势缺乏

民非机构的定位是机构发展的根本问题，属性不明确、定位不明晰是阻碍机构发展的难题之一。民办非营利养老机构走出困境的关键在于机构本身是否具备正确的实务匹配和角色定位（李坚，2021）。在实际运营过程中，如果对自身基本的定位不清晰，将会使其难以履行相应的社会责任，从而出现可持续发展困境。

从H市社会力量嵌入型民办养老机构的结构来看，这一类型的机构以民非机构为主，机构的定位应该是为老年人提供基本的养老服务。若这一类型的养老机构偏离公益目的而进行营利性活动，则会导致其专业优势缺失，难以为机构内入住老人提供满意的养老服务，也难以得到政府和社会的认可。因此，在政府对民非机构给予政策支持时，甄别符合条件的机构是一大难题。

最开始我们创办机构的时候，目标群体就是周围的一些健康

老人，随着了解的人越来越多，逐渐有一些失智、失能的老人来到我们机构，我们也适当增加我们的服务内容和扩大接收范围。随着知名度提升，我们的人手也相对不太够用，但老人的数量和老人的服务需求增加得特别快。（受访者6，X长者照护中心管理者，女，42岁）

（2）运营管理经验不足，运营策略落实不易

随着养老服务模式转型，养老服务需求呈现多样化趋势，高效的管理策略可以有效带动民办养老机构发展步伐。目前，H市社会力量嵌入型民办养老机构存在部分负责人运营管理经验不足的情况。由于没有接受过专业的管理培训，部分机构负责人对于养老机构的运营理念、运营模式、运营规划等运营管理策略没有形成系统和全面的认知，对于养老服务业认识不深刻，在实际管理过程中主要凭借自身经验和老年人需求反馈来调整管理方式，尚未构建起一套专业化、科学化和精细化的管理体系，容易出现岗位设置模糊、员工责任分工不明、管理决策草率等情况，进而影响机构在经营理念与管理体制上的进步，使机构本身的养老服务定位不清晰，不能切实满足机构内老年人的多样化需求。

我们机构接收的老年人比较特殊，大部分神志不太清晰，年龄也比较大，不能让他们随意外出，容易走丢。有时候不太好管理，只能让门口保安看着他们。那个老人总喜欢在门口趴着看外面，但她什么都不记得，她连自己的孩子都记不清了，总是想出院门。不让她出去，她不听，那门口保安就只能吼她，有时候护理员说什么她也不听。你看到的外面晒太阳的老年人，大部分听力受损，还有的脑袋有些迷糊，跟他们说话声音要大一点。平时我一个人要照顾好几个老人，照顾不过来。（受访者2，X长者照护中心护理人员，女，45岁）

当初进入养老行业是受到政府部门朋友的鼓励，在此之前，

并没有相关专业背景及运营经验，对于机构的发展方向并没有充分把握。在刚刚进入养老领域时，机构大部分管理人员都是从别的机构挖过来的，缺乏对经营、管理、心理和服务等各方面专业知识的了解。没有找到机构发展的突破口，也没有对养老机构未来持续发展做出良好计划。（受访者6，X长者照护中心管理者，女，42岁）

（3）微利营收难覆盖成本，运营面临经济压力

民办养老机构的入住情况是影响养老机构营收情况的重要因素，也是机构实现资金可循环运营的重要条件。通常情况下，公办养老机构由于收费较低、服务标准化，入住率能够达到100%，甚至还有许多人排队入住，可谓"一床难求"。对于民非机构来说，收费标准的调整会影响老年人入住养老机构的意愿，进而影响养老机构的实际入住率，从而影响养老机构的收入状况。民非机构的基本保障床位由政府指导定价，而面向社会的床位是可自行定价的。如果机构的入住率下降，直接影响机构的实际营收，则将会对机构的运营产生较大的经济压力，不利于维持机构长期可持续发展，难以激发机构管理者的积极性。另外，依据《企业所得税法实施条例》以及《民办非企业单位登记管理暂行条例》的相关规定，民非机构不允许连锁设立分支机构，因而难以扩大经营规模；在分红和退出机制上有法律制约，在资产质押融资方面受到限制，因而对于机构的营收产生直接的影响。对H市社会力量嵌入型民办养老机构的调研发现，机构的入住率相对较高，但机构的营收仍然难以实现收支平衡，从而使机构的运营有一定的经济压力。

完善服务价格机制。对于民办营利性养老机构，服务收费项目和标准由经营者自主确定；对于民办非营利性养老机构，服务收费标准由经营者合理确定，政府有关部门对其财务收支状况、收费项目和调价频次进行必要监管；对于政府运营的养老机构床位费、护理费实行政府定价或政府指导价；对于公建民营方式运营的养老机

构，服务收费项目和标准由运营方依据委托协议等合理确定。

政策文件
2018 年 10 月

　　入住率对于养老机构来说是比较重要的。想要保持盈利，入住率必须达到 70% 以上，低于这一水平，机构想盈利太难了。未来如果机构运营补贴的发放与机构的入住率挂钩，那对于我们来说将是个巨大的考验。（受访者 1，X 长者照护中心管理者，女，36 岁）

5. 机构资金支持困境

（1）资金来源单一，支持力度较小

从理论上看，民非机构的资金来源多元，包括机构创办者的个人投入、社会捐赠、政府投入、社会融资与运营收入五个方面。从实际运营来看，机构能从上述五个渠道获取的资金支持情况并不理想，实际获得资金支持十分有限。从个人投入来看，机构创办者自身资金有限。从社会捐赠来看，受慈善意识、慈善环境、捐助政策等因素影响，尚未形成良好的慈善捐赠氛围，机构获得社会捐赠资金支持情况极少发生。从政府投入来看，相较于公办养老机构，民非机构获得的直接或间接的资金支持较少，申请相关财政补贴的程序烦琐。由于社会力量嵌入型民办养老机构的运营缺乏强有力的资金支持，机构的基础设施和养老服务只能保障老年人最基本的养老需求。

　　民非养老机构的资金来源一般主要由入住费用、政府补贴组成。政府对该区的养老机构补贴主要有建设补贴、床位维护补贴等综合运营补贴，综合保险补贴以及税收优惠等。虽然有多项补贴，但政府每月的补贴额度占机构整体运营费用的 7% ~ 8%，难以扭转机构目前收支勉强平衡的局面。（受访者 6，X 长者照护中心管理者，女，42 岁）

（2）融资渠道不畅，银行贷款难申请

从社会筹资来看，社会力量嵌入型民办养老机构的非营利性质使得机构的财产所有权界定模糊，因此，以机构名义申请商业银行贷款很难成功。这类型民办养老机构的融资渠道不畅，会影响机构的竞争力和服务水平，难以实现机构的长期可持续发展。

入住收费是机构运行资金的主要来源，但受入住率影响较大。本机构曾经因为入住率下降而陷入过资金困境。为摆脱资金困境，考虑过银行贷款，但是从银行贷款门槛较高，无法获得有效资金支持，最终选择了民间借贷。虽然民间借贷利息高于银行贷款，但缓解了当时的资金困难。（受访者1，X长者照护中心管理者，女，36岁）

6. 队伍建设困境

（1）机构人才吸引力不足，专家团队难以建立

从专家团队建设来看，养老机构应基于自身实际情况，分别在运营管理、财务管理、养老服务、医疗保健服务、精神关爱服务、后勤保障等方面建立起相应的专家队伍，通过整合各方资源，为机构配备院长、管理人员、医护人员、社工、护理员、保安、保洁、心理咨询师、保健师等一批工作人员。对H市社会力量嵌入型民办养老机构的实地调研发现，这一类型机构对于多方资源的整合能力稍有不足，机构设置的工作岗位对于劳动者的吸引力较弱，难以招聘到符合机构需要的全方位人才，因此，社会力量嵌入型民办养老机构的专家团队很难建立起来。

像我们机构，工作人员并不多，主要在于护理员的招聘困难。护理员的基本工作就是照顾老人起居和负责卫生，还有简单的护理工作，而少有具备更专业的医疗与护理知识的人员愿意来我们机构工作。（受访者1，X长者照护中心管理者，女，36岁）

（2）养老机构护理员薪资待遇偏低，"招不进"也"留不住"

通常情况下，养老护理员的薪酬是由其所服务的老人数量和质量决定的，多劳多得。目前，养老机构护理员的社会认可度普遍偏低，民非机构能够提供给养老机构护理员的薪酬和待遇相对偏低，与护理员每日高强度的工作内容不相匹配，因此，护理员"招不来、管不好、留不住"也成为常态。在与 H 市社会力量嵌入型民办养老机构护理员交谈的过程中发现，有一部分护理员是临时工，他们来到机构后感觉每天工作压力大，获得的报酬又比较少，如果没有良好的工作环境和轻松的工作氛围，很难坚持下去。

　　　　我们基本工资一般在 3000~4000 元，没有社会保险，来这工作是我之前认识的一个朋友介绍的，这里的护理员工作年限超过三年的寥寥无几，流动性很大。（受访者 17，X 长者照护中心护理人员，女，49 岁）

　　　　平时照顾老年人的压力挺大的，我一个人要照顾六七个老人，他们有事就会叫我，我现在也上年纪了，工作时间一长就容易腰酸背痛。我们这个机构入住的老年人年龄相对较大，平均年龄超过 80 岁。（受访者 2，X 长者照护中心护理人员，女，45 岁）

（3）护理人员缺乏技能培训，人员综合素质不高

目前，民非机构护理人员队伍存在的主要问题是性别与年龄结构失衡、受教育程度低、专业能力差等。由于护理人员的工作内容比较复杂、工作强度相对较高，护理人员的流失率高。对于民非机构来说，资金短缺是影响机构护理人员队伍建设的重要原因之一。在招聘护理人员环节降低准入门槛，在管理护理人员环节缺乏专业技能培训，因此，护理人员的综合素质不高。

通过对参与调研的 H 市民办养老机构护理人员的年龄、性别、受教育程度、职业培训情况及持证率等基本信息的整理，可以发现，H

市社会力量嵌入型民办养老机构的护理人员整体年龄偏大、文化层次偏低、持证上岗率低，较少有护理员受过专业的技能培训，且护理人员以女性居多。

> 我们机构的专业护理人员相对短缺，护理人员与被护理老人的人数比大概为1∶6，所以护理员的工作繁重，护理时间也相对较长，对护理人员的身体素质是个极大的考验。我们机构大多数护理人员的学历不是很高，也有一部分是我们专门从学校招聘的护理专业的学生。想要招到专业素质高、稳定性强的员工需要投入资金。（受访者11，X长者照护中心管理者，女，51岁）

三　社会力量瞄准型机构及其运营困境

（一）社会力量瞄准型机构特征

Y养老照护（医养）中心是社会力量瞄准型模式的典型代表，属民企机构，具有商业企业的性质，政府为其提供的政策优惠和运营补贴相比社会力量嵌入型机构更加有限，但其通过整合土地、资金、人员、设施等资源，衡量自身优势，从而精确瞄准部分养老服务需求群体，因此机构在资金实力、人员配备、设施建设等方面都发展良好，运营情况乐观。

（二）社会力量瞄准型机构运营困境

1. 政府政策支持困境

（1）用地保障政策力度不大，机构建设规模相对有限

根据2014年11月C市发布的有关文件，"由市民政部门认定的非营利性养老服务机构，其养老服务设施用地可采取划拨方式供地；营利性养老服务设施用地，应当以租赁、出让等有偿方式供应"。因此，

相对于民非机构可以通过政府无偿划拨方式获得养老服务设施用地，民企机构在建设初期需要通过有偿方式获得养老服务设施建设用地，即政府用地保障政策对民企机构的保障力度相对有限。

对参与调研的 C 市民办养老机构的地理位置、规模大小、建设主体等特征进行分析发现，大部分社会力量瞄准型民办养老机构周围分布有大型医院等，地理位置十分优越，但整体规模较小。对于这一类型的机构，建设初期土地是需要成本的，受到自有资金限制，整体建设规模相对不大。投资回款周期过长，如果影响机构运营状况，则可能会降低机构创办人继续建设投入的积极性。

　　材料

　　优化用地保障政策

　　营利性养老服务机构用存量建设用地建设养老设施，涉及划拨建设用地使用权出让（租赁）或转让的，在原土地用途符合规划的前提下，允许补缴土地出让金（租金），办理协议出让或租赁手续。

政策文件

2018 年 8 月

（2）运营补贴政策与税费优惠政策实际落实难

C 市人民政府办公厅 2018 年发布的《关于全面放开养老服务市场提升养老服务质量的实施意见》中有关完善养老机构运营补贴政策的内容提到"对提供相同服务的营利性养老机构应享受与非营利性养老机构同等补贴政策"。相对于民非机构有完善的养老机构运营补贴政策支持，虽有顶层设计全面开放市场的政策支持，但民企机构的运营补贴政策在实际落地过程中还处于摸索阶段。

另外，C 市有关文件有完善税费优惠政策的内容，其中提到，"非营利性养老机构全额免征行政事业性收费，营利性养老机构建设减半收取行政事业性收费，水土保持补偿费除外"。对于民非机构，既可以按照企业所得税有关政策规定享受优惠政策，又可以全额免征行政事业性收费，而民企机构只是减半收取行政事业性收费。民企机构对应的收费优惠政策在实际执行过程中补贴力度小，实际落地困难。

> 成立养老机构是我的想法，我联系了几个合伙人，他们很赞成我的想法，我们共同投资来建设。但是这些年运作下来，我可以说，我们是挣钱的，但是相比投入其实不多，可以说是微利，而且回报周期很长。如果相同的一笔钱，去做别的行业，可能挣得更多。而且你也看到，我们机构招收的人员情况，一个是入住率比较高，另外失能的也比较多。国家对失能老人这块是比较重视的，所以这也是我们能坚持下来的一个原因。[受访者20，Y养老照护（医养）中心管理者，女，38岁]

材料

完善财政支持政策

完善养老机构运营补贴政策。将原非营利性养老机构一次性建设补贴、运营补贴合并为综合运营补贴……对提供相同服务的营利性养老机构应享受与非营利性养老机构同等补贴政策。

政策文件

2018年8月

（2020年重新修订）

材料

完善税费优惠政策

非营利性养老机构自用房产、土地，免征房产税、城镇土地使用税。通过非营利组织免税资格认定的养老机构和居家养老服务机构，按照企业所得税有关政策规定享受优惠政策。

非营利性养老机构全额免征行政事业性收费，营利性养老机构建设减半收取行政事业性收费，水土保持补偿费除外。

养老机构和居家养老服务机构使用水、电、燃气，按照居民生活类价格标准收费；免收固定电话、有线（数字）电视、宽带互联网一次性接入费用，使用有线（数字）电视、宽带互联网按居民用户的70%收取。

政策文件

2018年8月

（2020年重新修订）

2. 机构宜居环境建设困境

（1）室内环境相对较好，公共活动场所受限

公共活动空间是老人开展各类文体娱乐活动、促进社会交往的重要场所。随着老年人精神文化需求的提高，养老机构中老年人的活动种类日趋丰富。除了常见的棋牌、阅览、唱歌、跳舞、做操之外，各种文体兴趣小组、联欢会、读书会等活动越来越丰富。这就要求公共活动空间要具有丰富性和灵活性。对参与调研的C市民办养老机构老年人的居住环境、基础设施、公共活动场所等基本情况的实地调查发现，C市社会力量瞄准型民办养老机构提供给入住老年人的室内居住环境非常好，而提供给老年人的公共活动空间相对不足，存在面积较小、功能单一、灵活性差等问题。

特别是，社会力量瞄准型民办养老机构本身在接收老年人时，又以慢性病患者、失能老人、半失能老人作为瞄准对象。这部分老年人对于娱乐休闲设施的需求不大。因此，机构对于公共活动场所的面积未予充分预留，对于活力老人的吸引力不足。

在我们机构中，失能和半失能老人比例很高。由于这些老年人身体状况较差，年龄偏高，对环境的要求很多，所以会适当让一些可以活动的老人呼吸新鲜空气，但不会让老人过多在室外停留，以免外部环境影响老人健康。同时，由于东北的天气，（一年）有大约1/3的时间温度较低，容易生病，所以可以看到在外部设施这里，

老人使用得很少。［受访者 20，Y 养老照护（医养）中心管理者，女，38 岁］

　　材料

　　在房间类型方面，机构提供单人间、双人间、多人间及高端套间。根据老年人身体情况不同，同等房型下拥有不同选择，如健康长者单人间、健康长者双人间、介护单人间、介护双人间。房间内配置床、衣柜、桌椅、沙发、电视等家具和家用电器，还配备独立卫生间。此外，院内配备餐厅、亲情餐厅、怀旧影院、淋浴间、棋牌室、书画室、健康长者生活区、评估厅、安宁疗护室等多个功能区域。保安 24 小时值班巡逻，保证中心环境安全和私密性。

Y 养老照护（医养）中心简介

（2）康复护理设施有限，专业医疗器械缺乏

对于养老机构而言，安全、舒适、便利是养老设施适老宜居环境建设的基本要求。伴随年龄的增长，老年人在视力、听力、身体平衡能力、活动能力等各方面有所衰退，更容易发生跌倒、绊倒、磕碰等事故，因而空间环境设计需要特别注意安全性。同时，考虑到不同身体状况老人活动能力的差异，适老宜居环境建设还需保证老人在使用拐杖、助步器、轮椅等助行设备及各类辅具时的便利性。C 市社会力量瞄准型民办养老机构接收的老年人很大一部分为慢性病患者、失能和半失能老人，这部分老年人对于日常生活照顾服务、康复护理服务和医疗服务的需求相对较大，但机构本身能够为老年人提供的康复护理设施和专业医疗器械相对有限，主要是通过与市内多家大型医院合作建立医疗绿色通道的方式为老人提供专业化医疗护理服务。

　　我们院里多数老人都处于失能和半失能状态，针对这些老人我们也采购了很多器材。同时，我们自己也会研发一些适老化的产品，比如我们就研发了一款床，专门用来给老人洗澡。我们同

时采购了帮助失能老人洗澡的智能化机器。相比我们采购的机器来说，自己研发的机器可能更实用、更方便一些。[受访者21，Y养老照护（医养）中心护理人员，女，32岁]

　　材料

　　与三甲医院建立医疗绿色通道，定期请医疗专家为老人开展健康讲座，提供慢性病管理服务，并为入住老人建立健康档案以实时监测健康状况。

　　在医疗康复服务方面，该中心嵌入综合门诊，可以为入住长者提供日常的中医养生、疾病预防、康复等医疗服务。机构设置了安宁疗护室等专门的场所，用于为老年人提供医疗服务，处理紧急情况等。本中心毗邻多家医疗机构，医疗资源获取方便快捷，地理位置优越。

　　　　　　　　　　　　　　　　　　　Y养老照护（医养）中心简介

3. 机构服务质量提高困境

（1）智慧养老服务建设不足，适老产品开发能力有待提升

新一轮数字信息与智能技术革命为养老产业带来了新的契机，"智慧化"已成为中国养老产业发展的新方向。养老机构通过完善智能软硬件设施，能够在满足老年人基本需求的基础上，丰富老年人多元化的养老需求，实现健康养老、文化养老、精神养老一体化发展。

从参与调研的养老机构的老年人智能软硬件设施配备情况来看，C市社会力量瞄准型民办养老机构能够为入住老年人提供的智慧养老服务较少，基本能提供的是24小时实时监控服务，但便携式健康检测设备、自助式健康检测设备等智能硬件设施几乎没有配备，实时收集老年人信息的健康档案数据库（智慧养老管理信息系统）还未建立起来，对于开发和运用智慧养老产品的积极性不高。

　　柜子里的这些档案袋是我们机构入住老人的所有信息，包括他

们平时的生活情况、个人健康状况、每天的排便翻身情况等，几乎包含了所有能够记录的信息，一旦老人健康出现问题，我们可以第一时间通过这个档案快速查看老人的具体情况，从而做出快速的判断。当老人需要转院或者诊疗的时候，通过档案更是可以直观地看到老人的情况。当然我们也在积极探索配套的系统来帮助我们记录老人的信息，但是现阶段还是用这样的方式记录比较牢靠。

这个床是专门用来给老人洗澡的，是我们专门研发，委托器械工厂打造出来的，十分好用。当然我们也有更高级、科技感更强的器械，但都没有我们自己研发出来、经过长时间使用的这个床好用。

［受访者20，Y养老照护（医养）中心管理者，女，38岁］

（2）精神文化活动较少，兴趣培养内容有待拓展

为了满足老年人的精神文化生活需求，为老年人设立的疗养室、棋牌室、健身房、图书馆等是养老机构需要建设的项目之一。同时，机构还应该积极组织开展老年人运动会，带领老年做保健操、唱歌、跳舞等，为老年人搭建学习平台、健身平台、娱乐平台、公益平台等。

从参与调研的养老机构为老年人提供的文体娱乐设施来看，C市部分社会力量瞄准型民办养老机构组织老年人参加的精神文化活动相对较少，以组织老年人做操、看电视等为主，对于老年人在绘画、书法、唱歌、跳舞、手工、阅读等兴趣爱好方面的开发和培养不足。

材料

对比公办养老机构，民营养老机构的文养活动有限。

C市社会福利院开展亲情服务，通过"亲情关爱1+1"认亲活动，全院干部职工与老人结成帮扶对子，做老人的"儿女"，让老人能够享受天伦之乐，感受儿女亲情，增强社会归属感、生活幸福感，在老人和护理员之间营造其乐融融的家庭氛围。积极协调高校志愿者来院慰问演出，邀请省交响乐团、省剧院来院义演，联系爱心车队、志愿者陪老人到公园和雕塑公园游玩，组织老人运动会、做保健操、

扭秧歌和唱红歌等文化养老活动，打造老人欢度晚年的幸福乐园。

相关文件

2020 年 7 月

机构中有一部分老人是在这里居住的，这些老人有的从前是军人、老师、高干等，各种职业都有，所以他们的爱好各不相同，但这些老年人住在这里看重的是住宿条件，所以他们的活动也不在我们机构当中，这些老人有自己活动的圈子。还有一些健康的老人来我们这里是因为自己的孩子或者亲戚朋友在这附近住，所以我们大部分时间负责看护，也会安排这些老人开展一些活动，但大部分时间都是他们自己来安排。而更多的老人是失能和半失能的，所以他们本身在活动上就不是很方便，但我们也会为他们准备一些活动，看老人自己的意愿，看他们是否接受。［受访者20，Y 养老照护（医养）中心管理者，女 38 岁］

4. 机构运营发展困境

（1）机构营收相对稳定，规模化发展进程缓慢

2015 年中国老龄科学研究中心发布的《中国养老机构发展研究报告》数据显示，全国养老机构空置率高达 48%（吴玉韶、王莉莉，2015）。在调查的养老机构中，19.4% 的养老机构有利润盈余，32.5% 的养老机构亏损，48.1% 的养老机构营收基本持平。对于民办养老机构而言，机构的营利性质并不能帮助其快速获得收益，机构在运营初期的盈利能力往往是相对薄弱的，甚至可能出现入不敷出的现象，因此，需要通过逐步经营来提高机构的知名度，从而进一步提高机构的盈利能力。

据我们对参与调研的养老机构的营收情况的了解，C 市社会力量瞄准型民办养老机构目前的营收情况相对良好，可凭借微利维持机构服务的可持续性供给，但现有的盈利能力还难以支撑机构开展规模扩建计划，因此，机构的规模化发展暂时存在一定的困难与阻碍。

目前机构运营良好，能够凭借微利维持机构服务的可持续性供给，维持现在的模式，对我们来说是十分利好的。在这种良好的盈利的情况下，我们下一步会在护理服务、医疗服务和设备更新上进行适当的投入，在这个阶段我们当然也不会贸然扩张，可能等我们这种模式成熟以后在后续会有投入，也还是会做这种可以持续发展的机构。［受访者20，Y养老照护（医养）中心管理者，女，38岁］

（2）风险应对能力有限，可持续发展受限

民办养老机构在经营过程中会遇到经济风险、道德风险、法律风险等各类风险。通常情况下，养老机构的经营时长与机构的风险应对能力存在一定联系，一个养老机构经营的时间越久，则其对于风险情况的应对经验越丰富，相应的，对于风险的控制与管理能力越强。

对于C市社会力量瞄准型民办养老机构而言，一旦机构陷入资金链断裂的经济危机，或者陷入因信息不对称未完全掌握老年人情况的道德风险，或者陷入机构与入住老人的纠纷，就会对机构的风险防范能力构成巨大的考验。总之，C市社会力量瞄准型民办养老机构的老年人意外伤害险和机构意外险覆盖不足。如果在运营过程中没有妥善处理遇到的种种危机，则会损害养老机构的声誉与品牌形象，从而对机构未来的可持续发展造成严重的影响。

之前会遇到有的老人子女身在国外，不能及时赶到老人身边的案例，这个时候就需要老人的家人完全地信任我们机构的工作人员，做好老人的临终关怀服务，我们也非常谨慎，很怕处理不好。［受访者20，Y养老照护（医养）中心管理者，女，38岁］

5. 机构资金支持困境

（1）资金来源渠道单一，融资能力有待提升

目前，C市社会力量瞄准型民办养老机构的运营资金来源相对单一，主要依托机构背后的社会力量，有由公司股东共同出资兴建的养老机构，

有由国企运营创立的连锁经营品牌，也有由国内投资公司和国外公司合作经营的养老机构。这一类型的养老机构在实际经营中的融资渠道难以拓宽，营利性养老机构在以有偿获得的土地、设施等资产进行抵押融资方面有限制，在申请个人和小微企业贷款时有限制条件，在融资过程中可能面临各种困境。总之，社会力量瞄准型民办养老机构目前的融资能力有待提升，融资渠道难拓宽，资金支持情况相对社会力量嵌入型民办养老机构稍好，但相较于社会力量偏好型民办养老机构略有不足。

材料

一是加大养老服务金融支持力度……引导银行机构提升对养老服务企业的金融服务能力和水平，引导金融机构开发新型金融产品，加大对养老服务业的支持力度。发挥支小再贷款等货币政策工具引导作用。鼓励银行机构增强对养老服务企业尤其是养老服务业中民营小微企业的信贷支持。会同人社、财政等部门继续推进创业担保贷款，引导银行机构利用创业担保贷款积极满足养老服务业中符合条件的个人和中小微企业融资需求……拟对养老服务业开展专业化、精准化的银企对接活动。对有特殊需求的企业实施"一企一策"精准服务，推进解决企业在融资过程中面临的个性化问题。

文件材料

2021 年 7 月

（2）长护险定点补贴有限，照护服务成本刚性难降

目前，长期照护保险制度在全国试点城市探索出两种支付方式。一种是补偿型支付，即长期照护保险的支付金额与实际发生的护理费用紧密相关，以报销比例、支付限额作为支付标准的依据。试点方案均不设起付线，报销比例大多在 50% ~ 80%，且受服务形式、参保对象及失能程度的影响。另一种是定额支付，即支付金额按照约定好的固定金额支付，不与实际费用挂钩。如齐齐哈尔为接受医疗机构护理的参保人定额支付 30 元/（人·日）。接受养老机构护理的 25 元/

（人·日），居家接受机构上门护理的 20 元/（人·日）。① 支付水平直接决定了定点照护机构的供给能力和供给积极性。长期照护保险制度对定点护理机构补贴较低，无法补偿服务供给产生的高昂费用，制约着服务供给和机构发展。一方面，重度失能老人需要专业化的医疗护理和生活照料，对护理人员的综合能力要求较高，照护服务机构需要以更高的成本招聘并培训护理人员，从而增加了运营成本。另一方面，照护服务机构为获得定点资格，需按要求增加软硬件设施和配套建设，同样也会增加设施成本和管理成本。长期照护保险的补贴有限，导致定点照护服务机构运营困难，入不敷出。

> 我们院有专业的医生和护理团队，医疗护理水平都是过硬的，但是长护险一个月给报销的并不多，老人平时需要打针吃药还好说，要是磕了碰了就得转去医院，不然费用肯定高于报销。尤其是国家医疗服务价格调整以后，光床位诊疗这一套下来就不止七八十（元），所以目前来看报销水平还是比较低的。
>
> 现在我们主要就是帮老年人做日常体检，监测他们的健康，有慢性病的老人给他们管理每天的用药，有需要上呼吸机、需要导尿、需要注射药物的，就帮他们做简单的护理。如果老人突然患病需要治疗，我们会第一时间联系绿色通道医疗机构。[受访者20，Y 养老照护（医养）中心管理者，女，38 岁]

6. 机构队伍建设困境

（1）专家团队基本组建，但医生难实现全职工作

C 市社会力量瞄准型民办养老机构因其背后有社会力量的支持，对于资金和资源的整合能力相对较强，能够根据机构自身的特色定位来组建一支小规模的专家团队，并配备一定数量的医护人员。从现实情况来

---

① 《齐齐哈尔市深化长期护理保险制度试点实施方案（试行）》，齐齐哈尔市人民政府，https://www.qqhr.gov.cn/qqhe/c103102/202104/c02_107796.shtml，最后访问日期：2023 年 11 月 2 日。

看，这一类型的养老机构与 C 市几家大型医院建立起了绿色通道，会邀请医疗专家不定期前来机构为老年人开展健康讲座，或者通过远程会诊提供康复技术指导。然而，这一类型的养老机构，其自身提供医疗服务的能力相对有限，少数实力相对较强的机构能够具有开办医疗机构的资质，但是大多数养老机构暂时还没有在机构内开办康复院、护理院、安宁疗护等医疗机构的相关资质，因此，也难以聘请到专职医生在机构内坐诊。

　　材料

　　中心为长者提供全方面、多维度的养老服务，通过高标准专业化服务全方位解决长者医养需求，为长者提供一种崭新的生活方式，鼓励长者共建共融，生活热情永不褪色。

　　中心打造了一支高标准、专业化的护理团队，为长者提供居室保洁、床铺整理、衣物洗涤、心理保健、健康管理等五个护理等级的近百项服务。

　　中心为长者建立了健康档案，包括日常生活照料档案、护理档案、医疗档案、营养健康档案、康复治疗档案，实现了数据共享，使长者拥有健康保障。

Y 养老照护（医养）中心

　　我们机构特色是医养结合，所以具备在机构内开设一些医疗机构的资质，但是其实其他很多和我们定位差不多的养老机构能力有限，是没有这个资质的，它们只能为老年人提供一些养老服务，有事情还得找医院。［受访者 20，Y 养老照护（医养）中心管理者，女，38 岁］

（2）护理团队初具规模，但专业化水平有待提高

根据国际标准，每 3 位失能老年人需配备 1 名护理人员[1]，而我国

---

[1] 《观点 | 专访吴玉韶：居家养老的权与责》，https://fddi.fudan.edu.cn/_t2515/55/18/c21257a480536/page.htm，最后访问日期：2023 年 11 月 2 日。

现有的护理人才供给与养老服务需求之间存在严重失衡现象。目前，C市社会力量瞄准型民办养老机构的护理人员队伍建设初具规模，一般情况下，1名护理人员负责照顾6~8名老年人，为老年人提供送餐、助浴、洗衣、打扫卫生、翻身、喂食等基本服务。

针对护理人员专业性不强这一问题，一般是采取内部培训的方式来提高他们的护理技能，而市场上鲜有能提供相关培训的机构，因此，养老机构中的养老护理员很少有接受过专业技能培训并拿到证书后持证上岗的，并不能为机构内的老年人提供专业而规范化的个人清洁服务、衣着服务、修饰服务、助餐服务、如厕服务、口腔清洁护理服务、皮肤清洁护理服务、压疮预防和便溺护理，在一定程度上降低了养老服务的质量。

> 我们机构的护理员很多都是护理专业毕业的学生，现在有很多关于护理方面的证书，我本人也参与过省里举办的培训会议，相比认证的证书，我们院里更重视我们自己内部的培训，培训对于护理员的专业提升也是有很大帮助的，但能参加这个培训的人，数量可以说不是很多，所以专业能力强、尽职尽责的护理员数量是很少的。[受访者20，Y养老照护（医养）中心管理者，女，38岁]

四 社会力量偏好型机构及其运营困境

（一）社会力量偏好型机构特征

Z长者照料中心是社会力量偏好型模式的典型代表，属民企机构，具有"商业企业＋个人支付"的性质，是S市养老服务行业的典型代表。政府为其提供土地、税费等方面的优惠，其还依托背后企业的强大力量，资金比较充足，养老护理人员专业化程度较高，能够满足老年人多元化、高品质的服务需求，机构盈利能力更加突出。在其自身发展方面，偏向走智慧养老和医养结合发展之路，运营情况较好。

（二）社会力量偏好型机构运营困境

1. 政府政策支持少

（1）新增土地供应有限，地理位置远离主城区

S市政府重视养老服务设施用地的保障，将养老服务设施用地纳入年度国有建设用地供应计划，禁止擅自改变养老服务设施用地的用途。然而，在近几年养老服务设施规划的相关文件中，S市大力提倡推进居家社区养老服务发展，在社区内配建养老服务设施，进行适老化改造，增加社区居家养老服务供给。在养老设施规划布局中，政府对社区居家养老的推崇可从侧面反映养老服务设施用地紧张的局面。S市国有建设用地中新增养老服务设施用地十分有限，社会力量偏好型民办养老机构占地区域较广，市区无法满足其用地需求。养老服务设施土地供应区域向近郊区扩散的趋势显著。

一方面，对于社会力量偏好型的民办养老机构，在主城区运营养老机构成本较高，以市场化模式推进颇为困难；另一方面，对于社会力量偏好型的民办养老机构，选择在近郊区开展市场化经营（连锁经营）规划，可能会丧失一定的区位优势。总之，土地建设成本高、投资回款周期长，都会为社会力量偏好型的民办养老机构带来巨大的资金压力。

材料

推进社区居家养老服务发展

1. 加强社区居家养老服务设施配建。严格执行新建居住区按照每百户建筑面积不低于35平方米的居家养老服务设施配建标准。落实新建住宅小区与配套养老服务设施"四同步"机制，多渠道筹措房产资源用于社区居家养老服务设施建设……

2. 扩大社区居家养老服务供给。建立区县（市）、街道（乡镇）、城乡社区三级养老服务网络，制定基本养老服务清单。在区

县（市）级层面，依托公办养老机构为以困难群体为主的老年人提供兜底保障服务。在街道（乡镇）层面建设区域性居家养老服务中心，在社区层面改造社区养老服务站，为老年人提供助餐、助浴、助洁、文体娱乐等服务。积极参加普惠养老城企联动专项行动，大力发展普惠型养老服务。

…………

4. 实施老年人居家适老化改造工程。采取政府补贴等方式，对符合条件的困难老年人家庭实施适老化改造。制定出台激励政策，采取政府给予适当补贴的方式，引导城乡老年人家庭进行适老化改造，逐步扩大改造覆盖面。根据老年人日常生活需求，推进既有住宅增设电梯等无障碍设施建设工程。

政策文件

2021 年 4 月

我们机构占地面积还是挺大的，主城区很少有那么大面积的地方能让我们经营养老机构，而且就算有这样的地方，成本也太高了。本来我们基础设施方面投入的成本就很高，还不赚什么钱，增加土地方面的租金成本更是难以负担。而且，这些年，政府发展社区居家养老，我们机构也会为那些居家老人提供上门服务。这一方面为老人提供服务创造了便利，另一方面也为我们机构带来一些营收，减轻了运营压力。（受访者 36，Z 长者照料中心管理者，男，48 岁）

（2）市场营商环境待优化，金融支持力度待加大

大力发展养老服务业是 S 市政府推动营商环境持续优化的一部分内容，而营商环境的整体优化也将助力养老服务业的发展，只有进一步打通民办养老机构在开办经营和投资建设这两大重点领域的堵点，才能更好地推动 S 市养老服务业的高质量发展。根据 L 省人民政府办公厅发布的《有关全面放开养老服务市场提升养老服务质量的政策文

件》和 S 市人民政府办公室发布的有关推进养老服务高质量发展的政策文件，在降低准入门槛、精简行政审批环节等方面进一步放宽了养老行业的准入条件。另外，L 省和 S 市着力优化养老服务发展环境，采取减轻税费、加大财政支持力度等措施为养老机构提供投融资方面的政策支持。对于社会力量偏好型民办养老机构而言，本身建设成本相对较高，对于资金的需求量较大，因此，加大养老服务金融领域的支持力度对于机构建设与可持续发展至关重要。

（3）积极在政策制定中建言献策，开辟机构建言献策渠道

对于 S 市社会力量偏好型民办养老机构而言，这一类型的机构作为 S 市现有养老机构中的典型代表，应该根据自身运营管理和服务供给的经验，在政府制定有关养老服务业发展、民办养老机构建设等方面政策时，积极建言献策，主动、积极参与，为促进 S 市养老服务业发展贡献自己的力量。

　　协会中经常举办各种会议，相关行业的佼佼者、相关专业的学者、政府的领导都会在一些会议中讲述从业的经验以及养老行业未来的发展，协会也会及时将一些机构的疑问进行反馈及给出答复，有效地为机构解决问题，让机构可以更好地运营下去，为养老事业的发展打下基础，也为政府排忧解难。（S 市养老服务协会工作人员）

2. 机构宜居环境困境

（1）室内外环境优越，但缺乏家庭氛围

对于入住养老机构的老人来说，养老机构就是他们度过晚年生活的家。养老机构空间的大小、布局、家具排放应尽可能创造如居家环境一般的温馨感。养老机构在布局设计时，可以在走廊拐角处、中间布置一些桌椅，使得整体环境更加轻松；在家具选择时，应尽量避免选择体积过大的沙发和茶几，而选择更加轻量化的沙发和坐凳，以营造出轻松、温馨的家庭氛围（贾敏、李佳靖，2018）。

对 S 市社会力量偏好型民办养老机构的居住环境、基础设施、公共活动场所等基本情况的实地调查发现，部分智慧化养老机构按照高档酒店设计，空间阔大、内设智能、功能齐全，反而容易给老人带来一丝疏离感。另外，另一些以医院为依托的医养结合养老机构以医院病房区为蓝本进行空间设计，空间强调功能化，重视卫生与效率，反而缺少了温馨感。

我退休之后就在这里了，环境也很舒服，还有专门的人负责照顾我，这些护理员也很热情，但是有的时候我是会感觉很孤独，房间就我自己，一天自己待着的时间还是占大多数的，而且有时还是会想起以前在家里居住的时候，心里会不太舒服。（受访者49，Z长者照料中心入住老人，女，73岁，完全自理）

（2）多功能区域设置齐全，但设施不齐、使用效率较低

对 S 市社会力量偏好型民办养老机构的日常活动区域和多功能区域的实地调查发现，部分养老机构设置的心理慰藉室、安宁疗护室、理疗室、中药房、康复中心、预防保健室、静点室、心电室、处置室等功能区域的内置医疗护理和康复保健设施并不齐全，而托幼中心、法律援助、实训中心、亲情餐厅等功能区域的使用效率较低，不能完全发挥功能区域的实际作用。

材料

机构一楼设置有智能总控中心、评估室、墨香斋、日间照料室、营养配餐中心、相谈室、棋牌室、心理慰藉室、安宁疗护室、理疗室、中药房、康复中心、托幼中心、助浴中心、怀旧影院、托老中心、长者餐厅等功能区。机构二楼设置有法律援助室、实训中心、老年大学、亲情餐厅、佛堂、适老化展销中心、治疗室、西药房、预防保健室、静点室、心电室、处置室、内科等功能区。

Z长者照料中心简介

3. 机构服务质量困境

（1）服务内容专业化、精细化有待提升

对于社会力量偏好型民办养老机构，服务对象多为高净值的老年人，这一类型老年人的养老需求更加多元，更倾向于获得专业化、精细化和个性化的服务。一是老年人更加注重精神需求的满足，机构有关文化养老、精神慰藉、临终关怀等类型的服务需进一步丰富和落实；二是老年人更加注重个性化服务需求的满足，机构对于老年人的心理感受、生活习惯和健康状况的变化要及时记录与更新；三是老年人更加注重专业化服务需求的满足，机构对于特殊老人，如患有阿尔茨海默病的失智老人，应该设置照护专区，为其设计适宜的空间布局并提供专业化服务。此外，社会力量偏好型民办养老机构往往是行业里的代表，肩负着探索和传递社区居家养老服务的使命，需要以提供多样化养老服务的方式推动居家养老和社区养老的发展。

机构在护理实践上采取"因人而异"的护理方式，对每位老人在护理过程中需要注意的细节都记录下来，细致到老人的心理感受、生活习惯及24小时看护服务情况等。机构在环境布置及工作人员与老人相处过程中，强调将老年人当作朋友而非弱者，丰富老年人的精神生活，为老年人提供临终关怀。（受访者36，Z长者照料中心管理者，男，48岁）

（2）服务程序科学化、标准化有待提升

对于社会力量偏好型民办养老机构，借助5G、人工智能等技术，提供智慧化、标准化、科学化和便捷化的服务是其未来发展的方向。机构需发展智慧养老服务，建立标准化和规范化的服务模式，建立老年人（生理和心理）健康档案、日常生活行为档案、照护服务档案等数据库，及时跟踪与反馈老年人的基本信息和服务需求，为其制定个性化的服务方案，从而提升养老服务供给的质量和效率。

机构会定期通过专业量表对老年人的身体和精神状态进行科学评估，据此制定和完善有针对性的照护服务方案。同时，将每位老年人的信息记录存档，生成专属二维码，方便护理员快速了解老年人的护理信息。机构通过表格对老年人日常行为和作息等细节进行记录，可以更加准确、及时地察觉老年人的身体健康状况，提高工作效率和质量。（受访者36，Z长者照料中心管理者，男，48岁）

4. 机构运营发展困境

（1）运营模式单一，风险分担机制脆弱

目前，市面上较为常见的养老运营模式主要有三种，分别是传统型养老运营模式、保险型养老运营模式和出售型养老运营模式，而S市社会力量偏好型民办养老机构以传统型养老运营模式为主。传统型养老运营模式通过会员制方式，按照床位费、护理费、餐饮费等类别向入住机构的老年人收取每月的费用。会员费、运营收益和资本市场收益共同构成收益。一旦机构运营出现问题，机构和入住老人都会面临较大的经济损失。因此，社会力量偏好型民办养老机构未来应该结合地域特色尝试不同的运营模式，创新学院式、候鸟式、旅居式、"养生+旅游"式等多种养老方式。

目前，机构主要收入来源于入住老人每月交付的床位费、护理费、餐饮费。除此之外，还包含一部分运营收益和资本市场收益。运营模式上依赖会员制，是比较传统的一类养老运营模式。（受访者36，Z长者照料中心管理者，男，48岁）

（2）长护险缺失影响失能老年人入住率

社会力量偏好型民办养老机构通常定位为高端养老机构，S市Z长者照料中心收费主要依据两大标准——老年人身体情况和入住房型。能够自理的老年人收费一般在5000元/（人·月），失能失智的老人因

有护理需要一般为 10000 元/（人·月）。Z 长者照料中心的护理费用较高，与此同时，S 市不是长期照护保险的试点城市。由于长期照护保险的缺失，失能老年人入住养老机构产生的护理费用无法报销，只有少数老年人及其家庭能够负担起高额的养老护理费用，从而导致大部分老年人对于高端养老机构望而却步。在运营过程中，S 市社会力量偏好型民办养老机构与消费者之间存在护理费用高与消费能力低、消费能力低与长期照护保险缺失的双重矛盾。

5. 机构资金困境

（1）机构定位层次高，开发建设成本高

社会力量偏好型民办养老机构的开发，需要考虑到配套住房、配套软硬件设施、配套人员、配套服务等方方面面。一是要建设诸如智能总控中心、营养配餐中心、棋牌室、心理慰藉室、安宁疗护室、理疗室、康复中心、助浴中心、餐厅、老年大学等多功能区域；二是要配备监控、安全铃、电梯、无线呼叫定位、医疗康复器械等配套设施；三是要建立专业的运营团队、管理团队和服务团队；四是要提供营养配餐、医疗护理、康复保健、兴趣小组、文娱活动等多类型服务。总之，对于社会力量偏好型民办养老机构而言，开发建设的成本极高、投资回款的周期很长，机构运营情况易受成本增加、利率变化、市场竞争、资金链断裂等因素的影响，相应的风险并不是实力一般的企业所能承受的。

> 机构的投资周期很长，前期投入很大，除了必要的硬件设施，还需要提供医疗护理、康复保健、家庭医生等多类型服务，这些附加服务的成本也十分高，而对于这些投入来说，回报的速度是很慢的。在资金有限的情况下，先以主要的建设需求为主，而且投资建设成本高，资金链容易发生断裂。一旦发生资金周转不开的情况，机构的运营就会遇到很大的危机。（受访者 36，Z 长者照料中心管理者，男，48 岁）

（2）机构投资能力有限，融资渠道难拓宽

目前，S市社会力量偏好型民办养老机构的资金来源相对单一，主要依靠机构创始人或其所代表的社会力量投入的资金，很少有机构能够获得社会融资，而机构资金支持的不足会影响到机构规模化、品牌化和连锁化发展的规划与进程。目前，S市金融办正在尝试引导银行机构提升对养老服务企业的金融服务能力和水平，引导金融机构开发新型金融产品，但相关政策尚未出台。2019年4月，国务院办公厅印发的《关于推进养老服务发展的意见》中对于拓宽养老服务投融资渠道的内容进行了详细说明，未来S市政府可以以该文件为指导，联合相关部门，帮助养老机构通过贷款、发行债券、吸引投资等方式进一步拓宽融资渠道。

6. 机构队伍建设困境

（1）核心人才容易流失，后备人才补充不足

对于社会力量偏好型民办养老机构而言，其本身的专家团队力量强大，机构内关键人才的核心竞争力强，随着机构知名度和影响力的提升，这一部分关键人才有可能会被其他养老机构通过高薪、高福利等吸引条件挖走。一旦机构中核心人才（院长）流失而后备人才尚未培养起来，就会对机构的稳定运营产生较大的影响。

> 这两年随着养老市场的发展，好多人都想进入这个行业，但好多人不了解养老行业，也不清楚应该怎么运营，所以他们就用最简单直接的方法，花高价挖人，聘用在行业内工作的人员，无论是管理层还是护理员，都有被人用高薪挖走的情况。由于在这个领域做得好的人数量本来就比较少，再出现恶性竞争的情况，就会让整个行业十分混乱。（受访者36，Z长者照料中心管理者，男，48岁）

（2）护理人员培养困难，人员晋升通道不畅

在人员管理方面，社会力量偏好型民办养老机构在员工的工作内

容、技能培训、绩效考核、薪资待遇、职业晋升等方面制定了明确的规章制度。

为了满足机构内部对于专业护理人员的大量需求，机构自身可能会研究一套系统而全面的内部培训体系，通过理论与实操相结合的方法，为本机构培养优秀的护理人员。机构培养护理人员是需要投入一定的时间和资金的，而不同护理人员接受培训的效果也不尽相同。因此，培养一名优秀护理人员的过程是较长的，而培养的结果是未知的。

另外，当护理人员培养出来之后，其在机构内积累一定工作经验后，可能会遇到自身职业晋升通道有限的问题。当护理人员的职业发展遇到瓶颈难以突破时，他们可能会选择离职或跳槽，这将不利于机构护理人员队伍的稳定性。

> 我们对护理人员是有严格规定的，首先必须进行严格的培训和考核，通过考核并且通过实习期的考察，才可以正式聘用，能把这整段坚持下来的人本来就不多，能够严格服从管理、技能熟练、证书齐全并且学历也高的人可以说非常少，所以不可避免地会面临人才缺失问题。我们对员工未来发展也是有规划的，在我们这工作时间较长的老员工，经过培训学习，可以去新店做管理层，用他们的经验来运营我们其他的机构，从而形成良好的循环。（受访者36，Z长者照料中心管理者，男，48岁）

五　共性问题与异质性表现

由于养老行业的特点，在大环境下三种模式的机构在运营过程中所面临的问题不可避免地出现共性特征；同时，由于养老服务提供方式的不同，三种运营模式遇到的困境具有差异化特征。因此，三种模式在运营过程中既有共性问题又有异质性表现（见表7-4）。

表7-4 三种模式的共性问题和异质性表现

	社会力量嵌入型	社会力量瞄准型	社会力量偏好型
共性问题	（1）机构"适老宜居"设计不足；（2）支持政策申请程序烦琐；（3）机构服务内容不够精准；（4）机构运营管理能力有限；（5）机构资金来源渠道有限；（6）养老服务人才供给不足；（7）养老服务供需失衡矛盾；（8）社会环境亟须优化		
异质性表现	资金困境：（1）资金来源相对单一；（2）资金支持力度不大	专业性困境：（1）服务内容精准化程度不高；（2）服务人员专业化水平不高	功能性困境：（1）机构功能布局合理性欠缺；（2）机构服务功能多元化不够

（一）三种模式面临的共性问题

1. 机构"适老宜居"设计不足

自我国步入老龄化社会以来，我国在养老机构适老化的建筑设计、室内装修、施工工艺等方面积累的相关经验相对不足。从调研的养老机构的适老化设计情况来看，大部分养老机构在空间布局、室内设计、功能区划等方面存在不同程度的问题，一小部分机构在空间环境的安全、舒适、温馨等方面存在一定问题。一是机构"适老宜居"设计停留在标准规范要求层面，规划设计人员对老年人的需求了解不深入，导致设计不到位、不细致；二是机构对老人的需求欠缺考虑，导致服务动线过长，如走廊过长、后勤服务用房位置分散等，降低了服务效率；三是机构的空间环境存在安全隐患、舒适性不足，如地面材料不防滑、扶手安装不正确、公共空间通风采光条件差等；四是机构的空间环境整体温馨感不强、功能较为单调，如走廊平直、缺乏装饰、活动室功能单调等。总之，上述民办养老机构在适老化设计和宜居环境打造过程中存在的问题，会影响老年人对机构提供的养老服务和基础设施的满意度，会影响护理员为老年人提供护理服务的便捷性和效率，进而影响老年人整体的生活质量和幸福感。

在我们平时的指导过程中，我们也会发现很多问题，不单单是个案，机构都存在这些问题，比如很多机构做的智能适老化产品其实很好，但是使用率却不高。有的机构设置的功能分区，工作人员可能都不知道这个是干什么用的。"只是因为别人有，所以我们才有。"还有一些智慧类产品，老人自己使用并不是很方便，只有在护理员配合下，才会达到使用效果。这些问题最终都会反馈在老人身上，所以离让老年人真正把机构当家的目标还有距离，我们还要努力。（C市养老服务协会工作人员）

2. 支持政策申请程序烦琐

目前，政府针对养老机构的支持政策是由多个部门共同制定和执行的，在具体过程中存在申请程序烦琐的问题。以财政支持政策为例，政府所提供的财政支持政策包括养老机构运营补贴政策、困难老人入住机构补贴政策、政府购买居家养老服务政策、高龄津贴和稳定的投入保障机制，从财政支持政策的职责主体来看，包括市民政局、市财政局，各区政府、开发区管委会和市卫生健康委员会等各个责任部门。总之，与养老服务相关的财政支持政策的责任部门较难统一，因此，对于各部门之间的职责分工与配合提出了较高的要求。

由于养老服务相关的财政支持政策的职责主体部门较多，当民办养老机构想要获取合理的财政补贴时，需要准确掌握申请各个部门财政补贴的审批流程，按照规定为机构及入住其机构的老年人申请相应的财政补贴，申请部门多、审批程序相对烦琐使得民办养老机构及老年人及时获取相应的财政补贴遇到一定困难。

3. 机构服务内容不够精准

从实际情况来看，不同模式下的养老机构对于机构定位的认识仍然不清晰，因此，提供的养老服务内容不够精准。对于社会力量偏好型民办养老机构而言，如果对自身保基本的定位认知不清，投入过多力量吸引高端市场上的老年人入住，就会违背机构设立的初衷。对于社会力量瞄准型民办养老机构而言，机构存在投入资金不足、人员缺乏、固定资产投入较高、投资回收期长且效益低等问题。对于社会力量偏好型民办养老机构而言，如果对自身智慧化、专业化、个性化的服务供给定位认识不足，就会影响机构的吸引力和影响力，但机构智慧养老服务存在成本较高、老年人接受程度较低、普及率较低、缺乏管理与创新等问题。

> 在机构的实际运营中，我们最重视的就是服务，我们的主要服务对象就是失能、半失能的老人，所以在护理方面我们下了特别大的力气，主要以老人的感受为第一标准。这也是我们做得好的原因之一。重视护理服务，切身感受老人的状态。（受访者36，Z长者照料中心负责人，男，48岁）

4. 机构运营管理能力有限

从参与调研的民办养老机构的运营情况来看，大部分机构的运营管理能力相对有限，具体体现在资金管理、规模管理、风险管理等方面。

一是机构收支平衡较难实现。受机构性质、机构资金、机构入住率、机构运营模式等因素的影响，机构经营收入波动较大，大部分机构难以实现收支平衡，容易出现资金困难。

二是机构规模呈现分化发展趋势。主城区的养老机构以小型为主，设施相对简陋、服务相对单一；近郊区的养老机构以大型机构为主，服务设施多样、专业，服务内容智慧化、医养结合程度高。另外，中型养老机构的管理效率高，但土地价格高、支持政策少。总之，规模大的养老机构规模越来越大，规模小的养老机构难以扩建，中等规模的养老机构数量逐渐减少，分化发展趋势日益明显。

三是机构风险应对能力相对不足。一方面，养老机构适老化、无障碍设施建设不足，室内家具和装饰相对陈旧，房间私密性和采光性一般，容易发生老年人摔伤、走失等事故；另一方面，大部分机构没有为老人提供意外伤害险，也没有参加机构意外险，更没有专业的法务团队处理可能面临的纠纷，存在一定的道德风险和舆论风险，容易影响养老机构的声誉。

四是机构应对突发事件经验有限。突发事件的发生在一定程度上增加了养老机构的运作成本和管理压力，如对疫情期间护理人员的隔离观察和工作防护无形之中增添了机构防疫物资等的成本投入。

这两年养老机构遇到的最大的挑战，就是在疫情防控常态化的背景下，养老机构该如何可持续运营下去。老人的身体是非常脆弱的，疫情对老人的出行和防护的影响是十分重要的。因此，疫情期间，机构也不允许人员出入，这无疑增大了机构的运营管理成本。（受访者1，X长者照护中心管理者，女，36岁）

5. 机构资金来源渠道有限

从参与调研的民办养老机构的资金来源来看，大部分机构的资金来源单一，融资渠道难以拓展。从民非机构的角度看，其资金来源包括个人投资、社会捐赠、政府补贴和机构营收四个方面，但资金实际落实主要是个人投资和政府补贴两个渠道，且机构对于政府政策支持的依赖性较强。从民企机构的角度看，从政府政策支持方面获得资金的相对较少，主要依靠机构创始人或机构背后的社会力量投入资金，一旦机构创始人或机构背后的公司出现资金问题，就会严重影响机构的运营和可持续发展。总之，无论是民非机构还是民企机构，它们面临的一个共同问题是融资能力不足，难以从银行贷款、企业债券、金融产品、外资等方面获得资金支持，进而影响机构的规模化、连锁化、市场化建设进程。

6. 养老服务人才供给不足

从参与调研的民办养老机构的队伍建设情况来看，大部分机构的养老服务人才供给不足。无论是从由机构的管理人员、运营人员、行政人员等组成的运营团队建设，还是从由机构养老护理员、餐饮人员、后勤人员等组成的服务团队建设，抑或是从由机构护士、医生、康复师等组成的医疗团队建设来看，都存在人员供给不足的情况。

除养老服务人员供给不足以外，民办养老机构面临的另一大难题是养老服务人员的专业水平、技能水平和综合素质不高。从就业环境来看，养老护理人员的社会地位较低、薪资待遇一般，极少数机构能够针对护理人员形成一套完整的培训体系和晋升机制，因此，对于专业护理人员的吸引力不大。从就业情况来看，民办养老机构的护理人员以临时工为主，大部分年龄偏大、以女性为主且没有接受过专业的职业技能培训，因而对机构护理人员队伍的稳定性和专业性产生一定影响，进而影响老年人对于入住机构提供服务的满意度。若入住老人的满意度降低，则势必会影响民办养老机构的声誉和品牌形象，造成消费群体的流失，进而影响机构的稳定运营和可持续发展。

7. 养老服务供需失衡矛盾

从参与调研的民办养老机构的服务供给和需求情况来看，大部分机构面临供需不平衡的问题，而这一问题主要体现在服务内容、服务质量和服务费用三个方面。一是服务内容的供需矛盾。不同的老年人根据自身的身体状况、自理能力和收入来源等基本情况，对机构的选择和对机构所提供的服务内容有不同的要求。二是服务质量的供需矛盾。不同类型的老年人对于机构提供的养老服务的质量有不同层次的需求，而护理员的专业水平一定程度上影响了老年人对护理服务质量的评价，因而护理人员的供给不足和专业能力不足将难以满足老年人对专业化养老服务的需求。三是服务费用的供需矛盾。老年人实际的经济承受能力与民办养老机构的服务定价之间存在矛盾，因而养老机构入住费用的变化情况将影响老年人入住养老机构的实际意愿。

对于 H 市社会力量嵌入型的民办养老机构而言，入住的老年人大多数收入来源有限，主要依靠养老金、政府补贴、子女支持等方式获得资金支持，而且其现有的收入水平仅能保障自身获得基本的养老服务，因而这部分老年人的养老服务有效需求相对不足。这一类型的养老机构，由于难以实现市场化定价，收入来源相对有限，收支平衡较难实现，养老服务内容多元化发展不足。总之，这一类型的机构中，老年人的实际需求无法满足和机构的服务内容不足并存，使机构的服务内容难以得到进一步拓展。

对于 C 市社会力量瞄准型民办养老机构而言，入住的老年人以中等收入群体为主，这一类型养老机构瞄准的是对机构提供的医疗康复服务和长期照护服务有一定要求的这一部分群体。这一类型的机构，以小型化和小规模为主，可容纳的老年人数量相对较少，机构的定位是为患慢性病的老人、失能老人、半失能老人提供日常生活照顾服务、康复护理服务和基本医疗服务。总之，这一类型的机构中，老年人对专业化医疗护理服务较高质量的需求与机构医疗护理服务人员专业化水平一般的情况同时存在，但机构的服务质量难以得到进一步提升。

对于 S 市社会力量偏好型民办养老机构而言，入住的老年人以高学历、较高收入群体为主，是对机构提供的养老服务内容和质量有较高要求的这一部分群体。这一类型的机构以大中型为主，可容纳的老年人数量较多，机构的偏好是提供智慧化、专业化、多元化的养老服务和医疗服务。总之，这一类型的机构中，老年人的实际购买力不足与机构服务和产品定位偏高的情况同时存在，但机构的市场推广难度大。

> 我们养老中心的目标群体为半失能或失能老年人，服务水平定位中端，目前入住老人为 30 ~ 40 人，平均年龄 80 岁左右。根据居住户型和照护等级的不同，老人入住机构的服务收费也不尽相同。基础床位费为 3000 ~ 5000 元/（人·月）。同时按照失能程度的高低，护理费在 1500 ~ 2000 元。［受访者 20，Y 养老照护（医养）中心管理者，女，38 岁］

> 我们机构的定位是（为）失能和半失能老年群体（提供服务），现有入住老人不到 60 位，其中 20 位左右为失能老人、30 位左右为半失能老人。同时，机构提供嵌入式社区居家养老服务，承接社区老人日间照料服务。机构收费主要由床位费、伙食费、护理费、其他费用组成，其中基础床位费根据房间类型在 2000 ~

4000 元/（人·月），护理费和其他费用根据老人失能程度及服务需求另行确定。（受访者6，X 长者照护中心管理者，女，42 岁）

我们机构的目标群体是半失能或失能的老年群体，目前会员人数为 30 人左右。中心将老年人照护分为七个等级，分别为介助、介护一级、介护二级、介护三级、介护四级、介护五级及特护。根据照护等级和居住户型的不同，老年人入住养护中心的费用也不尽相同，但大致包含入住保证金、床位费、基础服务费、护理费和均衡营养餐费等几部分。老年人入住中心的保证金为 5000 元/（人·床），均衡营养餐费为 600 元/（人·月），床位费根据户型不同分为 1200 元/（人·月）、1300 元/（人·月）和 1400 元/（人·月），基础服务费也依据户型不同分为 500 元/（人·月）、600 元/（人·月）和 700 元/（人·月）三个等级，而护理费则以不同的照护等级划分为 0 元/（人·月）、1000 元/（人·月）、1500 元/（人·月）、2000 元/（人·月）、2500 元/（人·月）以及 3000 元/（人·月）等六个等级。除此之外，中心还提供一些其他的收费服务，例如喂食 100 元/（人·月）、流食 300 元/（人·月）、辅食 300 元/（人·月）、水果 300 元/（人·月）、翻身叩背 300 元/（人·月）、康复每 40 分钟 100 元、褥疮垫 10 元/天（租用）、褥疮垫 2 元/天（自带）等。（受访者 36，Z 长者照料中心管理者，男，48 岁）

我们机构的目标群体是半失能或失能的老年群体，将老年人照护分为介助、介护、专护、特护四个等级，并实行责任制，精准配需，由专人为其所负责的老人提供照护服务。我们机构分别为老年人提供养老护理服务和医疗服务。价格根据房间条件和照护等级划分，按照床位费、护理费、医疗费三个方面结构性收费。基础床位收费为 4000～6000 元/（人·月）。护理费根据等级不同，分为：一级 36 元/（人·天）、二级 24 元/（人·天）、三级

11元/（人·天）。医疗费用根据项目和次数收费，包括：输液、注射、心电监测、住院检查、会诊、换药、灌肠、抢救等项目，价格在4～240元/次。［受访者20，Y养老照护（医养）中心管理者，女，38岁］

8. 社会环境亟须优化

从参与调研的民办养老机构的整体发展环境来看，养老服务业发展目前面临两大困境：一是市场整体的营商环境亟待进一步优化，二是社会大众对机构养老的认识程度与接受程度相对不高。

一方面，从养老服务业发展的营商环境来看，民办养老机构在企业融资、人才吸引、财政支持、基础运营等方面遇到了不同程度的困难。另一方面，从养老服务业发展的社会氛围来看，社会大众对于民办养老机构的认识程度和接受程度相对不高，愿意投身于养老服务业的创业者和服务者相对较少，而选择入住民办养老机构度过晚年生活的老年人及其家属也相对较少。

养老服务关系民生，C市《优化营商环境工作提升方案》将"发展养老服务，兴办养老机构"作为基本公共服务的内容之一。因此，市场营商环境和社会养老氛围的营造能够推动养老服务业发展，而民办养老机构的建设又推动基本公共服务的完善，进而为市民营造更加温馨和谐的社会环境。

材料

基本公共服务……发展养老服务，兴办养老机构。创新服务模式，推进"互联网＋"与教育、健康医疗、养老、文化、旅游、体育、家政等领域的深度融合发展，推进城乡便民消费服务中心、社区生活服务中心建设。

政策文件

2020年12月

材料

提高医疗保障水平，进一步增强医护力量，改善医疗设施；提高基本养老保险参保率；大力发展社区养老服务业；健全养老机构管理制度。

政策文件

2020 年 12 月

材料

着力提升养老服务质量。新增区域性居家养老服务中心 100 个，改造社区养老服务站 300 个，打造城市 15 分钟养老服务圈，扎实推进农村居家养老服务试点。进一步放开养老服务市场，鼓励民营资本参与公办养老机构改革，支持社会力量运营养老服务设施。

政策文件

2019 年 4 月

材料

加快推进养老服务体系建设。推进区域养老服务中心建设，构建居家社区机构相协调、医养康养相结合的养老服务体系，打造城市"15 分钟养老服务圈"，增加品质养老服务供给，培育引进 10 家以上的品牌化养老服务机构，建立健全政府购买居家养老服务制度，健全养老服务综合监管机制，优化养老事业服务管理平台。到 2025 年，养老机构护理型床位占比达到 55%，城乡公办养老机构床位利用率达到 60%。

文件材料

2021 年 12 月

材料

优化养老服务营商环境。加大养老服务发展政策、规章制定过程公平竞争审查力度。每年定期公布本行政区域养老服务扶持政策措施清单、供需信息或投资指南。完善居家养老、机构照护、医养结合等养老服务地方标准。实施养老机构等级评定，落实养老服务监测分析与发展评价机制及统计分类标准工作。

政策文件

2020 年 7 月

（二）三种模式面临的突出问题

社会力量嵌入型机构、社会力量瞄准型机构和社会力量偏好型机构三种模式在运营过程中分别面临资金困境、专业性困境和功能性困境。

1. 社会力量嵌入型：资金困境

H 市社会力量嵌入型民办养老机构面临的最核心的难题是资金困境，具体表现为以下几点。

第一，资金来源相对单一。从 H 市社会力量嵌入型民办养老机构的性质来看，大部分以民非机构为主，以保基本为定位，基于公益目的和个人情怀，为老年人提供基本养老服务。从实际情况来看，社会尚未形成良好的慈善捐赠氛围，机构自身运营难以实现收支平衡，机构申请银行贷款存在难度，因此，这一类型的机构暂时难以从社会捐赠、社会融资和运营收入这三个方面获得实际的资金支持，主要的资金来源是创办者的个人投入和政府的政策补贴。由于机构创办者的个人资金相对有限、资金投入后劲不足，因此，政府的政策支持是其最主要的资金来源。

第二，资金支持力度不大。政府的政策支持是社会力量嵌入型民办养老机构最主要的资金来源，而政府对于社会力量嵌入型民办养老机构的支持力度相对于对公办养老机构的支持力度明显不大。H 市在全国范围内率先实现了养老补贴从"补砖头""补床头"向"补人头"的转变，整合提高了养老机构综合运营补贴，完善了困难老人入住机构补贴机制，对深度贫困地区老年人的福利项目进行补贴，推行居家和社区养老服务试点。2019 年，H 省福利彩票公益金中老年人福利项目支出 5911 万元，主要用于对部分公办养老机构的改造；2020 年，H 省福利公益金中老年人福利事业项目方面支出 7307 万元，对全省城乡民办养老机构予以运营、参保、贴息补助。2021 年，中央集中彩票公益金支持老年人福利类项目 24 个，资金 3763 万元，分别为养老机构改造提升项目 3255 万元，居家社区养老服务设施新建、改造项目 415 万元，特殊困难老年人家庭适老化改造项目 93 万元。[①] 总之，H 市社会力量嵌入型养老机构对于政府支持的依赖性较强，一部分机构目前的运营状况并不乐观，一部分机构所提供的养老服务内容并不完善，一部分机构提供服务的质量有待加强，因此，现有的政府政策提供的资金支持不足以维持这一类型机构的可持续发展。

2. 社会力量瞄准型：专业性困境

C 市社会力量瞄准型民办养老机构面临的最核心的难题是专业性困境，具体表现为以下几点。

第一，服务内容精准化程度不高。从 C 市社会力量瞄准型民办养老机构的服务对象来看，机构主要接收有慢性病、失能或半失能的老人，而这部分老年人对于日常生活照顾服务、康复护理服务和医疗服务的需求较大，特别是对于医疗护理服务内容的精准化、专业化要求较高。目前，C 市社会力量瞄准型民办养老机构主要是通过与市内多家大型医院合作建立医疗绿色通道的方式为老人提供专业化医疗护理服务，而机构自身为老年人提供精准化的医疗护理、康复保健、智慧养老、精神慰藉等服务的能力尚不足，能够为老年人提供的各类硬件设施也相对有限。

第二，服务人员专业化水平不高。从 C 市社会力量瞄准型民办养老机构的队伍建设情况来看，一方面，机构专家团队组建基本成型，但能够实现全职工作的专家相对较少。虽然机构会邀请医疗专家不定

---

① 为匿名需要，隐去来源。

期前来机构为老年人开展健康讲座或通过远程会诊提供康复技术指导，但是大部分机构自身暂不具备开办康复院、护理院等医疗机构的相关资质。因此，这一类型的机构很难聘请到专职医生在机构内坐诊。另一方面，护理人员团队初具规模，但专业化水平有待提高。虽然护理人员能够为老年人提供送餐、助浴、洗衣、打扫卫生、翻身、喂食等基本养老服务，但是接受过专业技能培训并拿到证书后持证上岗的护理人员较少。因此，这一类型的机构在提供专业化的口腔清洁护理、皮肤清洁护理、压疮预防、便溺护理等服务方面存在一定的困难。

总之，C 市社会力量瞄准型养老机构对于服务内容的精准化、专业化要求较高，有些机构服务内容的精准化设计需要改进，有些机构服务人员的专业化水平有待提高。因此，机构在服务内容设计和服务人员培训方面存在的问题难以推动机构服务质量的进一步提升。

　　我们养老机构目前可以为老年人提供比较专业化的养老服务。首先，在医疗康复照护方面，依托五位医生股东的投资，中心与 C 市疼痛病医院、C 市骨伤医院等都建立了合作关系，构建了专门的联动机制，可以尽快为中心有住院需求的老年人办理住院。其次，中心设有专门的医疗室，并配备专职值班医生，能够及时解决老年人的日常小病。将老年人照护分为七个等级，分别为介助、介护一级、介护二级、介护三级、介护四级、介护五级及特护。介助的老年人一般是可以自理的，只是偶尔或者几乎不需要护工的帮助，而介护级别的老年人则是经常需要护工和工作人员的照护，特护的老年人甚至是需要 24 小时无间隙照护。［受访者 20，Y 养老照护（医养）中心管理者，女，38 岁］

3. 社会力量偏好型：功能性困境

S 市社会力量偏好型民办养老机构面临的最核心的难题是功能性困境，具体表现为以下几点。

第一，机构功能布局合理性欠缺。从 S 市社会力量偏好型民办养老机构的功能布局和设施配备情况来看，一部分机构设置了心理慰藉室、安宁疗护室、理疗室、中药房、康复中心、预防保健室、静点室、心电室、处置室等医疗功能区域，但这些区域内置的医疗护理和康复保健的硬件设施并不齐全，而托幼中心、法律援助、实训中心、亲情餐厅等功能区域的利用率不高，因此不能完全发挥出机构现有功能的实际作用。

第二，机构服务功能多元化不够。从 S 市社会力量偏好型民办养老机构的服务内容来看，大部分机构为老年人提供的文养活动、精神慰藉、临终关怀等多元化服务内容还不够完善，对老年人心理感受、生活习惯和健康状况的变化还未实现实时记录，为诸如患阿尔茨海默病的特殊老年人群体设置的医疗照护专区建设尚在进行中，借助 5G、人工智能等技术提供智慧化、便捷化服务的能力尚有不足，而递送社区居家养老服务仍在探索之中。

> 目前，我们养老机构可以为老年人提供送餐、帮助洗澡、打扫卫生、陪同买菜、洗衣服、代购生活用品、日间照料、陪同聊天、心理咨询、帮助读书读报以及帮助使用智能设备等服务。（受访者 36，Z 长者照料中心管理者，男，48 岁）

总之，社会力量偏好型民办养老机构对于机构整体功能性要求较高，有些机构在功能布局规划上需要进行调整，有些机构在功能开发设计上需要进一步优化，一部分机构在个性化和多元化服务方面有待进一步提升。因此，机构在功能布局和功能设计方面存在的困境难以帮助机构进一步提升养老服务供给的质量和效率。

第八章　困难重重：社会力量参与农村养老服务供给现状及面临的阻碍

在养老服务供给方面，农村与城市相比还存在很大的差距，主要体现在农村的养老服务设施和基本公共服务要明显落后于城市。这是由于农村经济基础比较薄弱，用于支持养老基础设施建设的资金不足，而城市经济发展水平相对较高，可以为养老服务建设提供更多的资金支持。并且，农村地区居民收入水平不高，对养老服务的支付能力有限，加之人们在养老方面的思想观念较为落后等因素，就导致农村的养老服务发展落后于城市。有些乡镇养老服务仍停留在敬老院层面，敬老院只接收特困老人、"五保"老人等，不面向社会提供服务。

一　案例选择与资料获取

（一）个案选择

本研究选择 X 省 S 村和 A 省 C 村进行个案调查。

X 省位于中国东南部，在长江中下游南岸。截至 2021 年末，X 省常住人口 4517 万人，其中 60 岁及以上的老年人口占比为 17.02%。在经济结构上，三次产业结构为 7.9∶44.5∶47.6，以第二产业和第三产业为主，第一产业占比较低。S 村是 X 省北部的一个行政村，占地约 30 平方公里，全村一共 54 户。

A 省位于长三角地区。截至 2021 年末，A 省常住人口 6113 万人，其中 60 周岁及以上的老年人口占比为 18.8%。A 省三次产业结构为 7.8∶41.0∶51.2，是中国重要的农产品生产、能源、原材料和加工制造业基地。C 村地处 A 省西北边界，所属街道占地面积 47.47 平方公里，拥有 16 个社区，人口 8 万余人。①

（二）调查设计

本研究主要是通过一对一的深入访谈收集资料。

1. 调查设计

根据本研究领域相关文献和研究内容，设计问卷，问卷设计目标是了解农村老年人的养老方式，以及其对社会组织参与养老服务供给的认知及满意度。具体的问题有：老年人的基本情况，包括老人的年龄、婚姻状况、养老方式、健康状况、居住状况、收入来源、子女数量；农村是否为老人提供生活照料或者经济支持；是否还种地，粮食生产的压力是否较大；平常的大部分时间都在做什么；觉得目前养老有何困难；对社会组织的了解程度；是否接受过社会组织提供的养老服务；对社会组织提供的养老服务，认为还有哪些地方可以改进。

在访谈中，还针对村干部和社会组织工作人员设计了问卷。针对村干部的访谈问题有：村庄的基本情况，如村庄的常住人口、老年人口的数量及比例等人口状况；村干部的数量和党员数量；村民的主要收入来源；村民互帮互助的氛围如何；村干部的基本情况，包括村干部的年龄、学历、主要职务、任职时间；村庄老年人养老状况，包括村庄老年人的养老问题、村庄老年人需要什么样的养老服务；村庄中子女不赡养老人的情况是否普遍；年轻人外出务工的情况如何；是否有老人无人照料的情况；村里老年人的养老金大概有多少；村庄是否有社会组织或民间力量参与提供养老服务；村里是否有幸福院；如果幸福院搁置，原因有哪些；对社会组织的了解程度；如何看待社会组织参与提供养老服务供给；老年人对社会组织运营互助养老的满意度；等等。

2. 调查过程

本研究的调查历时半年，从 2022 年 1 月至 7 月，两组访谈人员分

---

① 数据来源于 X 省 2021 年国民经济和社会发展统计公报，为匿名需要数据隐去来源。

别在 S 村和 C 村生活了两个月，首先是了解村庄的基本情况，包括人口结构情况、生计发展状况等。在了解村庄基本情况以后，2022 年 2 月至 3 月，两组访谈人员就开始对村干部、村里的老年人和社会组织的工作人员进行第一次访谈，4 月到 7 月进行回访。主要的工作就是根据设计好的半结构化问卷进行提问，以获得全面的信息与资料。

3. 样本情况

本次调查访谈的老年人样本一共有 25 人，S 村有 11 人，C 村 14 人；男性 11 人，女性 14 人；50～60 岁的老人占比为 20%，60～70 岁的老人占比为 36%，70～80 岁的老人占比为 20%，80～90 岁的老人占比为 20%。受访老人的基本特征如表 8 - 1 所示。

表 8 - 1　受访老人基本情况

序号	性别	年龄（岁）	婚姻状况	子女数量（个）	收入来源	养老方式	所在村庄
1	女	68	已婚	3	养老金	居家养老	S 村
2	男	71	已婚	3	退休金	居家养老	S 村
3	女	60	已婚	2	养老金、种地和打工	居家养老	S 村
4	男	62	已婚	2	养老金、打工	居家养老	S 村
5	女	84	丧偶	2	养老金、子女补贴	居家养老	S 村
6	女	74	丧偶	2	养老金、子女补贴	居家养老	S 村
7	男	87	丧偶	5	养老金、子女补贴	居家养老	S 村
8	男	87	已婚	4	养老金、子女补贴	居家养老	S 村
9	女	83	已婚	4	养老金、子女补贴	居家养老	S 村
10	女	78	已婚	5	养老金、子女补贴	居家养老	S 村
11	女	66	丧偶	6	养老金、子女补贴、种地和打小工	居家养老	S 村
12	男	90	丧偶	6	养老金、子女补贴	机构养老	C 村
13	男	82	丧偶	3	自身无收入来源、靠子女补贴	机构养老	C 村
14	男	69	已婚	4	养老金、种地和子女补贴	居家养老	C 村
15	女	78	已婚	1	养老金和种地、子女补贴	居家养老	C 村
16	女	54	已婚	4	养老金（在缴）和种地	居家养老	C 村
17	男	65	已婚	3	养老金、种地和打工	居家养老	C 村

序号	性别	年龄（岁）	婚姻状况	子女数量（个）	收入来源	养老方式	所在村庄
18	女	55	已婚	2	养老金（在缴）和种地	居家养老	C 村
19	女	64	已婚	4	养老金和种地	居家养老	C 村
20	男	68	已婚	3	养老金、种地、打工和子女补贴	居家养老	C 村
21	女	58	已婚	2	养老金（在缴）、种地和打工	居家养老	C 村
22	男	74	已婚	1	养老金	居家养老	C 村
23	女	63	已婚	2	养老金和打工	居家养老	C 村
24	男	59	已婚	2	养老金（在缴）、种地和工作	居家养老	C 村
25	女	56	已婚	2	打工和种地	居家养老	C 村

资料来源：根据访谈资料作者整理所得。

S 村随机抽取 11 位老人进行调研，其中，男性有 4 人，女性 7 人；受访老年人的年龄主要分布在 60~87 岁。在婚姻状况方面，已婚的老年人有 7 人，丧偶的有 4 人。受访老人的子女数都在 2 个及以上。受访老人主要依靠养老金、子女补贴养老。在收入来源方面，S 村 11 位受访者都参加了基本养老保险，能够获得一定数额的养老金，但养老金不能满足老人生活的全部支出。有些老人还要种地和打工。受访老人目前以居家养老为主。

C 村随机抽取 14 位老人进行调研，男女比例 1∶1。在受访老人中，2 人为机构养老，剩余 12 人为居家养老。在收入来源方面，绝大多数老人缴纳了养老保险，能够获得一定数额的养老金，有些老人靠种地和打零工维持生计。

访谈发现，农村老年人的主要特征如下。一是农村人口老龄化程度严重。经笔者观察和访谈发现：S 村与 C 村平时很少看到年轻人，村里居住的基本上都是老年人；村里有很多空置的房屋，因为年轻人都外出工作了，只有春节前后才会回家。由于农村的年轻人大量向城市迁移，快速发展的城市化使农村人口老龄化程度更加严重。调查数据显示，在本次访谈的 25 位农村老人中，只有 7 位老人与子女共同居住，不和子女共同居住的有 18 人，占比为 72%，即近一大半的老人为独居，或者与配偶、孙辈一起居住。农村留守、空巢老人现象十分普遍。二是老人收入低甚至无收入来源。通过访谈了解到，虽然 S 村与 C 村老人只有 2 人（1 人未参加新农保，1 人有退休金）未参加基本养老保险，但参保的基本上都是按最低档次缴费，能领到的养老金也十分有限。有些老人主要的生活来源是子女给的经济补贴，有些还"干得动"的老人还会选择继续从事经济活动，如种田和打小工，基本上以纯体力劳动为主，劳动强度大，收入水平低。三是养老方式以居家养老为主。经访谈得知，在接受访谈的 25 位老人中，只有 2 位老人在机构养老，其余的老人都是居家养老。这一现象最主要的外部原因是农村在养老服务设施方面比较缺乏。

此外，两组访谈人员还分别同当地村干部、养老机构的院长进行了访谈，一共访谈了 5 人。S 村抽中一名村支书、当地乡镇敬老院的院长和隔壁镇养老护理中心负责人；C 村抽中一名村干部和当地养老机构的负责人。

二 农村养老服务供给现状
——S 村和 C 村个案

（一）个案介绍

1. S 村情况简介

S 村隶属 X 省的一个镇。该镇是全县的人口大镇和农业重镇，辖区内有 3 个居民委员会、20 个村民委员会、1 个农场，全镇总户数 17616 户，总人口 60084 人。该镇还是全县的教育大镇，有中学 3 所，中心小学 3 所，村级小学 26 所，在校学生 6612 名；交通区位优势明显，距高速公路约 12 公里，距县城 33 公里。S 村是 1998 年洪水灾害后集体搬迁的村庄之一，全村一共 54 户 280 余人。

S 村处江南丘陵地带，以种植水稻为主，一年两季。除了水稻，大部分村民还会种植蔬菜、红薯、油菜籽、花生等作物，主要满足家庭所需。近年来，随着种子、化肥、农药和人力价格的上涨，土地收益越来越少，如果种植水稻，除去成本，一亩田的年收入约为四五百元。2018 年，村里开始进行农田企业化经营改革，村民将土地租给企业，企业对全村甚至整个乡的土地进行集中规模化经营，并且每年根据租用土地的多少向村民支付租金。土地一年的租金为每亩 300 元。

由于农村工作机会少、土地收益低，自 20 世纪 90 年代开始，当地年轻人外出打工成为常态。研究者通过访谈了解到，在该村，60 岁及以上的老人基本上都是在家里以种田为生，很多老人连县城都没有去过。子女辈基本上都会外出打工，很少有人留在村里。子女辈在外面打工安家以后，都会选择把自己的孩子接到城里上学，以使他们接受更好的教育。而很多老人，由于语言不通、生活不习惯、不想增加子女的负担和对乡土的眷恋等而选择独自留在村里，这就导致村里仅剩下留守老人和年幼的留守儿童。除了春节可以在村里见到很多年轻人以外，其他时间村里大部分为老人和小孩，空巢、独居、孤寡老人数量不断增加。

2022 年 5 月 9 日，X 省印发了《关于调整全省城乡居民基本养老保险缴费档次及补贴标准的通知》（以下简称《通知》）。《通知》指出，从 2022 年 6 月 1 日起，X 省城乡居民基本养老保险增设 4000 元、5000 元、6000 元三个缴费档次。调整后，X 省城乡居民基本养老保险缴费档次为每年 300 元、400 元、500 元、600 元、700 元、800 元、900 元、1000 元、1500 元、2000 元、3000 元、4000 元、5000 元、6000 元等 14 个档次，参保人可自主选择档次缴费，多缴多得。此外，《通知》指出，要对参保人缴费给予财政补贴：对于 300～3000 元的 11 个缴费档次，其缴费补贴标准仍按原标准执行，即对于选择 300～500 元缴费档次的，缴费 300 元补贴 40 元、缴费 400 元补贴 50 元、缴费 500 元补贴 60 元；对于选择 600 元及以上缴费档次的，每提高一个缴费档次，政府补贴在 60 元基础上分别增加 5 元。《通知》规定，对于缴费 4000 元的补贴 150 元，缴费 5000 元的补贴 190 元，缴费 6000 元的补贴 230 元（见表 8-2）。同时，《通知》规定，各地可根据本地财力等因素，自行提高缴费补贴标准，所需资金由地方负担。

表8-2　X省缴费补贴情况

单位：元

缴费档次	缴费标准	政府补贴
一档	300	40
二档	400	50
三档	500	60
四档	600	65
五档	700	70
六档	800	75
七档	900	80
八档	1000	85
九档	1500	90
十档	2000	95
十一档	3000	100
十二档	4000	150
十三档	5000	190
十四档	6000	230

资料来源：根据J省《关于调整全省城乡居民基本养老保险缴费档次及补贴标准的通知》整理所得。

如果选择6000元的缴费档次，连续缴费15年，退休后每月大概可以领取到1090元。如果选择300元的缴费档次，退休后每月大概可以领取到100元。访谈员通过与乡里工作人员的交谈得知，基本上所有的老年人都会参加养老保险，但是80%的人都是选择最低的缴费档次，即一年300元的缴费档次，而且大部分都是在40～50岁才开始参加养老保险。这主要是因为对农村人来说，其经济上都不是很宽裕，每年花几千元缴纳养老保险负担太重，对很多以种田为生的老人来说，他们一年种田的收益也才几千元。而且大部分年轻人在外打工，很多小企业不会为他们缴纳养老保险，再加上城乡居民养老保险制度参保的非强制性，大部分都会等到四五十岁回到农村时参加城乡居民养老保险。

S村的养老方式主要是传统的家庭养老，但是由于年轻人大部分外出、老人留守，因而农村居家养老有两个方面的问题。一方面，精神慰藉缺失。子女外出工作，老人与子女只能通过电话或者视频交流，缺少日常的陪伴和实际的关心。另一方面，经济压力大。子女结婚基本上会掏空父母所有积蓄，有的家庭甚至会因为儿女结婚负债。城乡居民养老保险给付的养老金每月大概 100 元，无法满足老人日常开支需求。很多老人为了不增加子女负担，空闲时还会去打小工、帮别人种田，从而获得部分收入。

在基本养老服务供给上，S 村所在镇有乡镇敬老院，只有符合条件的"五保户"才能入住。截至 2022 年，敬老院一共有 72 个床位，机构养老的保障能力有限。据村干部介绍，每个乡的老年人颐养之家，受疫情影响工期未完成，还在建设中。

2. C 村情况简介

C 村，A 省的一个行政村，地处 A 省西北边界。C 村所属街道辖区面积 47.47 平方公里，人口密度为每平方公里 1362 人，耕地面积 4.3 万亩，人口 69026 人，该地气候四季分明，年平均降水量 780 毫米，春秋两季雨水偏少，夏季雨水偏多，每年夏季洪涝灾害时有发生。农作物主要有小麦、玉米、红薯、油料、花生、棉花、大豆等，以盛产蔬菜、果树闻名。全乡共有中学、小学 26 所，幼儿园 2 所。该乡有中心卫生院 1 所，医护人员 26 人，病床 30 张；有村级卫生所 31 处，形成了基本的医疗防护网络。

根据 2022 年 A 省《城乡居民基本养老保险缴费档次及政府补贴标准》，缴费标准设为每年 200 元、300 元、400 元、500 元、600 元、700 元、800 元、900 元、1000 元、1500 元、2000 元、3000 元、4000元、5000 元、6000 元 15 个档次，供参保人员自主选择。

省、市、县人民政府对参保人缴费给予补贴：缴费 200 元补贴 40元，缴费 300 元补贴 50 元，缴费 400 元补贴 60 元，缴费 500 元补贴 70元，缴费 600 元补贴 80 元，缴费 700 元补贴 90 元，缴费 800 元补贴100 元，缴费 900 元补贴 110 元，缴费 1000 元补贴 120 元，缴费 1500元补贴 150 元，缴费 2000 元及以上的补贴 200 元（见表 8 - 3）。参保人员的最低缴费补贴所需资金，省级财政负担 50%，其余部分由市、县财政负担。有条件的市、县可在省里统一规定的最低补贴标准基础上，适当增加补贴，具体标准和办法由市、县人民政府确定，所需资金由市、县负担。目前，A 省城乡居民基础养老金最低标准为每人每月 110 元。各地可根据当地实际，适当提高本地区基础养老金标准，基础养老金提高部分由各地财政负担。

表 8 - 3　A 省缴费补贴情况

单位：元

缴费档次	缴费标准	政府补贴
一档	200	40
二档	300	50
三档	400	60
四档	500	70
五档	600	80
六档	700	90
七档	800	100
八档	900	110
九档	1000	120
十档	1500	150
十一档	2000	200
十二档	3000	200
十三档	4000	200
十四档	5000	200
十五档	6000	200

资料来源：根据 2022 年 A 省《城乡居民基本养老保险缴费档次及政府补贴标准》整理所得。

大多数老年人由于经济原因选择较低档次的缴费，每个月仅能领取很少的养老金；一些有退休工资的老年人由于在职时缴纳的社会保险费不多，退休后所能领取的养老金数额也有限，生活较为拮据。总体而言，老年人所获得的基本养老金水平较低。村庄老人家庭情况大致可以分为三种。第一种，拥有土地并且双方或一方拥有稳定工作的老人，退休后既可以靠种地获得一份收入，又可以领取退休金，经济状况稍好。第二种，只有土地的老人，每年会获得一笔固定的收入。第三种，家里没有土地且没有工作收入的老人。在 C 村，大多数农民都和企业达成协议，在企业购买种子自行耕种，最后由企业回收各种作物。但随着多年重复耕种以及对农作物选择不当，村民没有科学的种植经验，耕种收成和农作物品质不如以往，靠种地所获得的收益有限。在附近村庄，无论老人是否有养老金，大多数老人仍然靠子女赡养。

根据村干部的介绍，C 村所处街道每年外出务工人员达 3 万余人，有许多空巢老人。在精神方面，一方面，儿女由于工作原因很少返乡，老人缺少家人的慰藉；另一方面，许多老人的子女学历并不高，在外务工所能获得的收入并不能给予老人较多的生活补贴，许多仍有自理能力的老人会选择继续工作。笔者了解到，若是男性，一般会在工程队打零工，比如附近正在修建国道，许多人会去做帮工，赚取工资；一部分会一些手艺的，可以选择帮人修理房子、修理电器等。如果是女性，大多会选择在农忙时去地里除草、耕地，或者去县城的酒店、饭店等打零工，有很少一部分人成为环卫工人。

（二）两个案呈现的共性

1. 农村经济发展相对落后，相对贫困问题仍存在

S 村与 C 村都属于中部地区的农村，当地经济来源主要是农业生产，农民收入普遍较低。如 S 村，村里土地都承包出去了，村民的土地租金收入一年最多也就是1000多元，显然难以支撑一个家庭的生活开支，因此，很多村民会选择外出打工，而老人留在村里，经济来源基本上只有地租和一年一两千元的养老金。C 村的经济情况会好一点，种地的收入一年大概有四五千元，但是也难以支撑生活支出，所以很多老人会选择进城打零工，只是打工收入也十分微薄。为打赢脱贫攻坚战，实现全面建成小康社会，国家制定了一系列政策帮助农村摆脱贫困。2021 年，我国脱贫攻坚取得全面胜利，农村全部脱贫，绝对贫

困得以消除，农民的生活状况也得到了很大改善。虽然绝对贫困得以消除，但是相对贫困仍然存在，贫困人口还存在返贫风险。

2. 空巢、留守老人占比高，生活照料和精神慰藉严重缺失

S 村与 C 村都属于不太发达的农村，经济发展水平不高，因此，村里的年轻人基本上都会选择进城打工，一年才回家一次，很多老人成为空巢老人。有的老人是子女经济状况不好，他们没有能力接老人进城同住；但更多的老人是自愿留在农村，不愿进城随子女居住，主要原因是老人语言不通、生活不习惯、不想增加子女的负担和对乡土的眷恋等。空巢老人独自在家中，与子女相距较远，所以子女对老人的生活照料和精神慰藉都十分不足。老人留守家中，身体有什么问题，也不能求助于子女。

3. 受传统观念及购买力不足双重影响，农村老人以居家养老为主

S 村与 C 村的老人选择机构养老的较少，在 S 村访谈的 11 位老人都是居家养老。而 C 村访谈的 14 位老人中，只有 2 人在机构养老，大部分老人都是选择居家养老。主要原因有以下两点：一是农村老人思想观念保守，认为"哪里都不如家里好"，更愿意在家里养老，并且对机构养老存在一定偏见，认为在机构养老是子女不孝顺的体现；二是由于农村经济发展落后，农民收入水平不高，对养老服务的购买力不足。通过访谈了解到，老人们认为养老院收费高，家庭难以负担。

4. 农村基本养老服务有限，普惠化养老服务存在缺口

S 村与 C 村，政府供给的基本养老服务有限。S 村只有一家敬老院，负责"五保"老人的供养。除此以外，S 村还有类似于"农村幸福院"的颐养之家。根据村干部的介绍，每个村都有一个颐养之家。颐养之家可以为村里的老人提供日间照料和免费的一日三餐。按照规定颐养之家是由县财政拨款和乡里自筹费用共同举办，但是由于县财政资金不到位，村里资金十分有限，颐养之家项目并没有建好。C 村的情况大致相同，除了一个公办民营的老年公寓负责"五保"老人的养老，政府部门没有提供其他的养老服务。可见，不论是 S 村还是 C 村，政府部门能够提供给农村老人的养老支持只是针对"五保户"，基

本上没有提供其他的养老服务。

5. 城乡居民养老保险参保率高与缴费档次低形成鲜明对比

通过访谈了解到，受访者基本上都参加了城乡居民养老保险。根据村干部介绍，村民们虽然大部分参加养老保险，但整体缴费档次低。一方面，村民经济状况较差，购买力有限，无力承担高层次的养老保险缴费。另一方面，对于"多缴多得"的政策宣传不到位，村民不了解，因而与城市居民相比，村民更注重眼前的收入，对以后的养老收入考虑得不多。

6. 社会力量在农村养老服务供给中处于"被动"或"缺位"状态

调查发现，S村与C村分别有1家养老机构，S村的养老机构是公办敬老院，C村的养老机构是公办民营老年公寓。除此之外，两个村庄都没有其他社会力量举办的养老设施。社会力量在农村养老服务供给中处于"被动"或"缺位"状态，参与程度有待提高。与城市相比，农村养老服务供给中缺乏社会力量参与的身影。

（三）两个案析出的异质性

1. 对社会化养老方式的偏好不同

C村表现为受到传统文化的影响，希望与子女同住。S村表现为对养老服务质量的担忧。当在访谈中被问到对养老院的看法时，C村村民对去养老院养老比较排斥，认为只有无儿无女或者子女不孝顺的人才去养老院，老人大多选择避而不谈，或者是持比较排斥的态度。S村村民对养老院的看法则是认为养老院的服务质量不好，没有家里住得舒服，所以不愿意去养老院养老。有的老人说亲朋好友有的住过养老院，反馈不是很好，因此对养老院抱有一些偏见，认为所有的养老院服务质量都不好，住着会不舒服、不开心。

> （对养老院）没有听过，也不考虑去（受访者15，C村老人，女，78岁）

知道，但我不会去的，有儿有女在家养老。（受访者20，C村老人，男，68岁）

有儿有女在家养老，我不去养老院，养老院又不自由，没准还要看别人脸色，不可能去养老院的。（受访者14，C村老人，男，69岁）

养老院，那得交钱吧？要好多钱吧，起码得五六百（元），贵的还要一千多（元）。我是不去，我就在家里。我自己能做得了饭，在家里吃了饭去街上玩玩，去邻居家讲讲话，日子过得多舒服。养老院我是不愿意去，我现在自己在家里过得挺好的，就是病了没办法，去医院要人照顾我。以后老了照顾不了自己，躺在床上起不来，要人伺候我吃穿，伺候我方便，去养老院也不行……我要是在养老院，别人给我换尿布、给我喂饭，哪个有耐心哦？谁知道会不会说我、骂我。管不了我自己，也不去养老院；管得了自己，那就更不去养老院。咱们村上的梅奶奶以前在养老院工作，她说养老院没那么好。（受访者5，S村老人，女，84岁）

养老院我不愿意去，在乡下住得多自由，想去哪里就去哪里，屋前屋后都是认识的人，平时一起说说话聊聊天。除非是那些管不了自己的人，那就没办法，子女要上班，得有人照顾他们。自己能照顾自己的，在家里住着自由自在，没人管你，多好啊。我们村也有老人，子女都在外工作，她自己照顾不了自己，子女就把她送到了县城的养老院。村里的老人结伴去看她，她跟我们哭诉说在养老院过得不好。如果家里人经常去看望你，养老院的工作人员就对你好一点，如果家里人看望得少，养老院的工作人员都不怎么管你的。之前我们村有两个人住在县城的养老院，后面其中一个老人不愿意在养老院住了，就跟着儿子去外地了。（受访者11，S村老人，女，66岁）

2. 地区经济发展水平决定购买力，并在一定程度上直接影响对社会化养老服务的需求

S 村与 C 村虽然都属于农村，但是经济状况略有差异。总体来看，C 村经济状况更好。首先，土地收入方面。S 村农民只有每年 1000 多元的土地租金，而 C 村农民依托土地获得的收入每年约 5000 元。其次，工作机会方面，S 村离市区比较远，县城工作机会也不多，所以 S 村的村民只能在当地的茶山或者种田企业打小工，这种工作具有季节性，工作不稳定，因此，收入不稳定且偏低。C 村离市区比较近，村民在农闲时可以去市区工作。工作相比 S 村村民打小工来说稳定，收入也较高。最后，在养老服务需求上，整体来看，C 村老人表现出对社会化养老方式的渴望，S 村老人表现出对社会化养老方式的排斥。

3. 政府供给养老服务的政策执行存在偏差

S 村颐养之家由当地政府民政部门和乡里共同出资创办，旨在为老年人提供基本生活照料和一日三餐。几年前，S 村创办过颐养之家，并为附近老人提供免费一日三餐，但是这个项目由最开始的免费逐渐转向收费，费用从最开始的 3 元/顿涨到 8 元/顿。随着颐养之家收费增加，去吃饭的老人数量不断减少。再加上疫情期间禁止共同用餐，颐养之家项目发展搁置不前。归根到底，还是资金有限，老年人自付能力不足。而 C 村没有类似于幸福院的项目。由此可知，S 村和 C 村的当地政府对农村养老服务政策落地执行存在偏差。

4. 社会力量供给养老服务的实然状态存在差异

C 村有一家公办民营的老年公寓，除了供养"五保"老人以外，其他想住养老院的老人可以自付费用入住。但 S 村只有一家公办敬老院，负责收住"五保"老人，不接待其他的老人，并没有社会力量举办的养老机构，老人想住养老院只能去比较远的县城。

村里是有颐养之家这个项目的，类似于幸福院。建设的初衷是要给老人一个休闲娱乐的场所，还要给老人提供餐食，提供一些基本的日常照料。这个项目本来县里民政局和乡里都得出钱，

但是县里没钱支持我们，乡里的资金也很有限，光靠乡里也不行。最主要的就是资金问题，没有财政拨款，巧妇也难为无米之炊啊。本来在乡下场所、人员成本都很低，这些都很好搞定，只要有钱，但问题就是没钱。（C村村干部）

（四）基于个案的农村养老服务供给模式

1. 社会力量缺失型

社会力量缺失型，以公办养老机构为主要形式，通常由政府出资管理。目标群体主要是"五保"老人、特困或残疾老人等，入住的老人不需要交任何费用，老人的吃住费用、照护费用等都由民政部门拨款覆盖。敬老院的作用是对农村特困老年人进行集中供养，体现了政府对老年人养老服务的兜底保障，属于基本养老服务的核心内容，具有公益性、福利性和救济性特点。这一类型的养老机构由乡里派专人管理，基础设施和服务质量都偏低，并且管理体制僵化，政策层层落实不到位，老人们的多样化需求难以真正得到回应。养老机构完全依靠地方政府财政拨款，政府负担很重，并且地方政府财力有限，能提供的养老服务也是最基本的兜底保障。通过与村干部的访谈得知，地方政府期待公办养老机构有社会力量的加入，减轻地方财政负担，提高养老机构的服务水平和服务质量。

农村公办养老机构只接收"五保"老人等，不面向社会。然而在农村地区，大量年轻人外出打工导致农村有大量留守、空巢老人。有一部分老人年事已高，自理困难，子女也不放心老人独自居住，希望将老人送到养老院，因而这部分老人的子女也希望有社会性质的养老机构。

2. 社会力量被动型

社会力量被动型，以民非机构为主要形式。这一类型的养老机构属于公办民营类型，政府通过公开招标，将公办敬老院承包给私人经营。服务对象以"五保"老人为主，另一部分是社会上的老人，以高龄老人、失能和半失能老人为主，能够满足老年人的基本生活需求，以福利化和市场微利化的发展方向为指导，通常收费标准为每人每月1400～2200元①。"五保"老人由政府集中供养，医疗费用由政府负责。这一类养老机构，通常情况下资金和人员配置有限，基础设施较为一般，处于亏损或收入刚刚能够维持运营的状态。机构面向农村子女无法照料的高龄老年人、失能老年人的收费相对较低，可提供日常生活照料，依靠政府补贴和个人缴费维持机构的日常运营。但在该模式下，社会力量由于政策等原因缺乏完善养老服务的动力机制，政府购买服务也不规范。

三 社会力量参与农村养老服务供给面临的困境及其集中体现

（一）社会力量缺失型模式及其面临的困境

社会力量缺失型模式，以公办养老机构为主要形式，通常由政府出资管理。公办养老机构是指各级地方政府和村集体投资建设的，为困难、弱势或其他政府供养老年人提供集中居住、日常生活照料、基本医疗保健、康复护理、心理慰藉、休闲文化娱乐等服务的老年人服务组织，其服务具有明显的公益性、福利性和救济性特点（王莉莉，2019）。在城市，"三无"老人养老的机构是社会福利院，在农村，"五保"老人养老的机构是乡镇敬老院。

随着我国人口老龄化的快速发展和家庭结构的变迁，老年人口数量不断增加，家庭规模越来越小，家庭养老功能逐渐弱化，养老和照护需求变得越来越普遍，养老服务社会化已经成为重要的发展思路。

2013年9月，国务院印发了《关于加快发展养老服务业的若干意见》，明确提出要开展公办养老机构改革试点；同年12月，民政部下发了《关于开展公办养老机构改革试点工作的通知》，正式开启了我国

---

① 收费标准由访谈者与养老机构工作人员访谈得知。

公办养老机构转制的步伐。从 2017 年开始，X 省陆续发布了《X 省人民政府办公厅关于全面放开养老服务市场的实施意见》《X 省养老服务设施公建民营暂行办法》《X 省"十四五"养老规划》，在这些文件中都对公办养老机构改革进行了规划，要求在养老服务领域深化"放管服"改革，通过落实土地、财政和人才支持等政策，鼓励社会力量通过独资、合资、合作、联营、参股、租赁等方式，参与公办养老机构改革。目的就在于全面放开养老服务市场，激发 X 省养老服务领域发展活力，规范养老服务设施公建民营行为，进一步推进医养结合和养老服务业高质量发展。

虽然 X 省在养老服务领域发布了一系列政策来促进社会力量参与和公办养老机构改革，但是研究者在 S 村实地调研发现 S 村的公办养老机构和民众都期待社会力量，现实是没有社会力量愿意在农村投资，政府公办养老机构转型也无法获得成功。主要原因有以下几点。

1. 农村居民收入偏低，支付能力有限

相比城市，农村经济发展水平不高，村民的收入更低，而且大部分农村老人参加的是城乡居民养老保险，而非城镇职工养老保险，获得的养老金较少，与城镇职工相比存在很大差距。对于农村的老人而言，一个月几千元的养老机构收费会给他们造成很大负担，大部分老人无力承担。由于农村老人支付能力有限，社会力量要参与农村养老服务供给，首先在定价方面就不能过高，但是这样参与养老服务供给的利润就会比较低，因而农村养老服务市场对社会力量的吸引力就远不如城市。

　　养老院那是自费的吧，一个月最少要一千多（元），多的要两三千（元）。我们进不了，没办法，没钱啊。如果国家有补贴，国家给我们补贴一半，养老院离得也近，伙食、住宿条件都可以，我们住得自由，我就愿意去。（受访者 6，S 村老人，女，74 岁）

　　养老院我知道城里有，我们乡下没有。住养老院要交钱吧，一个月交一千（元），一年就得一万二（一万两千元），两个老人得两万多（元）。城里的老年人退休工资高，住得起养老院，我们这些农村的老年人，一年的养老钱也就不到三千块，哪里负担得起啊。（受访者10，S村老人，女，78岁）

2. 老年人及其家庭对社会化养老模式的认知有限且意愿不高

受到传统观念的影响，农村老年人更加认可家庭养老和"养儿防老"，调研也证明，老人更愿意住在自己家里。有些老人认为自己可以自理，就不会选择机构养老，只有无法自理，才会考虑机构养老。有些老人认为养老院是无儿无女的老人才去住的地方，抱着"绝对不去"的想法，对养老机构不会主动关注和了解。并且由于对养老机构的了解不足，很多老人对养老院的认知存在一定偏差，认为机构养老代表没有自由，甚至在养老院可能会被虐待。因此，村民对于机构养老的意愿不高，不愿意到养老机构养老，公办养老机构也就难以吸引到民间资本的参与，从而进行转型。

反正我不去养老院，我现在自己可以照顾自己，在自己家住多好，以后要是老了实在没办法再说。（受访者3，S村老人，女，60岁）

要是有养老院肯定好了，我大儿子大儿媳不管我，小儿媳在外面打工，也指望不上她照顾我，老了怎么办？敬老院我去不了，要是有养老院，等我孙子大了，都出去工作了，我一个老年人自己照顾不了自己，就去养老院啊。一个月交点钱也可以，就是不能太贵了，太贵了我们农村人负担不起。（受访者1，S村老人，女，68岁）

我在家里住着挺好的，有这么多孩子，他们都愿意照顾我，住养老院哪里有家里住得舒服。如果是那些没有儿女或者儿女出

去打工的，老人在家没人管的，可能就愿意去住养老院。（受访者10，S村老年人，女，78岁）

3. 乡镇敬老院基础设施条件有限

S村的乡镇敬老院地理位置偏远，交通不便利，离公路比较远，没有公共交通工具直达，需要开私家车才能到达，社会老人入住非常不方便。敬老院周边配套设施也不够完善，离镇上的医院非常远，附近只有一家私人诊所，医疗资源有限。由于敬老院地理位置偏僻，离居民点比较远，辐射人口有限。再加上设施比较简陋，只能满足最基本的居住需求，老人的房间没有取暖和制冷的设备，也没有任何文化娱乐设施。敬老院占地面积不大，活动空间只有一个小小的院子。敬老院基础设施条件有限，在吸引民间投资方面优势不大。而且我国公办养老机构大都属于公益性的事业单位，长期以来实行的是计划性的管理体制和运行机制，以经营性服务为主的公办养老机构较少，直接转制成为企业的条件不足。

4. 社会力量对农村养老服务供给存在"落地担忧"

敬老院可以通过公建民营方式，也可以通过向社会力量购买服务来增加养老服务的供给主体，提高服务质量和服务效率。但是研究者通过对敬老院管理者的访谈和搜索当地民政部门相关资料发现，两个村庄所在县并没有专业化的团队承接政府服务，敬老院只能自己提供养老服务，也无法实现政府服务的外包，农村养老服务供给无法落地。

（二）社会力量被动型模式及其面临的困境

社会力量被动型模式，以民非机构为主要形式。通常由政府公开招标，将公办养老机构承包给私人经营，属于公办民营型养老机构，具有福利化与市场微利化的特征。服务对象主要为五保户以及社会上收容的老人，收费相对较低，日常运营的资金来源于政府补贴和个人缴费。这类养老服务供给模式主要面临以下问题。

1. 政府补贴有限，专项资金补贴与城市存在差距

老年公寓资金有限，政府补贴主要是根据老年公寓供养的"五保"

老人数量提供一笔费用，对其他社会入住老人则没有补贴，即只承接政府转移补助。相比之下，政府对社会资本办城市养老机构的政策补贴有一次性建设资金补助、床位运营补助、承接政府转移补助和其他专项补贴等。如山东省明确规定对山东各地市每新建、扩建和利用自有房产建设一张床位补助8000元，租赁房屋改建床位补助3000元。此外，还有养老机构运营奖补项目，对符合运营时长条件的养老机构，根据收住的中度、重度失能老年人数量及入住时间进行奖补，按照每人每年2400元、3600元（不满一年的每人每月200元、300元）的标准给予补贴。[①]哈尔滨市对市区社会办养老机构提供建设补助、运营补助和供养补助。对新建、自有房产改建或购买场所开办的养老服务机构，按相关规定经有关部门验收合格并取得合法从业资格，床位在10～500张的社会办非营利性养老服务机构，每张床位给予10000元（含省补贴2000元）的一次性建设补助；利用租赁房产（租用期限5年以上）开办的养老服务机构，每张床位给予6000元（含省补贴2000元）的一次性补助。此外，还有运营补助，依据养老服务机构入住老人台账等相关资料，按每月实际入住老人数量每人每床给予100元运营补助（含省补贴50元）。[②]

2. 护理人员存在数量和质量不足的双重缺失

农村养老机构虽放宽了对护理人员年龄和资质的限制，但招工仍然较为困难。C村老年公寓目前入住的52位老人中有10～20位老人能够自理，剩下的为半失能、失能老人，需要护工照护，护工和有照护需求的老人比例约为1:5。需要护理的老人一般年纪较大，尤其是失能失智老人对护工的专业能力要求较高，护理难度大，且护理工作又脏又累，护理人员的工作强度高，因此护理人员招聘困难，来应聘的

---

① 《山东省省级养老服务专项资金补助项目实施方案》，山东省人民政府，http://www.shandong.gov.cn/art/2023/2/2/art_305247_10335009.htm，最后访问日期：2023年9月12日。

② 《哈尔滨市加快推进养老服务业发展实施意见的实施细则》，哈尔滨市人民政府，http://www.harbin.gov.cn/art/2022/8/30/art_29760_1289301.html，最后访问日期：2023年9月12日。

护工多为 60 岁及以上的退休老人。

> 一共有 100 个床位，现在入住 52 人，其中 30 个左右的老人不能自理。工作人员基本 60 多岁，咱们毕竟是农村敬老院，不太好招年轻的社工，基本上合适就行。有的有护工证，有的没有，七个工作人员里面，三个有证。招工难，不愿意干，比较脏和累，很少有人愿意过来。护工工资一般是 3500～5000（元），很少有低于 3000（元）的。招工困难，从过年开始来过几个人，但是都不合适，到现在也没有招聘到新的工作人员。（C 村老年公寓负责人）

3. 老年人对社会化养老服务认知有限，接受度不高

老年公寓的入住率仅有一半，存在大量空置床位。一方面，养老公寓地处 C 村，并未在几个乡镇必经的道路旁边，许多人并不清楚附近存在这样一所养老机构。另一方面，宣传有限。养老公寓自身缺乏宣传，大量老年人不知道、不了解，C 村也没有采取宣传措施。老年人不知道所在乡镇拥有养老机构，遑论入住养老机构了。此外，在老年人的印象中，养老机构费用较高，服务质量也难以保证，老年人负担不起或不愿意支出一笔额外费用，并且担忧在养老机构住得不舒心，因此不愿入住机构。对于社会养老宣传不足，老年人难以转变观念，无法认识到社会养老的优势。

（三）社会力量参与农村养老服务供给存在障碍的集中体现

1. 农村经济发展相对落后，养老服务水平不高

C 村和 S 村村民依靠土地每年能够获取一定收入，但远不足以支撑日常生活和养老所需，并且还有许多老人的子女收入并不高，老人在供养自己的同时需要补贴子女或照料孙辈。在达到退休年龄以后，大多数身体尚且健康的老人不仅要种地，还需要打零工以维持生计。当地农村所需零工较少，许多人选择到县城打零工。打零工所能获取

的收入有限，村里的老年人经济相对城市老年人拮据。因此，农村养老存在一些问题。一是农村的医疗条件有限，村卫生室工作人员较少，乡镇卫生院医疗水平较低，老年人大多数选择到县城就医。农村现有设施较为落后不能为老人养老、医疗提供基本支持，也不能与社会力量所提供服务形成配套。二是针对老年人的娱乐设施不完善。即使老人想丰富晚年生活，也没有丰富的娱乐休闲设施和娱乐活动。养老机构的娱乐设施只针对机构内老人，机构内老人年龄、身体条件限制不能使用设施而使设施处于闲置状态。与之相对的，居家养老只限于邻里聊天，无法获得其他娱乐服务。三是消费水平不高，老人在日常开销和买药看病之外，微薄的收入难以支撑老年人选择机构养老服务。

> 村民收入来源主要是外出打工，小部分在县里工作。（60 岁老人依靠种地获得收入，丰收时用机器收割用时较短；平时出去打零工）（C 村村干部）

> 我今年 60 岁，跟老伴和儿子一起住。养老方式就是在家养老，养老靠自己，我们农村又没有什么养老院，当然就是靠自己了。老年金一个月一百三十块钱左右，一年一千多（元），这点钱买米都不够。健康状况就是手脚不方便，其他问题没有。年轻的时候怀不上孕，吃了很多草药调理身体，结果都没用，还因为吃了太多药，手脚变形了，有一个残疾证。前几年把老屋子拆掉了，修了一个三层楼的新房子，准备给儿子娶媳妇的。儿子还没结婚，现在是和儿子一起住，儿子 26 岁，没有娶媳妇也没有出去打工，平时帮我和老伴干干活。收入来源除了老年金和一年一千多（元）的土地租金，就没别的了。（受访者 3，S 村老人，女，60 岁）

2. 社会力量在农村养老服务的供给中介入有限

在农村仍然以传统的家庭养老方式为主，老人主要依靠自己的子女供养。C 村所属乡镇有近 7 万人。在 C 村建有一所公办民营的老年公寓，设有 100 个床位，目前有 52 位老人入住，入住率约占 50%。S 村仅有一所公办的敬老院，所属街道上一共有三个乡，都没有社会力量介入养老服务供给。上述所提到的养老机构，一般是"五保"老人入住其中。农村在提供养老服务过程中社会力量介入有限，服务范围无法辐射更多农村老年人。在对 C 村和 S 村养老机构进行调查时发现，养老机构内空间相对狭小，实施封闭式管理，老年人活动范围有限，基本能满足老年人日常生活需求，但难以建设更先进的基础设施和提供更高质量的服务。

3. 政府对社会力量的专项补贴不足

针对农村高龄老人的专项津贴只面向 80 岁及以上群体。如果村民没有缴纳城乡居民基本养老保险，政府会为老人每月发放 137 元的补贴。但政府的补贴难以满足老年人的养老需求。通过对 C 村老年公寓的调研得知，国家集中供养"五保"老人，负责"五保"老人的全部医疗费用。除此之外，对老年公寓入住的老人没有额外补贴。乡镇/街道会不定期捐赠一些米面粮油等日常生活物资，但缺乏资金支持。老年公寓被承包时经过整修，房屋水电和室内设施由老板个人出资。自承包后，老年公寓就一直处于亏损状态，直到 2021 年才略有盈余，能够维持基本运转。S 村没有有社会力量介入的养老机构。当地政府对于农村养老服务项目下拨的资金有限，社会力量介入农村养老服务供给缺乏经济激励和补贴支持。

　　国家为没有缴纳社会保险的老人提供补贴，每月 137 元。2012 年以后个人缴纳城乡居民养老保险的村民……养老金比没有缴纳的老人高。国家发放高龄补贴（80 周岁及以上），补贴直接到账，社区 20~30 户可以享受低保。（C 村村干部）

　　我们是私人办的营利性质的养老护理中心，集养老和护理于一体。我们的养老院有二十多名医护人员。属于营利性质的养老院，但是并没有盈利。我们养老院主要是照顾患有阿尔茨海默病的老人，一个护工照顾两三个老人，一个老人一个月出的钱也不多，两千多块，我们一个护工的工资一个月就要两三千块，还有其他的餐饮成本、电费、场地成本这些七七八八的费用，基本上是亏本的。

2018 年承包这个项目，老年公寓一直是亏损状态，2021 年才开始盈利，没有赚到什么钱，但是能支撑下去。（C 村老年公寓负责人）

4. 城乡居民养老保险参保率高与缴费档次低形成鲜明对比

C 村和 S 村的村民大多数需要自己缴纳城乡居民基本养老保险（许多在县城长期打工的村民也没有人为其缴纳），少数老人为正式单位员工，在退休后可以领取退休金。根据两个村庄所在省份缴纳养老保险的规定，C 村最低缴费档次为 200 元／（人·年），S 村最低缴费档次为 300 元／（人·年），缴费标准逐步提升。由于农村居民养老意识较薄弱，经济状况较差，居民缴纳城乡基本养老保险时间较晚，并且无力承担较高的保险费用，农村老人一般选择较低档次的缴费标准。城乡居民基本养老保险由政府补贴和个人缴费构成。在实践过程中，受到当地经济发展水平的制约，政府补贴、集体补助具有一定限度，加之个人缴费水平较低，当地农村老人每年仅获得 1000 多元的养老金，保障水平较低。

5. 农村居民对社会化养老服务认知有限

大多数村民没有听说过"社会力量"的概念，村干部也对其了解不深。在提及本地养老机构时，C 村少部分老人不知道其存在，S 村老人对公办敬老院较为了解，但存在误解。受到传统观念的影响，农村老人更加认可家庭养老，不了解养老机构的价格、服务质量等详情，只认为养老院是无儿无女的老人才去住的地方，对养老机构不会主动关注和了解，并且认为在养老机构养老代表失去自由。因此，村民对于社会化养老大多具有抵触心理。

　　我们有个老伙伴，孩子在外地工作照顾不了她就把她送到县城的养老院里，我们去看她的时候说在养老院过得不好，家里人要是不怎么来看你，那儿的护工都不怎么管你的。所以我不愿意去养老院，就在家住着挺好。（受访者11，S村老年人，女，66岁）

6. 外在养老支持有限，养老服务供给与城市存在差距

　　在对农村老年人的调查中发现，老年人多依靠自己或子女养老，未得到来自其他主体的养老支持。从资金和物资上看，调研村庄所在的乡镇/街道会收到一些捐赠给村里贫困户的物资，但对村里老人没有额外的帮扶。从养老服务提供上看，农村社区养老可提供打扫卫生、陪伴老人等基本日常服务，但由于补贴有限，社会力量没有参与服务的动力与激励。与城市相比，农村养老服务供给内容的多样性与供给主体的合作性还有待进一步提升。

第九章　经验借鉴：典型国家及我国部分地区养老服务供给的实践与经验

多元社会主体参与养老服务供给开创了政府治理的新局面，提高了养老服务的社会化水平，为积极应对人口老龄化提供了新思路、新方法。典型国家和我国部分地区养老服务供给侧改革的时间较早，已经形成较为完善的政策体系和服务供给流程，社会力量在其中发挥着重要的作用。1979 年，撒切尔夫人执政时期，英国养老保险系统尝试私有化改革，由公共部门和私营部门共同提供养老服务。2004 年，宁波市海曙区政府购买居家养老服务，率先开展社会力量参与养老服务供给侧改革（高丽莎、张伟，2008）。2015 年，上海市金山区颐和苑项目正式运营，颐和苑养老服务中心是上海市规模较大的非营利养老院，成为政企合作的典型养老项目；2010 年，泰康之家成立并开始布局国内养老社区，提供高标准养老服务；2008 年，邯郸市肥乡区前屯村首次建设农村幸福院，后被在全省推广，成为农村互助养老的新模式。审视当前社会力量参与养老服务供给面临的困境，探寻典型国家和我国部分地区养老服务供给的发展脉络和运行机制，为我国当前养老服务供给提供经验借鉴，防范风险，促进养老服务更高质量发展与完善。

一　典型国家及我国部分地区养老服务供给实践与研究框架契合度

英国是最早进行养老服务改革的国家之一，是西方发达国家中社会力量参与养老服务供给的典型代表。英国已经建立起完善的法律法规体系和购买流程，在社会力量参与养老服务供给方面经验丰富，具有借鉴意义。在我国城市养老服务供给的案例选择中，宁波市海曙区是我国政府购买居家养老服务较为成功的地区。在试点过程中，海曙区政府主导、非营利组织运作、社区落实，撬动社会资源参与居家养老服务供给，整合机构、社区和家庭三方资源，以较低的成本满足老年人的基本养老需求，与社会力量嵌入型养老服务模式相契合。上海市颐和苑养老服务中心是上海市规模较大的非营利性养老机构，颐和苑项目定位精准，采用 CCRC（养老生活区）养老服务模式，目标群体为中等收入老年人，解决养老服务中端市场供给匮乏的问题，与社会力量瞄准型养老服务模式相契合；泰康之家楚园作为典型的高端养老服务社区，走"连锁化、品牌化"的发展道路，收费较高，以个性化定制满足老年人高端的养老需求，与社会力量偏好型养老服务模式相契合。在农村养老服务供给中，河北省邯郸市肥乡区是农村互助养老的典型试点区域，老人在农村幸福院内通过互助实现自我管理、自我服务，盘活农村老年人力资源、发动社会志愿力量参与，为社会力量参与农村养老服务供给提供了典型经验，与社会力量被动型养老服务模式相契合（见表 9 – 1）。

表 9 – 1　典型国家与我国部分地区养老服务供给实践与研究框架契合度

典型国家和 我国部分地区	养老服务模式	模式特征	契合框架
英国	多元供给模式	开始时间早、多元主体参与、完善的法律法规与购买流程	国际经验
宁波市海曙区	多元供给模式	政府主导、非营利组织运作、社区落实居家养老服务	社会力量嵌入型
上海市颐和苑	社会供给模式	非营利组织运营，注重医养结合，满足中端老年人需求	社会力量瞄准型
武汉市泰康 之家楚园	高端净值市场 供给模式	高端养老服务社区，满足个性化养老需求	社会力量偏好型
邯郸市肥乡区	多元供给模式	老年人自我管理、自我服务	社会力量被动型

资料来源：作者整理。

二　英国养老服务供给实践

（一）英国养老服务供给的主体结构

1. 养老服务供给主体

在英国，社会力量广泛参与养老服务供给。英国的社会组织历史悠久，包括慈善机构、志愿组织、基于社区的团体、社会企业等（王浦劬、郝秋笛，2016）。早在公元 55 年，英国就已经出现有组织的志愿活动，如友谊会。目前，英国社会组织提供的服务涵盖社会的方方面面，包括教育、医疗、住房、公共卫生、环境、养老等服务。在养老服务方面，社会组织所提供的养老服务的内容侧重点不同，分别满足老年人基本生活需要、缓解老年人孤独感和为老年人提供专业医疗护理等。此外，私人营利机构亦在英国养老服务供给中占据重要地位。以布莱顿－霍夫市为例，大多数地方养老服务都是由私人营利机构提供的，约80%的定制服务来自营利性供应商（王浦劬、郝秋笛，2016）。

2. 养老服务供给模式

英国采用多元养老服务供给模式。英国政府在养老服务领域引入市场机制，将养老服务外包给社会力量。养老服务提供主体从"一元"转向"多元"，私营部门和志愿部门被明确设计为向国家提供服务的"替代选项"（王浦劬、郝秋笛，2016）。在服务供给过程中，英国政府注重宏观战略把控，发挥政府主导作用，制订购买计划和进行监督评估，非营利组织、私人营利性组织和社区等多元社会主体根据购买合同提供具体的养老服务，满足老年人多样化的需求，从而提高了服务供给的效率与质量。

3. 养老服务供给内容

英国根据老年人的现实状况和实际需求提供养老院、老年人公寓、日间照护、居家养老服务等形式的服务内容。目前，英国养老服务重点转向社区照顾，从基本的照料服务、送餐服务到医疗保健服务、精神慰藉服务一应俱全。英国政府购买养老服务遵循"以人为本"的政策，在 21 世纪初就出现了直接为个人提供的津贴，让老年人自主选择需要的养老服务；2010 年《开放的公共服务白皮书》明确提出服务供给的个性化和服务提供的多元化（杨洋、韩烨，2023）。

（二）英国养老服务供给的动力机制

新公共管理兴起后，国家重视发挥市场作用，倡导福利主体多元化，社会组织在政策引导下参与养老服务供给。一方面，非营利组织、志愿团体、私营组织等社会力量基于情怀动因参与养老服务供给，致力于解决英国部分养老问题，保障老年人的权益；另一方面，"银发产业"具有广阔的市场发展前景，吸引社会资本进入养老服务业，譬如英国著名的养老企业——南十字星养老集团 70% 的养老服务是由政府买单或资助的（杨洋、韩烨，2023）。此外，政府外包养老服务，制定完善的法律法规和财政制度，提供资源扶持，促进养老服务组织发展，提高其竞争能力。

（三）英国养老服务供给的运行机制

1. 供给决策机制

针对老年人照护领域，英国的《国民保健法》《国家老年服务框架》《全民健康与社区照顾法案》等法律法规对养老服务的内容、服务标准等做出了详细的规定。1998 年《英国政府和志愿及社会部门关系的协议》明确了政府及志愿组织各自对应的 5 项责任。英国政府在2006 年出台《公共合同法》和《公用事业机构合同法》，分别对政府和公用事业机构购买公共服务做出详细规定。2011 年，英国政府发布《开放的公共服务白皮书》，规定了购买公共服务的具体操作。英国政府通过法律法规不断划分政府与社会力量的边界，明确其在养老服务中的责任，进一步规范养老服务供给。

2. 供给筹资机制

在英国政府购买养老服务过程中，社会组织资金来源非常广泛。首先是政府财政占据重要地位。20 世纪 90 年代以来，英国社会组织得

到的资助总额中的 47% 来自政府；英国政府将每年博彩业收益的
16.7% 通过政府基金分配给慈善类社会组织，财政部为公益活动设立
专项资金（王浦劬、郝秋笛，2016）。2010 年实施"大社会"计划以
后，英国政府拿出 10 亿英镑培育社会组织来填补政府机构裁减之后的
养老服务空缺（张珍，2020）。英国 2015 年出台的《公共合同管理条
例》等政策文件对政府购买的流程和资金使用做出了详细的规定，并
且确立专项资金支持制度，确保"物有所值"（杨洋、韩烨，2023）。
此外，养老服务的资金还来源于慈善机构和个人、企业的捐赠，养老
行业协会与事业单位的支持。最后，社会组织拥有一定的税收收入，
老年人承担自我养老责任，私人付费也是社会组织的重要收入来源。

3. 供给监督机制

首先，英国对养老服务供给的监督管理遵循"具体、可量化、可
执行和及时"的原则。在合同的详细条款方面，对于核心绩效指标、预
期目标、服务流程、需求分析等参数做出了具体规定（张珍，2020）。其
次，在社会力量供给养老服务的过程中，鼓励对违反合同的行为进行
举报，合同中规定对举报者的保护条款，确保举报者在举报后不会受
到不良影响。再次，政府在向社会力量购买养老服务过程中每年会对
服务的承接者进行考核与评估，根据购买情况有所不同，在考核与评
估过程中所接受监督的对象也有所不同。最后，英国政府非常重视听
取消费者的意见，在正式公开招标之前，政府相关服务部门必须弄清
服务对象的真实需求，以此为依据制订购买计划和对社会力量提供服
务的质量与效果进行评估。英国政府建立了由公务员、专家学者、公
共服务生产者代表构成的特别工作组、顾问组和政策检查组（张珍，
2020），对政府购买养老服务提供咨询和反馈意见，民众成为公共服务
的重要评价者。

4. 供给激励机制

英国政府对社会组织所获得的捐款实施减税和收入所得税豁免以
实现税收激励，对于非营利组织，其用于慈善的资金皆给予优惠待遇。
英国出台法规对税收优惠政策做出明确规定，如 1988 年《所得税和公

司税法》和1992年《公益收益税收法》。与此同时，英国政府将养老服务购买的自主权下放到地方政府，增加地方政府的回应性。2011年《地方主义法》开始给予地方政府新的自由与灵活性，给予社区和个人新的权利（杨洋、韩烨，2023）。

三　我国城市养老服务供给实践

（一）宁波市海曙区养老服务供给实践

1. 宁波市海曙区养老服务供给的主体结构

（1）养老服务供给主体

①非营利组织承担实际服务供给

海曙区政府向海曙区星光敬老协会购买居家养老服务。海曙区星光敬老协会成立于2003年，是由政府牵头成立的非营利组织。海曙区将居家养老公益项目委托给海曙区星光敬老协会执行，即将社会化居家养老服务中心交与区敬老协会（总会）运作，服务中心分部交与街道的敬老协会分会运作，社区则以敬老协会名义在服务站开展具体服务（高丽莎、张伟，2008）。

②社会参与调动志愿资源

海曙区星光敬老协会建立居家养老义工服务模式，发挥互助养老的优势，充分整合与利用社区内的老年人资源。2005年3月，海曙区的义工开始上门为老人服务。2007年6月，海曙区成立"居家养老义工招募服务中心"，此服务中心为海曙区星光敬老协会的分支机构，也是全国首家区级"居家养老义工招募服务中心"，实行区、街道、社区三级网络互动运作的模式。星光敬老协会的志愿者等基本上由低龄老年人担任，通过"义工银行制度"实现互助养老。协会的志愿者为老年人提供服务，其服务质量、内容和时间会被协会记录存档，义工或志愿者本人在以后可获得由协会提供的免费养老服务。

③社区落实具体养老服务

社区负责具体落实居家养老服务，采用"两走"（"走进去"和

"走出来"）的服务方式。"走进去"主要针对高龄、独居的困难老人，在政府购买居家养老服务之后，社区派遣服务人员每天上门为老年人提供1小时服务，基本上解决海曙区高龄老人护理问题；"走出来"是指让大部分能够自理、行动方便的老年人，融入社区，享受社区的养老服务资源，扩展老年人的活动空间。

（2）养老服务供给模式

以社区为基础，政府扶持，非营利组织运作，社会广泛参与，宁波市海曙区政府购买居家养老服务属于典型的多元供给模式。不同的主体在养老服务供给中承担各自的责任，有效提高居家养老服务的供给效率和服务质量，满足老年人的养老需要。

（3）养老服务供给内容

海曙区购买居家养老服务满足老年人的基本生活需要。各社区根据本社区的老人和居家养老服务人员的情况开展上门结对服务，服务内容包括生活照料、医疗康复、精神慰藉等方面（高丽莎、张伟，2008）。具体内容依据老年人的实际情况确定，在制定过程中，听取老年人和工作人员的意见。如果老年人有其他服务需求也可以依靠志愿者、企业等其他参与主体提供服务，除政府购买的每天1小时服务外，不符合服务标准和需要额外服务的老年人都可以自费购买养老服务。居家养老服务付费方式分为有偿、无偿和低偿三种。

2. 宁波市海曙区养老服务供给的动力机制

海曙区购买居家养老服务是由政府主导的一场养老服务方式的变革。海曙区星光敬老协会成立于2003年，是专门从事养老服务的非营利组织。星光敬老协会具有一定的政府背景，致力于满足高龄、困难老年人养老需求，满足其照顾需求，不以营利为目的。部分企业基于仁爱之心可以认养、帮扶老人，减轻老人的养老负担。

3. 宁波市海曙区养老服务供给的运行机制

（1）供给决策机制

海曙区政府办公室在2004年出台第29号文件《关于海曙区社会化居家养老工作的指导性意见》，提出按照"政府扶持、非营利组织运作、社会参与"的工作思路，建立新型的社会化居家养老服务体系。海曙区政府后续相继出台了一系列政策文件，如2008年的《海曙区政府购买居家养老服务拓面方案》、2012年的《海曙区政府购买居家养老服务拓面实施细则》和2017年的《海曙区政府购买居家养老服务实施办法》等。宁波市海曙区政府成立居家养老工作领导小组，作为政府的领导机构，其主要职责是完善海曙区、街道、社区三级居家养老服务体系（高丽莎、张伟，2008）。政府负责制定政策、资金投入，具体管理工作如确定服务对象和内容、培训工作人员及服务监督与评估由星光敬老协会负责，社区负责派遣工作人员落实具体养老服务。

（2）供给筹资机制

海曙区政府从居家养老服务试点开始每年将购买居家养老服务列入财政预算，为居家养老服务提供长效资金保障。根据宁波市海曙区2021年政府预算执行情况，2021年海曙区社会保障和就业支出119177万元，其中居家养老服务专项资金4003万元。① 海曙区政府购买居家养老服务款项严格按照预算管理要求进行拨付，确保为居家养老的老年人提供高质量服务，满足老年人的养老需求。

（3）供给监督机制

居家养老服务质量的检查监督由星光敬老协会负责。星光敬老协会每天派遣工作人员到户检查养老服务情况，根据此次的评估结果确定下一次经费划拨额度，如果发现居家养老服务人员有服务不到位的情况，会在经费中相应扣除。

（4）供给激励机制

政府将购买居家养老服务的资金列入政府财政预算，为居家养老服务改革提供长效保障机制；对星光敬老协会提供资金和各种资源的扶持，将每年的财政预算用于星光敬老协会的日常经营运作，完善软

---

① 《关于海曙区2021年预算执行情况和2022年预算草案的报告》，宁波市海曙区人民政府，https://www.haishu.gov.cn/art/2022/2/14/art_1229511806_4320080.html，最后访问日期：2023年9月12日。

件和硬件设施，协助其举办老年大学等社会活动；政府投入大量资金建设居家养老服务中心，对其进行补贴，提高服务质量。与此同时，海曙区政府购买养老服务得到社会的广泛支持与认可，大量志愿者参与其中，社会也为其捐赠。

（二）上海市颐和苑养老服务供给实践

1. 上海市颐和苑养老服务供给的主体结构

（1）养老服务供给主体

上海颐和苑老年服务中心①由上海鸿越实业有限公司投资建设，为民非机构。颐和苑老年服务中心和丹麦最大的私人非营利性养老运营商 DDH 集团（Danish Deacon Homes，丹麦执事家园）合作，引入丹麦的养老服务理念和管理模式。在实际运营中，丹麦的工作人员担任养护院的院长，由 DDH 负责为颐和苑的工作人员进行培训，为老人配备生活管家，提供高水平的养老服务。

（2）养老服务供给模式

2015 年，上海颐和苑老年服务中心是上海市规模较大的非营利养老院机构，颐和苑由政府扶持，社会组织运营，在政府指导下确定养老服务价格。政府为颐和苑提供土地、税收等方面的支持，上海颐和苑老年服务中心负责具体投资和运营事宜，是典型的社会供给模式。

（3）养老服务供给内容

上海颐和苑老年服务中心致力于"普惠养老"，目标客户定位于中等收入的老人。该服务中心划分为养老院、养护区和护理院三大功能区域：养老院入住的是能够自理的健康老人，养护院②入住的是经过评估的失能老人。与此同时，上海颐和苑老年服务中心与上海三甲医院进行合

---

① 《关于上海颐和苑老年服务中心养护院床位费及护理费收费标准的批复》，上海市金山区人民政府，https://www.jinshan.gov.cn/fgw-ybwj/20200825/777244.html，最后访问日期：2023 年 9 月 12 日。

② 养护区和护理院共同构成养护院，养护区入住的是半失能失智老人，护理院入住的是全失能、失智老人。

作，定期开设专家门诊，为入住的老年人开设绿色通道。

颐和苑客户群体覆盖企业退休职工、退休教师、老干部等经济条件较好的老年群体，养老费用在其可承担的范围内。老年人可以选择两种付费方式：一是选择政府指导价格，交纳基础保证金和月费；二是缴纳更高的保证金，对基础月费进行减免。一期项目中，月费定价在5000元左右①，需要护理的老人根据护理等级交纳不同费用。颐和苑护理等级从轻到重分为6个，老年人护理等级基本上评估为二级到四级，护理费用1800～3500元／（人·月）②。在二期项目中，养老费用依据房型和服务进行调整。

2. 上海市颐和苑养老服务供给的动力机制

创始人经过调研了解到公办养老机构收费低，但"一床难求"，民办养老机构通常为高端机构，收费较高，大部分老年人难以负担。中端老年人群体庞大，养老需求缺口大。创始人瞄准中端老年人养老需求，决心投资养老院项目。颐和苑项目以民非机构的性质运营，主要是基于公益目的考量，出发点是为老年人提供更优质低价的养老服务，让老年人乐享晚年。

政府大力倡导社会力量投入养老服务供给，颐和苑项目正是对政府需求的回应。上海颐和苑老年服务中心注册管理机构为民政局，作为上海PPP（政府和社会资本合作模式，Public-Private Partnership，PPP模式）试点养老机构，获得了政府各方面资源的扶持，从而降低了机构的运营成本。

3. 上海市颐和苑养老服务供给的运行机制

（1）供给决策机制

《关于在公共服务领域推广政府和社会资本合作模式的指导意见》

---

① 《丹麦管理模式养老项目"颐和苑"10月底开放》，上海市金山区人民政府，https://www.jinshan.gov.cn/ywdt-zhxx/20200713/702378.html，最后访问日期：2023年9月12日。

② 《关于上海颐和苑老年服务中心养护院床位费及护理费收费标准的批复》，上海市金山区人民政府，https://www.jinshan.gov.cn/fgw-ybwj/20200825/777244.html，最后访问日期：2023年9月12日。

（国办发〔2015〕42 号）① 中明确提出："政府采取竞争性方式择优选择具有投资、运营管理能力的社会资本，双方按照平等协商原则订立合同，明确权责利关系，由社会资本提供服务，政府依据公共服务绩效评价结果向社会资本支付相应对价，保证社会资本获得收益。"上海市颐和苑老年服务中心负责建设、运营等具体事宜，政府提供政策扶持与对其进行监督。

（2）供给筹资机制

上海鸿越实业有限公司承担颐和苑老年服务中心的建设、运营资金，政府对其给予建设方面的补贴、税收等方面的优惠。上海颐和苑老年服务中心投资 1 亿多元，政府通过市、区两级床位建设资金一次补贴的形式投资了 3889 万元，相当于政府投入 30% 左右，剩下的约70% 由上海颐和苑老年服务中心投入（潘鸿雁，2016）。此外，颐和苑项目所占用土地为原来农用地转公共设施用地，一期为医疗卫生用地，同时租赁部分农田，颐和苑对于部分农业用地可以低租金租赁，因而降低了土地的成本。

（3）供给监督机制

颐和苑老年服务中心的设计、建设和运营监督环节由政府全程参与。在颐和苑养老服务中心运营前，民政部门对颐和苑项目的设计方案进行指导与审查，建设过程中进行监督、跟进；上海颐和苑老年服务中心以非营利机构形式运营，政府对颐和苑项目的资金投资、运算等重大资金变动情况进行监督，颐和苑项目所获得的收入全部用于老年服务中心自身建设，投资人不参与利润分配。在颐和苑项目实施后，政府对其收费标准、护理等级评估等具体事项进行监管。

（4）供给激励机制

颐和苑项目是金山区的重点养老项目，上海市及金山区政府为颐和苑提供建设、税收和水电气方面的优惠政策；对于项目核定的养老

---

① 《关于在公共服务领域推广政府和社会资本合作模式的指导意见》，中华人民共和国中央人民政府，http://www.gov.cn/zhengce/content/2015 – 05/22/content_9797.htm，最后访问日期：2023 年 9 月 12 日。

床位，每张床位政府建设补贴达数万元；政府免征企业所得税，并且在五年内不征收土地租金或收益差价。

（三）武汉市泰康之家楚园养老服务供给实践

1. 武汉市泰康之家楚园养老服务供给的主体结构

（1）养老服务供给主体

①泰康之家楚园承担主要服务供给

楚园是泰康之家在华中地区的武汉建立的首个高端养老社区，于 2020 年 7 月正式开放入住。楚园为每个客户提供"1＋N 照护"服务，即一个照护团队中包含 1 名主要负责人和 N 名照护成员，在主要负责人主导下其他照护团队成员辅助。泰康之家楚园的服务主要划分为三个方面：养老环境、医疗照护和文娱设施，其具体内容按照老年人的实际情况进行个性化设计。在服务供给之外，泰康之家楚园会辅以配套措施以优化服务体验，如：健康跟踪管理系统，通过先进的医疗技术、完善的医疗资源和经验丰富的照护人员对老年人进行长期健康管理；采用美国 GRS（Genesis Rehab Services，健瑞仕健康服务）长期照护服务治疗标准体系，为老人打造全方位的医养服务；养老社区区块化，根据不同标准将社区分为独立生活区、失能照护区、失智护理区，为老年人提供最接近自身状况的生活环境。泰康之家楚园遵循医疗服务高端化、康复照护个性化、保险养老多样化的服务理念，在不同服务内容、社区环境中满足客户全方位的需求。

②专业医疗机构增加养老服务供给

泰康之家楚园通过 PPP 模式，在政府提供土地支持的前提下，自建配套医疗机构，拥有专业的医疗护理团队。医疗机构向社会面提供高质量的公共产品或服务，政府保留部分产权，充分保证公共产品或服务的国有化，运营风险由政府和泰康之家楚园共同承担。

自建医疗机构自主决定是否添加医疗、养老设施，自行进行日常决策和维护运营，同时和泰康之家楚园养老社区对接，社区居民可以正常享受医保统筹支付待遇。自建医疗机构在充分保障楚园的医疗需求的同时，空余的医疗资源面向社会广大普通老年人提供价格合理、便捷的医疗服务，在减轻养老、医疗服务供给负担方面发挥了重要作用。

（2）武汉市泰康之家楚园养老服务供给模式

泰康之家楚园养老服务供给属于市场供给模式。楚园养老业务以泰康保险为中心，包括泰康之家楚园推出的一系列养老保险、长期护理保险等保险以及少部分保险理财产品。泰康之家楚园服务供给模式可以划分为两种——会员制和保单嵌入式。

①会员制

客户在入住养老社区时，需要缴纳押金和月费。其中押金包括入门费和乐泰财富卡（入住养老社区时根据房型缴纳的押金，可退回）。客户在一次性付清费用后可以获得相应的会员资质，享有永久免除房屋居住基本费用和月费的折扣。

②保单嵌入式

客户通过购买保费超过 200 万元的"泰康乐享新生活养老年金保险（分红型）"来获得入住资格（杨方方，2021），或者 60 周岁以下的投保人进行投保后，其父母能够获得优先入住资格，达到入住年龄后即可办理入住，根据房型和选择的服务支付月费。这种方式能够为投保人提供保险保障，通过每个月得到的规定金额养老费用来减轻居民的居住负担（刘牧樵，2018）。

上述两种模式不冲突，在购买保单后还可选择办理乐泰财富卡入会的方式获得月费折扣来减轻养老负担。在入住社区后，泰康之家楚园会提供具有高消费、高质量特征的服务以满足客户对高品质老年生活的需要，如个性化的医疗照护服务、文化养老导向的娱乐设施、全覆盖的适老化设计等内容。

（3）养老服务供给内容

武汉市泰康之家楚园提供的养老服务内容可以划分为三类——适老设计、个性化医疗服务、活力养老。

①适老设计

泰康之家楚园依据老年人的身心特点，在所有区域进行了专业化、适老化、人性化的细节设计，包括：中央空调系统和新风系统对室内空气进行三级净化；对社区内的饮用水进行二次净化处理；社区公共场所每隔 50 米左右会有座椅供老年人休息之用；所有区域均实现智能化，设置了全域无线网、报警装置，实现报警后 3 分钟内得到施救。

②个性化医疗服务

泰康之家楚园向老年人提供"1 + N 照护"，即照护团队中包含 1 名主要负责人和 N 名辅助人员。该服务向老年人提供全方位的个性化照护方案，实现全程照护。在此基础上，对失能、失智老年人提供特别服务：设计失能、失智老年人专属区域，为其安排特定康复活动，改善老年人身体机能；安排营养加餐保障营养均衡；通过慢性病管理系统监测老年人健康数据。

③活力养老

有中高端养老服务需求的人群，年龄集中在 55 ~ 75 岁，且学历水平较高。泰康之家楚园强调养老服务的高水准，使老年人融入社区，其理念契合这部分群体的精神文化需求。泰康之家楚园在院内开设乐泰学院，提供约 270 门精品课程以丰富老年人精神生活；建立俱乐部开展多种活动，实现不同老年人的价值追求；向老年人提供有针对性的运动健康管理服务，培养科学的运动习惯；由老年人自愿成立乐泰理事会，践行老年人自主生活的理念。

2. 武汉市泰康之家楚园养老服务供给的动力机制

（1）内在动力机制

泰康保险集团进军养老服务领域的一个核心动因是经济动因。随着我国经济不断发展，富裕老年人对高端养老服务的需求不断增加，高端、优质的养老服务市场前景广阔。泰康保险集团察觉到潜在的经济利益，依托保险产业瞄准高端客户群体和高端养老服务市场，将自身定位于高端养老。泰康保险集团将保险资金投资于养老产业，一方面能解决过去保险资金配置问题以拓宽公司投资渠道，另一方面养老社区长期稳定的收益能降低投资风险，通过长期经营达成良性循环，实现良好的经济效益。高端养老服务领域的广阔市场前景和盈利为泰康之家楚园的发展提供了重要契机。

（2）外在动力机制

政府的法律法规和政策是推动泰康之家楚园发展的重要外部动力机制。2009 年我国《保险法》修订，保险资金首次被允许用于不动产投资；2010 年《保险资金投资不动产暂行办法》出台，泰康保险等其他商业保险机构开始进入养老产业，在该政策引导下，同年泰康之家楚园成立；2013 年《关于加快发展养老服务业的若干意见》中指出，要促进保险服务和养老服务业融合发展；2019 年国家发改委印发的《加大力度推动社会领域公共服务补短板强弱项提质量的行动方案》指出，要完善医养结合的养老服务体系；2020 年国务院办公厅印发的《关于建立健全养老服务综合监管制度 促进养老服务高质量发展的意见》、2021 年《中共中央 国务院关于加强新时代老龄工作的意见》以及《"十四五"国家老龄事业发展和养老服务体系规划》均提出要规范机构养老，要求全国各地通过购买服务、鼓励社会投资等方式激励机构养老发展。2022 年国家卫健委发布《关于进一步推进医养结合发展的指导意见》，为新时期医养结合迈向高质量发展提供了重要指引。上述政策为泰康之家楚园解决了投资问题，降低了运营风险。因此，政府的政策支持在泰康之家楚园发展过程中作用巨大。

3. 武汉市泰康之家楚园养老服务供给的运行机制

（1）供给决策机制

随着我国社会主义市场经济体制改革不断深化，高端养老服务市场供给出现不足。2009 年《保险法》修订后允许保险资金进入养老服务市场，在政府的政策推动下，泰康之家楚园开始布局国内高端养老社区以满足高收入群体的养老需求，实现养老服务的供需平衡。政府和泰康之家楚园合作采取 PPP 模式，在政府提供土地特许权后，由泰康之家楚园建设养老社区并自主进行融资、经营等。

（2）供给筹资机制

泰康之家的筹资来源可分为公共资源和私有资源。一方面，泰康保险集团的保险资金是泰康之家资金的主要来源，庞大的现金流维持着养老社区的运营；另一方面，泰康之家向政府争取的各种优惠补贴，如武汉市对泰康之家每张合格的床位提供 1 万元的一次性建设补贴、每张床位每月 200 元的运营补贴、自建医院 30 万元的一次性补贴。

（3）供给监督机制

政府、社会力量、乐泰理事会对泰康之家楚园养老服务供给进行监督。政府对泰康之家楚园的养老服务效果和质量进行年度审核评估，决定是否继续提供补贴和优惠政策；社会力量包括公众、新闻媒体等主体，对泰康之家楚园的服务供给过程、活动内容等进行监督；乐泰理事会由老年人和工作人员组成，老人在接受服务后及时反馈意见以改进泰康之家楚园的养老服务。

（4）供给激励机制

对泰康之家楚园养老服务供给的激励措施，主要来源于国家的优惠和补贴政策。武汉市对泰康之家楚园的补贴包括建设补贴、运营补贴、医养结合补贴，提供的优惠包括税收减免和水电优惠，在一定程度上缓解了泰康之家楚园的运营压力并减少了运营风险，充分调动起泰康之家楚园发展养老社区的积极性。

四　我国农村养老服务供给实践

（一）邯郸市肥乡区农村互助养老模式的主体结构

1. 养老服务供给主体

（1）村集体承担主办与管理责任

农村幸福院的建设、管理主体及直接负责人为村级组织。农村互助幸福院由村民自治组织发起，把村集体闲置房屋改造成免费场地，村集体出资运营建设。水、电、暖等费用由村集体承担，保障老年人的日常生活。村委会作为基层自治组织，利用相对中观的平台，将政府、社会、个人相互连接，整合多方养老资源，提升社会支持网络的集合效应。

（2）社会提供志愿服务与款物捐赠

肥乡区动员社会各界参与农村互助幸福院的建设，积极鼓励当地模范人物和干部起带头作用，引领热心公益的群众参与服务。与此同时，通过招募选拔、科学培养，锻炼了一批高素质、高水平的服务人员，提高了服务质量和增强了专业性。与此同时，个人和单位也被鼓励向农村互助幸福院捐赠生活物资，切实保障幸福院老年人的日常生活，提高老人幸福感。

2. 养老服务供给模式

肥乡区以"村级主办、互助服务、群众参与、政府支持"为基本原则建设互助养老项目，打造农村地区经济可以承受、政府能够扶持、老年人有意愿入住的农村互助幸福院。老年人通过资格审核后可以免费入住，入住幸福院的老年人多数生活可以自理，可以互相照料起居，年龄小、身体健康的老年人有能力帮助其他老年人。幸福院管理采取自愿的互助形式，老人自愿参与管理和后勤工作。这种农村互助养老模式符合农村地区对于养老服务的需求，贴合农村经济实际，符合农村老人的养老意愿。

3. 养老服务供给内容

肥乡区农村互助幸福院以解决农村养老问题为目的，其主要服务对象为农村独居老年人。一般由村集体提供闲置房屋，用于改造提供幸福院场地；水、电、取暖等费用部分由村集体承担，部分由政府补贴。符合条件的老人可以携带生活用品免费入住。农村互助幸福院内老人互相照料，低龄老年人照顾高龄老年人。入住互助幸福院的老人有些来自同村，彼此认识，老人们共同娱乐、集体做饭。在建设过程中，依据交通、管理、入住人数等因素，肥乡区农村互助幸福院建设工作指挥部确定了县级重点村和乡级重点村。县级重点村平均每村能够得到 1 万元标准的补助，乡级重点村平均每村能够得到 0.3 万元标准的补助（马昕，2014）。区财政每年将 200 万元列入财政预算，住院老人按照每人每年 500 元的标准获得补贴，依据实际情况另外补贴过冬取暖费。[①] 此外，在农村互助幸福院发展建设过程中，肥乡区始终把老年人健康医疗服务放在重要位置，不断聚焦推动"医养一体化"的发展模式，将医养康养融入养老综合服务体系之中，建设具有模范带头作用的养老服务品牌。

（二）邯郸市肥乡区农村互助养老模式的动力机制

互助幸福院由村集体利用闲置场所建设而成，提供床位与设施供老人免费入住。院内无专职服务人员，由老人在院内通过互助实现自我管理、自我服务。有志愿服务热情的公众和社会各界人士积极投身互助幸福院的建设，为老年人提供日常生活的协助与精神上的关爱。在财政资金方面，除政府对互助幸福院予以费用减免外，肥乡区利用社会捐赠平台接收个人与单位的款物捐赠，以促进互助幸福院更好地持续运营。

（三）邯郸市肥乡区农村互助养老模式的运行机制

1. 供给决策机制

河北省政府以及肥乡区政府颁布了一系列政策意见，为农村幸福院的建设、管理及推广提供了指导规范。2013 年，肥乡县人民政府颁布了《关于 2013 年农村互助幸福院建设工作的意见》，指导提升农村互助幸福院建设质量与工作水平。河北省政府也颁布了一系列相关政策文件，如 2010 年印发《关于加快养老服务体系建设的意见》（冀政〔2010〕72 号）和《河北省养老服务体系建设考核奖补办法（试行）》，明确了建设农村互助幸福院的优惠政策。2012 年河北省委 1 号文件《关于认真贯彻落实习近平总书记重要讲话精神 全面推进乡村振兴加快农业农村现代化的实施意见》及 2018 年河北省民政厅印发《河

---

① 《邯郸市肥乡区建设农村互助幸福院的经验做法》，邯郸市人民政府，https://www.hd.gov.cn/hdyw/xqdt/fx/202207/t20220729_1593021.html，最后访问日期：2023 年 9 月 12 日。

北省农村互助养老幸福院管理办法（试行)》等。以上政策文件都为农村互助养老发展提供了政策支持。

2. 供给筹资机制

互助幸福院中老人的衣服、医疗等费用主要由子女承担；互助幸福院的电费、水费及取暖费用等部分由政府补贴，部分由村集体承担；同时，村集体还负责房屋设备的修缮和维护费用。农村互助幸福院作为肥乡区头号民生工程，不断得到政府的财政支持，从而保障了其资金来源。通过"一事一议"、财政补助、部门帮扶、社会捐赠等途径，共有6000余万元资金被筹集用于互助幸福院的设备维护和运营管理。

3. 供给监督机制

肥乡区设立了农村互助幸福院建设工作指挥部，由区委书记担任政委、区长担任指挥长，由区四套班子领导每人联系一个农村互助幸福院，区委、区政府主要负责人多次召开工作部署会部署筹划互助幸福院建设。区领导定期开展督导活动解决问题、补齐短板，区委、区政府与各镇、各有关部门签订责任状，将互助幸福院建设纳入年终考核，监督促进互助幸福院建设与发展。

4. 供给激励机制

足够的资金与场所是推动农村互助幸福院发展的重点与难点。肥乡区鼓励农村利用集体闲置场地建设互助幸福院，并予以拨款补贴；同时，省财政列支专项资金，以奖代补引导各地建设互助幸福院。此外，政府为互助幸福院提供水电暖费用减免政策，在立项、用地、税费等方面给予优惠政策，帮助互助幸福院顺利运行（马昕，2014）。

五 典型国家及我国部分地区养老服务供给的经验

（一）英国养老服务供给经验

1. 以健全法律法规为根基

英国政府倡导立法先行。在老年人服务领域，1948年《国家援助法》明确规定政府需要照顾的对象，将老年人包括在内。同年修订的

《济贫法》将老年人社会关怀责任转移到了地方政府的卫生和福利事业部门。1968 年英国政府公布的《西蒙报告》，正式设立公共服务部门，地方政府可以设立专门的服务部门，通过合同外包的方式提供公共服务，英国政府开始向社会力量购买公共服务。1981 年英国政府发布《步入高龄化白皮书》，明确提出营利组织为老年人提供服务，地方为其提供专项资金支持。1990 年《国民医疗保健体系和社区关怀法案》规定了地方政府在养老服务提供中的新责任，分离了养老服务的采购者和提供者，为养老服务的定制采购打下了基础。2014 年，欧盟批准了新的《欧盟公共采购指令》，其中规定政府购买养老服务费用支出必须经过财政部门的授权，通过竞争机制降低养老服务的费用。此外，英国地方政府在养老服务购买中根据实际问题制定了地方性法规或规定，如《苏格兰地方政府法令》和布莱顿－霍夫市在养老服务领域的特别计划。

2. 以倡导居家养老模式为主流

英国绝大多数老年人服务在社区内展开。一部分有能力的老年人乐于接受安老院服务，但多数人由于经济水平、家庭归属感、身体健康状况欠佳等原因更倾向于居家养老。政府提倡居家照顾和个人自主，减轻政府的负担。养老服务从机构养老转向以居家照顾为重点，政府向有需求的老年人发放津贴，满足其养老需求。在养老服务中，政府强调发挥社区的作用，为了满足不同老年群体的需要，英国地方政府出资兴办社区服务中心，提供服务人员到家提供照顾、志愿者登门服务以及设立短时间的专业护理托管等具体服务。居家养老作为一种新型养老方式，由社会力量和政府共同参与。

3. 以发挥社会力量作用为趋势

英国政府在"小政府、大社会"的理念指导下，推动社会力量承担更多的养老服务功能，非营利组织和私营组织都可承接养老服务，包括慈善机构、志愿组织、社区和企业等。社会力量具有专业性的优势，大幅度提高了养老服务供给的效率，减轻了政府养老服务供给负担。以老年人孤独和孤立问题为例，布莱顿－霍夫市专员确定了"全市互联"项目（王浦劬、郝秋笛，2016），由四家供应商组成同盟分别为老年人提供不同服务，覆盖全城受到排斥的老年人，解决了惯有做法中人力、卫生及其他成本高昂问题，缓解了政府的压力。英国政府提供资金、政策支持，由社会力量供给具体养老服务，是基于政府预算和社会力量专业性的双重考虑，社会力量在养老服务供给体系中的作用越发凸显。

4. 以促进购买机制高效运行为保障

英国政府购买养老服务有一套完整的流程，在购买主体、购买范围、购买方式等各个环节都有明确的规定，社会力量参与养老服务供给具有一定的准入门槛。首先，在正式购买前，明确购买需求，政府听取社会组织和其他供应商的意见，也广泛征集民意，根据民众的真实需要制订服务购买计划。其次，主要采取公开招标方式购买养老服务，对承接养老服务的供应商公开招标，契约式养老明确政府、社会力量双方权利与义务。最后，英国政府建立了完善的监督评估机制与之配套。监督管理遵循具体、可操作等原则，及时反馈，进行动态监督；邀请第三方机构对社会力量监督和评估，能够对社会力量形成有力的约束；为公众搭建投诉平台，服务供给依照流程进行，规范性强，透明度高。

（二）我国城市养老服务供给经验

1. 宁波市海曙区养老服务供给经验

（1）强化社会力量嵌入作用

海曙区政府在 2004 年提出向非营利组织购买居家养老服务。社区作为老年人的活动场所，天然受到老年人的欢迎与信任，且具有地利之便。然而，社区面临常规性治理资源匮乏的困境，治理能力有限；社会组织具有人才、智力、信息与平台资源优势，可凭借专业化的项目运作，在养老服务中弥补社区治理的不足。非营利组织星光敬老协会嵌入社区，管理具体事宜，在居家养老服务运行过程中，承担审核对象、培训队伍、监督评估等多方面职能，指导社区落实具体养老服务，整合社区零散、碎片化的资源，提高社区的运行效率。与此同时，政府提供资金支持与政策扶持，促进社会组织能力建设。

（2）强调互助养老的创新作用

海曙区政府创新社会动员、社会参与的方式：通过实施"义工银行"，吸引广大低龄老年人担任志愿者，参与居家养老服务的供给。这一举措可提升老年人的社会参与度，提高老年人的自我价值认同感。帮助他人养老就是帮助自己养老，互助养老一方面减轻了当前老年人的养老压力，另一方面也为低龄老年人将来的养老提供了一份保障。社会互助养老是该项目得以顺利运行的重要保障，大量志愿者为居家养老服务提供充足的服务人员，在服务人数方面，扩大老年人的受益范围，更多困难老人能够及时获得服务；在服务内容方面，充足的护理人员确保落实更多的服务项目，满足老年人基本生活需要。

（3）提供低成本、广覆盖、可持续的服务

宁波市和海曙区政府将大量资金投入养老机构建设，但是难以达到满意的政策效果，同时给政府财政造成巨大的压力。根据民政部门的测算，建设一个具有基本养老保障功能的养老机构，初期固定投入最少为每张床位 5 万元，政府还需每月给每张床位补贴 250～350 元（王诗宗、费迪，2014）。海曙区的"两走"模式使得政府支出从三四千万元降至一二百万元，从而使养老服务更可持续。在社区居家养老服务中，高龄、独居和困难老人的护理需求由政府购买服务来满足，其他需要护理的老年人可以享受低偿的服务，由义工、企业等主体上门提供。此外，行动方便的老年人也可以选择到社区的综合服务中心享受养老服务。海曙区的养老服务基本可以覆盖具有不同需求的老年群体。

2. 上海市颐和苑项目养老服务供给经验

（1）机构定位精准

投资人的初衷即打造高性价比的综合养老服务机构，目标客户为中等收入的老人。在经过多年的国外考察和国内市场调研后，颐和苑进一步明确养老服务模式。颐和苑老年服务中心围绕"幸福养老"的核心理念开展规划布局、空间景观的建设，融合自然风光与社区；在内部提供"养老、养护、护理"一体服务，重视"医养结合"，采用丹麦 CCRC（养老生活区）养老服务模式，打造家庭式集约化养老社区。颐和苑项目将规划分三期来实施，陆续升级养老服务设施和扩展中心内面积，缓解资金压力，降低机构运营成本，使中端老年群体能够以较低门槛享受高端的服务品质。

（2）注重本土实际

颐和苑项目引入丹麦养老服务的理念、技术和经验，同时注重与本土实际相结合。首先，在定价方面，颐和苑没有采用丹麦 CCRC（养老生活区）收取会员费的模式，而是依据上海市情，根据老年人的经济能力确定了押金和月费的收费模式，服务费用在大部分老年人可承受范围内，从而回应了政府关注民生的要求，坚持走普惠养老的路线。其次，内部设施贴合老年人审美。在功能区建造上，打造老上海风格的休闲娱乐场所，满足老年人休闲娱乐、交友、健身等多项需求；公共客厅以传统文化为主题打造景观，而非西式风格，书画、观鸟、养花等主题切合老年人的喜好与日常娱乐习惯。最后，居家养老和机构养老概念融为一体。颐和苑项目实行居家型养老、机构式护理，满足了中国老年人"恋家"的心理需求。养老服务中心内部装饰与布局从老年人的角度考虑，入住老年人甚至可以选择用自己的家具替换房间内的装饰，致力于为老年人营造家的安全感、熟悉感和舒适感。

3. 武汉市泰康之家楚园养老服务供给经验

（1）发挥保险和养老社区的协同作用

一方面，泰康之家楚园通过雄厚的保险资金在全国各地建立起高端养老社区、医疗机构，将保险产业延伸到了养老产业领域，拓展了保险产品本身的功能，弥补了高端养老领域发展的不足，将养老机构同医疗产业结合起来，实现了产业间的融合。另一方面，养老社区为泰康集团的保险投资业务开辟了新道路。在养老社区良好经营的前提下，保险公司可获得长期、稳定、可持续的收益，从而为保险公司的偿付能力提供保障。保险和养老相互促进、协同发展是保险养老模式的优势，泰康之家楚园的成功经验能够为保险公司参与养老产业提供良好的借鉴。

（2）推动多层次养老服务供给

目前，我国基本养老服务只能覆盖到老年人口的基本生活，难以满足老年人日益增长的多样化养老需求，中高端养老市场存在巨大缺口。泰康之家楚园主打高端养老社区的定位一定程度上弥补了我国多层次养老服务供给的不足。2009年至今，在各项政策的推行下泰康之家楚园以及众多养老社区发展较快，高端养老市场初具规模。然而，仍然需要继续促进高端养老服务发展，实现老年人个性化、精细化养老，完善高端养老服务与国家提供的基本养老服务、市场提供的中端养老服务构成的养老服务体系，促进多层次养老服务供给，推动我国老年人从"基本养老"向"幸福养老"转变。

（3）打造多元化养老社区服务圈

养老服务需要适应老年人多元化需求，在此基础上配置养老社区的功能，把缓解老年人身心衰退问题的配套服务作为目标，实现老年人对生活的多层次追求（刘雅娜、江华，2022）。泰康之家楚园养老社区是集医疗、护理、娱乐、沟通等功能于一体的综合性养老社区。泰康之家楚园提供的服务内容充分考虑了老年人各方面的需求，兼顾物质需求和精神需求，强调活力养老、文化养老的理念，推动实现老年人的价值追求。养老社区采用适老化设计、提供多元化服务、形成养老服务生态系统，为老年人打造完整的养老服务圈。

（三）我国农村养老服务供给经验

1. 倡导就地互助养老

传统的农村养老模式以家庭养老为主，老人无须改变其长期居住的场所，子女及其他家人可以为老年人提供照顾与精神抚慰。然而随着代际分居的趋势越来越明显，家庭养老功能逐步弱化。肥乡模式的就地互助养老满足了老年人居家养老的心愿，成全了老年人的乡土情怀，是一种更容易被老年人接受的新型养老模式。此外，不同于机构养老全然陌生的环境，互助幸福院中的老人多为乡里邻居，减少了彼此之间的隔阂感和陌生感。老年人在共同居住的范围内互动互助，为老年人营造生活氛围，满足老年人的情感需求。农村互助幸福院使老年人不出村就可以获得良好的养老条件，减少老年人对养老环境的适应期，凸显其优势。

2. 强化多元主体参与养老服务

社会多元主体广泛参与为农村互助养老提供了保障。河北肥乡区互助幸福院由村委会组织发起，以村集体闲置房屋作为免费互助幸福院举办场地，政府给予财政补贴和政策支持，协助规划发展。此外，自 2008 年肥乡区前屯村建立起互助幸福院始，就得到社会力量的大力支持。广大志愿者探访农村幸福院参加敬老爱老活动，帮助老年人解决生活难题，为老年人提供陪伴与精神慰藉；企业和个体商户向幸福院捐赠资金和物资。多元主体的参与为互助幸福院提供了人力、资金和物资支持，减轻了农村互助幸福院的运行负担，促进了互助幸福院项目的可持续发展，可长久稳定地为老年人提供活动场所与服务。

随着社会经济的发展，家庭观念的转变，家庭养老观念逐渐弱化。与此同时，传统养老院、敬老院入住难，老年人存在不愿为养老额外付费的心理，农村养老事业发展缓慢，农村养老问题成为亟须攻克的现实难题。"肥乡模式"以集体共建、政府补助、集中居住、互助服务的方式，为农村老年人提供低成本的就地养老场所。村级组织免费提供场地，政府减免水电暖费用，降低了互助养老的成本，大多数低中收入老年人可以承担服务费用，使其能够被养老资源所覆盖。河北肥乡养老模式符合农村实际情况，具有可行性，为解决农村养老难题开辟了新的路径。

第十章　未来可期：社会力量参与养老服务供给的路径选择

自实施积极应对人口老龄化国家战略以来，我国养老服务体系建设取得了显著成效，但仍然面临城乡服务供给不平衡不充分的发展矛盾。正如前文所述，在城市养老服务供给中，存在政策执行偏差带来的养老服务供给可及性下降问题，同时，适老环境设计不足也导致养老服务供给缺乏精准定位，养老服务供需结构性困境依然存在。在农村，地域经济发展水平牵制了养老服务建设步伐，导致养老服务发展水平偏低，社会力量参与供给有限。再加上农村老年人的传统养老观念，支付能力有限，养老保险缴费层次偏低，城乡养老服务供给不平衡、不协调配置的矛盾加剧。本研究认为，推动新时代养老服务高质量发展应加强社会力量参与养老服务供给的机制建设，秉持"城市优化高质量、农村力争广覆盖"的发展理念，沿着"体系全方位建设—路径分层次规划"的主体框架，多维度为实践中社会力量参与养老服务供给提供明确的路径选择。

一　顶层设计：统筹社会力量参与养老服务供给的体系建设

现阶段，我国城乡养老服务供给具有异质性特征，因此应秉持"城市优化高质量、农村力争广覆盖"的发展理念，分类施策。具体来说，应从价值理念、制度优化、主体责任、动力机制、运行机制五个方面推进社会力量参与养老服务供给的可持续发展。

（一）维护公平正义，共享发展成果

科学的价值理念决定着社会化养老事业发展的前进方向。"只有当正在运行的或将要出台的社会政策具备了相应的价值理念，社会政策才会发挥托底的功能，才能产生保障民生、实现社会整合等方面的效应，否则只会成为理论上的可能性。"（张世青等，2018）从本质上看，社会力量参与养老服务供给，是在一定价值理念的指导下对社会养老资源进行再分配的过程，以便形成更加合理的养老资源分配格局，满足老年人日益增长的养老服务需求。习近平总书记在党的二十大报告中指出："必须坚持在发展中保障和改善民生，鼓励共同奋斗创造美好生活，不断实现人民对美好生活的向往。我们要实现好、维护好、发展好最广大人民根本利益，紧紧抓住人民最关心最直接最现实的利益问题，坚持尽力而为、量力而行，深入群众、深入基层，采取更多惠民生、暖民心举措，着力解决好人民群众急难愁盼问题，健全基本公共服务体系，提高公共服务水平，增强均衡性和可及性，扎实推进共同富裕。"[①] 具体到养老服务领域，就是要形成以基础性民生建设为核心、秉承"维护公平正义，共享发展成果"的价值理念，全方位优化养老服务供给体系。

坚持维护公平正义的理念。促进和维护社会公平正义是社会保障制度建设的基本目标，也是各国制定和实施社会政策的基本价值理念。改革开放以来，随着我国经济社会的发展变迁以及社会保障制度覆盖范围的扩大，党和政府越来越重视社会保障制度维护公平正义的功能，并逐步将其作为我国社会保障事业发展的重要基石。党的二十大报告指出："我们坚持把实现人民对美好生活的向往作为现代化建设的出发点和落脚点，着力维护和促进社会公平正义，着力促进全体人民共同

[①] 《习近平：高举中国特色社会主义伟大旗帜 为全面建设社会主义现代化国家而团结奋斗——在中国共产党第二十次全国代表大会上的报告》，中华人民共和国中央人民政府，https://www.gov.cn/xinwen/2022 - 10/25/content_5721685.htm，最后访问日期：2024 年 1 月 2 日。

富裕，坚决防止两极分化。"① 社会力量参与养老服务供给，实际上就是通过再分配社会养老服务资源促进全体人民老有所养的过程。因此一方面，要逐步缩小养老待遇水平之间的职业差距和城乡差距，提高所有老年人的购买力；另一方面，要根据不同地区经济发展水平和财力状况，加大对落后地区老年人的经济帮扶和服务扶持，推进基本养老服务体系的建设。

落实共享发展成果的理念。"共享"是社会主义的本质要求，也是中国特色社会主义的本质要求。党的二十大以来，以习近平同志为核心的党中央高度重视共享经济发展成果，不断强调要坚持以人民为中心的发展思想，维护人民根本利益，增进民生福祉，逐步实现发展成果由人民共享。基于此，实现养老服务资源的公正合理分配就是要促成全体老年人共享经济发展成果。要分阶段提高养老服务资源共享的统筹层次，逐步缩小城乡之间，东部地区、中西部地区及东北地区之间的发展差距，力争实现基本养老服务供给的城乡一体化、区域相协调。

（二）加强立法建设，强化制度引领

当前，我国养老服务市场逐步放开，社会力量也在政策引导下有序进入，为养老事业发展注入了新活力。但由于缺乏完善的制度支撑，我国养老服务发展仍面临管理效率低、监管体制不完善等问题，阻碍了养老服务均等化的实施步伐。鉴于此，需要不断完善养老服务管理体系，健全规章制度，为养老服务有效供给提供立法保障与制度支撑。

养老服务供给体系的构建是一个长期性、动态化的系统工程，既需要在微观层面加强动态管理，也需要在宏观层面完善制度设计。结合典型国家和我国部分地区的发展经验，本书认为建立和完善养老服务制度体系，需要加强以下几个方面的工作。一是清晰界定基本养老

---

① 《习近平：高举中国特色社会主义伟大旗帜　为全面建设社会主义现代化国家而团结奋斗——在中国共产党第二十次全国代表大会上的报告》，中华人民共和国中央人民政府，https://www.gov.cn/xinwen/2022 – 10/25/content_5721685.htm，最后访问日期：2024 年 1 月 2 日。

服务的供给对象，既要体现基本养老服务覆盖的全面性，又要重点关注有特殊需求的老年群体。二是明确养老服务供给内容。应结合我国城乡养老结构差异，充分满足城乡老年人的多样化需求，即根据老年人需求情况和经济状况提供生活照护服务、餐饮服务、清洁服务、精神慰藉服务、适老化改造服务、康复辅助服务、健康管理服务等具体内容。三是严格控制养老服务供给程序。各地政府及相关部门应对辖区内老年人的健康状况、经济状况、服务需求等进行充分调查研究，以此作为提供养老服务的依据，确保精确制定养老服务供给方案。四是完善养老服务供给流程。根据养老服务供给的内容和程序，其完整的服务流程应包括养老服务咨询、养老服务需求及老年人身体状况的系统评估、服务供给方案及内容、签订协议几部分。

完善养老服务管理体制，提高养老服务供给质量和效率。我国养老服务管理体制已取得明显成效，逐渐向法制化、科学化、高效化的方向迈进。但现阶段养老服务管理体制仍存在一些问题，如法制化程度低、管理体制僵化、有效监管不足等（单大圣，2011）。破除养老服务管理体制困境，构建完善的制度管理体系，需要重点协调以下几个方面的工作。一是构建全谱系的服务管理体制。各地区要根据人口老龄化状况、老年人身体状况、经济发展水平、养老服务需求等因素构建养老服务管理体制，公开服务项目和费用标准，建立服务操作规范，评估养老服务供应机构，开展服务人员事前培训，制定突发事件应急处理预案。二是建立严密的财务管理体制。各养老机构应严格遵守国家法律法规，及时准确地反映机构财务状况，加强财务核算与监督，加强资产管理，防止资产流失。三是构建全面的监督管理体制。各级政府及民政部门、工商部门应合理分工，密切合作。根据辖区内实际情况制定养老机构监管办法，对辖区内已经登记备案的各级养老机构进行服务监管、食品安全监管、服务人员监管、机构设施监管和资金安全监管，以构建安全可持续的养老服务供给体系。

（三）明确主体责任，实现多元供给

高质量养老服务供给体系的构建，是一个实现多方主体协同共治

的动态过程。"在整个社会福利供给的过程中，供给主体是多元的，它们相互联系、相辅相成。其中，国家通过正式的福利制度安排，对全社会的资源进行再分配，为人们提供基础性的保障服务，分担社会成员的社会风险；市场则通过工作制度为社会成员提供工作福利，进而满足人们的日常需要；而家庭则为社会成员提供非正式福利，以满足人们的交际需要。"（姜腊、李运华，2021）具体到我国的相关实践，政府应作为养老服务供给的核心责任主体，市场、社会、家庭相互补充，补齐短板，均衡发展（见图 10 - 1）。

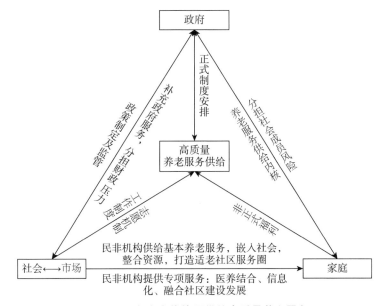

图 10 - 1　多方主体协同供给高质量养老服务

强化政府在养老服务供给中的核心责任。应加快推进社会化养老服务体系的建设，优化顶层设计。一方面，要不断推进养老服务政策制定，完善政策体系，为养老服务多元化供给主体提供良好的制度环境。同时，加快实施土地供应、市场环境、金融财税等相关配套措施，积极营造良好的营商环境，吸引各方主体参与其中。另一方面，要明确政府的监督责任。突出政府监管重点，加强对养老服务机构供给内容、从业人员、资金使用、运营秩序等环节的监督，并联系民政、住建、市场监管、公安等多个部门，实施协同一体化监督，强化养老服务监督体系，提高监管效率。

引导民非机构参与嵌入式社区服务。要发挥民非机构在统筹社会福利资源、精准定位公众服务需求、缓解政府财政压力等方面的积极作用，引导其积极参与基本养老服务的供给。以嵌入式社区服务为契机，打造15分钟适老化社区服务圈，不断完善社区养老基础设施建设，增加社区内基本医疗资源，提升社区居家养老服务的可及性和专业性。同时，最大限度地整合、利用社区内养老服务资源，通过社区医院、社区服务站、老年食堂等为老年人提供满足日常生活基本需求的照护服务，提高养老服务供给效率和质量。

鼓励民企机构参与专项服务建设。要精准定位机构养老的属性。一是鼓励机构创新医养结合的养老服务供给方式，以"护理型机构"为核心定位，满足高龄、失能群体的照护需求；二是加强信息化建设，发挥智慧养老的便捷属性，为老年人提供精准化、多样化、个性化的照护服务；三是融合社区建设发展，鼓励大型连锁机构向社区延伸，整合现有社区资源，降低建设成本，提高服务递送效率。

夯实家庭维系养老服务供给的内核功能。家庭养老具有传承中华民族孝道文化、满足老年人精神文化需求的重要内核功能。与社会化养老方式相比，家庭养老在情感化与适应性上具有无可比拟的独特优势。因此，应鼓励子女在有条件的情况下与老年人就近居住，帮助老年人在照护过程中获得代际认同和情感提升，给予老年人较为丰富的情感交流和心理满足（程燕蓉、慈勤英，2022）。为此，一方面，要积极弘扬"孝"文化，倡导恭敬孝顺的传统美德，强调子女对老年人的赡养义务，在全社会中营造尊老敬老爱老的文化环境。另一方面，要跟进配套政策的落地实施，重点关注养老托幼等相关政策，为赡养老人提供制度支撑，为完善家庭养老提供良好的外部环境与内部支持。

（四）提高社会力量参与养老服务供给的动力机制

在全面放开养老服务市场的背景下，社会力量参与养老服务供给取得显著成效，但也面临供给动力不足、地位较低、能力不足等问题

（黄闯，2017）。因此，在积极应对人口老龄化国家战略背景下，需要进一步强化社会力量参与养老服务供给的动力，激发社会力量参与的内驱动力，调动社会力量参与的外推动力，内外兼顾、由内而外地激活养老服务市场。

激发社会力量参与养老服务供给的内驱动力。内驱动力的形成是以社会公益为主的个人情怀和以经济利益为主的经济动因双重作用的结果。要充分给予社会力量获得合理经济回报的权利。首先，进一步降低养老服务市场准入门槛，并允许社会力量通过合理、有序的方式获取经济利益。其次，提高社会力量供给养老服务的能力，提升养老服务的供给水平。鼓励其通过产学研结合的方式与政府部门、高校合作，精准把握老年人养老需求，创新养老服务的供给方式，多样化满足老年人服务需求。最后，发挥慈善事业在照顾孤寡老人、提供养老服务中的重要作用，强化第三次分配促进社会协调的重要功能。

调动社会力量参与养老服务供给的外推动力。要从政策支持和绩效回应层面同步推进。首先，构建社会力量参与养老服务供给的政策体系。各地方政府要根据《关于加快发展养老服务业的若干意见》《关于全面放开养老服务市场提升养老服务质量的意见》《关于推进养老服务发展的意见》等文件精神，加强属地管理，为社会力量提供便捷化服务。其次，完善行业监管体制，营造公平公正的养老服务市场环境。要不断优化养老服务行业监督政策，明确监督主体的责任和义务、制定内外部监督体制、强化监督流程、完善监督内容，合理有效地维护老年人享受养老服务的权益，避免"外部性"问题。最后，各级政府要层层压实责任。上级政府要将养老服务供给纳入下一级政府的绩效考核，将提升养老服务供给水平的责任目标和任务要求转化为地方各级政府的行为动力，进而促进地方政府在养老服务领域积极作为，为社会力量的参与提供保障。

（五）规范社会力量参与养老服务供给的运行机制

第一，健全养老服务供给决策机制。作为养老服务供给运行机制的核心，供给决策机制决定供给主体的权责分配和决策程序。一方面，在协调各利益主体关系的基础上实现社会化养老服务资源的高效分配。要明确各方决策主体的地位和权责关系。中央政府作为政策制定者和决策者，需要从宏观层面把握养老服务的发展方向，为地方政府提供政策指引；而地方政府作为政策执行者，需要贯彻落实中央下达的政策指令，并结合当地经济发展情况，拟定促进养老服务规范有序发展的运行条例及政策规划。另一方面，要尽快建立与养老服务供给相配套的信息系统，及时有效地发布养老服务信息，为政府科学合理决策提供信息支撑。在数字经济时代，各级政府可以利用"互联网＋"、大数据等技术，精准捕捉老年人的多样化养老服务需求，为养老政策的制定提供科学信息支持。

第二，优化养老服务供给筹资机制，不断扩充养老服务资金来源。一是要不断拓宽养老机构的筹融资渠道，创新筹资方式，提升养老服务供给主体的活力。可通过股权融资、政策补贴、银行贷款、社会捐赠、养老产业引导基金、养老产业专项债券等方式拓宽社会化养老服务的资金来源，为机构养老提供资金支持。二是要拓宽社区养老服务资金来源渠道，鼓励各地增加政府公共财政专项支出，通过购买服务、专项补贴等方式为社区提供资金支持。三是要鼓励慈善捐赠，发挥第三次分配的互助属性。

第三，强化养老服务供给监督机制，提高养老服务供给的透明度。一是要明确养老服务供给的监督重点。针对我国养老服务领域出现的问题，要加强养老服务质量安全监督、强化养老从业人员监督、落实涉及资金监督、推进运营秩序监督、加强突发事件应对，实现对社会力量参与养老服务过程的全方位、全过程监督，用制度管人、管事、管资金、管秩序，全面提高养老服务的供给质量。二是要落实养老服务供给主体的监督责任。构建以政府主导为核心、以机构自治为主体、以社会监督为兜底、以行业自律为辅助的"四位一体"的监督格局，从强化政府主导责任、落实机构主体责任、发挥行业自律和社会监督作用等方面明确各方责任分工。三是要创新养老服务供给的监督方式。

健全各部门协调配合机制，加强民政、公安、执法等多部门之间的协同监管。建立失信联合惩戒机制，积极引导养老机构合法运营，落实对养老机构的信用监管。充分运用"互联网＋"等技术手段，大力推进高新技术监管，推动养老服务监管的规范化、智能化、高效化。

第四，完善养老服务供给激励机制，调动各方主体参与积极性。一是要扩大税收优惠政策的适用范围。加强对营利性养老机构的税收激励，出台相应税收优惠政策，对营利性养老机构减免所得税征缴。二是要建立相应的绩效考核指标体系，对完成绩效考核指标的养老机构给予表彰与奖励。绩效考核指标的建立具有正向的激励导向作用。例如重庆市为规范养老服务建设、调动社会力量参与，设置了社区养老服务中心"七个一"建设标准，从基础设施建设、人才队伍建设、服务质量建设等方面对社会养老服务机构进行绩效考核（贾波，2016），大大提高了养老服务供给的效率和质量。三是要将养老服务体系建设纳入地方政府的政绩考核，鼓励地方政府支持建设养老服务供给体系。对妥善落实养老服务体系建设政策、推进社会力量参与养老服务供给的地市要通报表扬，对落实不力、不敢担当、不敢作为的地市进行通报批评，以此形成真抓实干、攻坚克难的工作态势。①

二　积极实践：探索社会力量参与城乡养老服务供给的具体路径

（一）优化社会力量参与城市养老服务供给的多元化路径

现阶段我国社会力量参与城市养老服务供给存在政策执行偏差、服务内容单一、机构设计不到位、人才供给匮乏、供需矛盾突出等问题。尤其是在人口老龄化日益加剧的今天，转变传统的、单一的城市

---

① 《河南：创新激励奖惩机制激发养老服务工作活力》，中华人民共和国民政部，https://www.mca.gov.cn/n152/n168/c82115/content.html，最后访问日期：2024 年 1 月 2 日。

养老服务供给模式，以多层次模式供给满足多样化差异需求，从而改善社会力量参与城市养老服务供给的制度环境，对于实施积极应对人口老龄化国家战略，推进养老服务体系建设具有重要意义。

优化社会力量参与城市养老服务供给的多元化路径如图 10 - 2 所示，具体如下文所述。

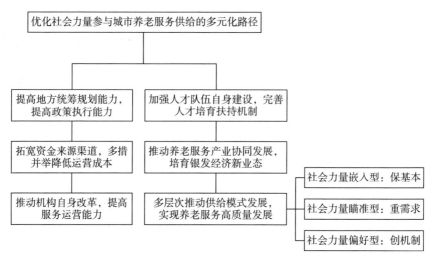

图 10 - 2 优化社会力量参与城市养老服务供给的多元化路径

1. 提高地方统筹规划能力，提高政策执行能力

政策执行并不是从发现问题到解决问题再到实现政策目标的简单"跳跃"过程，政策本身、政策执行机构、政策资源以及其他个人或机构因素都会影响政策的执行效果（范方春、吴湘玲，2020），养老服务政策也不例外。要提高地方政府政策执行能力、简化经办流程，完善养老服务供给机制。

妥善落实养老服务政策，减少央地政策执行中的滞后性。养老服务政策执行的滞后性是中央政府和地方政府之间的利益博弈、职能部门之间的权力分配、上下级政府之间的委托代理等一系列关系相互作用的结果，需要重点协调好以下两方面的工作。一方面，要对复杂的政策问题进行分解，分步骤实施中央政府下达的各项养老服务政策。当政策问题的内容较为复杂、涉及主体较多、需要实现不同的政策目标时，可以将政策实施过程和步骤进行分解，以期提高政策执行效率，减少政策落实的滞后性。例如，对于中央政府下达的各项养老政策，可以分模块、分步骤实施，将不同的政策模块交由不同的部门执行，减少政策传递的层级，提高执行质量和效率。另一方面，要加强对政策执行者的教育培训，提高地方政府政策执行能力。各项政策的执行落实需要依靠人来完成，因此，需要加强对政策执行者的教育培训，提高他们的组织、管理、沟通协调能力，培养高素质政策执行者，减少因人员素质问题而导致的政策执行偏差。

简化养老服务政策经办流程，提高养老服务政策执行效率。目前，各地方政府提供给养老机构的政策通常由多部门共同执行。由于不同部门之间的责任范围不同，在具体的政策执行过程中会出现流程烦琐、各部门之间配合程度低等问题。与此同时，烦琐的经办程序也使得民办养老机构及老年人在获取政府补贴时遇到一定困难。现阶段，在强化养老服务政策供给、提高养老服务可及性的过程中，需要做好以下两点。一方面，要简化工作程序，精简养老服务政策的经办流程。要积极响应国务院办公厅《关于全面放开养老服务市场提升养老服务质量的若干意见》等政策号召，精简行政审批环节，全面清理、取消申办养老机构的不合理前置审批事项，优化审批程序，简化审批流程。①另一方面，要建立并完善各执行部门之间的沟通协调机制，加强各部门之间的协调配合。在各工作部门之间，可以通过建立联合工作小组、安排专人对接等方式，及时有效地为各部门工作提供信息、技术及物资帮扶，加强配合，相互传递工作所需的材料和信息。

2. 拓宽资金来源渠道，多措并举降低运营成本

充足的资金供应是养老机构正常运转的物质基础，对整个养老服务供给过程具有重要影响，因此，应创新养老服务供给的融资模式，拓宽养老服务资金来源渠道。

解决养老机构融资问题，增加养老服务资金供给。要积极响应国

---

① 《国务院办公厅关于全面放开养老服务市场提升养老服务质量的若干意见》，中华人民共和国中央人民政府，http://www.gov.cn/gongbao/content/2017/content_5160231.htm，最后访问日期：2023 年 9 月 12 日。

务院办公厅《关于推进养老服务发展的意见》等文件要求。一是要完善货币信贷政策，为中小型养老机构筹资贷款提供政策支持；二是要为那些符合市场化运营条件的、规范性的养老机构上市融资提供政策支持，鼓励其利用合理的方式开展融资；三是要鼓励支持商业性保险机构参与养老服务供给和养老机构建设，积极拓宽保险基金投资建设养老服务项目的资金来源渠道；四是要完善养老机构融资问题处理机制，妥善解决养老机构筹资过程中面临的违规收费、手续费、资金管理费等问题，减少养老机构融资附加费用，适时降低融资成本。

拓宽养老机构筹资渠道，强化社会力量的嵌入作用。一方面，要充分发挥市场机制的基础性作用，通过减息、补贴、政府购买等多种形式，积极引导和鼓励企业、慈善组织及其他社会力量加大投入，参与养老服务设施的建设、运行和管理。另一方面，要拓宽养老机构的资金来源渠道，鼓励有条件的个人、企业、慈善机构等通过社会捐赠等方式为养老机构筹资，民政部门对贡献较大的个人和企业给予表彰。同时，鼓励机构向社区延伸，通过政府购买服务、公私合作等方式参与社区嵌入式养老服务机构建设。

3. 推动机构自身改革，提高服务运营能力

调研结果显示，城市中存在养老服务机构空间设计和功能布局不规范、内容定位不精准、机构运营管理能力有限等问题，严重影响老年人的生活质量和幸福感。因此，要从机构建设、运营管理等方面对养老服务机构进行改革。

加强养老服务机构"适老宜居"设计，营造舒适温馨的养老环境。一是对于新建机构，要在建设初期就确立合理的建设规模与功能配套，公共设施配套面积要与老年人居住面积相配套，提高老年人居住的舒适感和满足感。二是对于现有机构，要在安全便利、舒适温馨的基础上对功能布局和建筑设计进行规划，机构内部的地面、家居、采光、通风、医疗设施等要考虑老年人的活动能力差异，尽可能地提升入住老年人的生活质量。三是要营造温馨、舒适的环境氛围。养老机构内部的空间布局、家居及装修风格应注重亲切化，为老年人提供轻松、

温馨的家庭感（贾敏、李佳靖，2018）。

提高养老服务机构的运营管理能力，完善养老服务需求供给机制。一是要完善养老机构的财务管理制度，提高资金使用效率。在财务纪律上，各养老机构应严格遵守国家相关法律规定，及时准确地反映机构财务状况，防止资金流失；在收支管理上，要严格秉持专款专用的原则，各项资金收入应及时拨付至养老机构对公账户，确保资金安全，同时要明确各项支出项目，禁止胡乱开支；在财务监督上，各养老机构要建立内外部监督机制，自觉接受上级主管部门及社会监督。二是要加强养老服务机构规模管理，防止养老机构"两极化"发展。对于小型社区服务机构，政府要加大财政补贴力度，改善其基础设施及提高服务质量；对于普惠型机构，要积极落实各项税收优惠政策，减免土地费用及所得税征缴，调动参与积极性；对于高端机构，要加强监督管理，防止产生大型养老机构"一家独大"的垄断局面。三是要提高养老机构风险管理能力，增强其应对突发事件的应急管理能力。各养老机构要建立完善的应急工作机制、做好应急资源储备、统筹调动应急资源，确保在发生突发性应急事件时为老年人提供安全稳定、资源充足的居住环境。

4. 加强人才队伍自身建设，完善人才培育扶持机制

养老服务人员是机构养老服务的直接提供者，服务的好坏直接关系着老年人的养老质量和精神状态。专业化的服务人员队伍是提升服务质量、丰富服务内容的关键所在。近年来，我国养老服务人才队伍建设取得重大进展，广东省、四川省、山东省、北京市等各地方政府纷纷出台支持养老服务人才队伍建设的政策文件，为提高人才服务质量、优化人才供给结构提供支持（陈凯丽，2022）。但从参与调研的民办养老机构队伍建设情况来看，大部分机构的养老服务人才供给不足，普遍面临养老服务人员专业化水平低、社会地位低、薪资待遇差、年龄结构不均衡等困境，进而影响机构的稳定运营和可持续发展。破除养老服务人员队伍建设困境，提高养老服务人员专业化水平，任重而道远。

首先，要完善有关养老服务人才方面的政策和规划细则。第一，

各地政府要提高养老服务行业的吸引力，制定完善的行业发展规划，提高养老服务行业薪资待遇，通过各种优惠政策吸引专业的养老服务人员。第二，各地政府要鼓励引导规范化的养老服务机构入驻，鼓励企事业单位及其他组织以各种方式支持养老服务事业的发展，培育和扶持各种形式的养老服务志愿组织。第三，政府要加强对护理人员的专业化培训，在提高其理论知识的同时，不断丰富实践经验，提高服务水平。要提高从业职工津贴标准，制定完善的薪资激励制度。结合英国、日本等发达国家的经验，建立养老志愿服务时间储蓄、回馈等激励制度，依托信息化平台记录服务时间，为养老服务人员服务提供及时激励。

其次，要正视舆论导向，提高从业人员职业归属感和满足感。第一，要在全社会范围内宣传"德技"双馨养老服务从业人员的先进事迹，对有突出贡献、突出事迹的从业者给予表彰，改变社会成员对养老服务人员的社会认知。第二，要优化养老服务从业人员的就业环境，吸引符合条件的从业人员广泛参与。各地区要根据当地经济发展状况，在保障养老服务业薪资水平不低于当地服务行业最低工资标准的基础上，适时提高养老服务行业待遇标准。第三，要健全养老服务从业人员社会保障体系，扩大社会保险参保范围，将从业人员纳入养老保险、工伤保险等制度体系，并为其提供劳动保护和职业伤害保障，切实维护养老服务从业人员的社会保障权益。第四，要将养老事业发展纳入地方政府政绩考核和地方官员职级晋升体系，县级以上政府可将发展养老服务事业纳入国民经济和社会发展规划，将农村养老服务纳入乡村振兴战略规划，同时制定养老服务专项规划和年度计划，推动养老服务可持续发展。

5. 推动养老服务产业协同发展，培育银发经济新业态

首先，提升老年人及家庭对社会化养老服务供给的认同感。受传统家庭养老观念和社会舆论影响，老年人及家庭对于民办养老机构的认识程度和接受程度较低，对养老服务机构不信任，导致机构入住率不高，入不敷出。因此，需要帮助社会大众形成对养老服务的正确认识。一是要提高养老服务产业的吸引力，落实薪酬激励、社会保险及职业伤害保障制度，提高行业整体待遇水平，改变社会大众对于养老

服务业工资低、福利差、保障不足等的认知，鼓励劳动人口积极投身于养老服务业。二是要加大舆论宣传力度，以社区为单位，向辖区内老年人宣传养老服务机构在基础设施、服务内容、服务质量等方面的先进性，改变老年人的传统观念。三是要推动养老服务机构内容创新，积极推进长期护理保险制度试点，鼓励养老机构发展多样化、多层次的养老服务，满足不同层次的照护服务需求，推进养老事业不断发展。

其次，优化养老服务营商环境，助力养老产业健康发展。一是要深入落实"办管分离"的发展思路，积极探索养老服务产业发展的新思路，通过公建民营等方式，吸引社会资本投身养老服务业。二是要完善养老服务产业政策，各部门通力合作，为养老企业入驻提供土地、税收等政策优惠，调动社会力量参与的积极性。三是要建立开放、有序、公平的养老服务市场，破除行业垄断和地方保护，清理和废除妨碍全国统一市场建立和公平竞争的规定和做法①，为社会力量参与养老服务营造良好的营商环境。四是要积极推进"养老事业＋产业"的协调发展战略，支持养老服务与家政、文化、旅游、餐饮、住宿、养生、金融等行业融合发展，培养养老产业发展新业态。

6. 多层次推动供给模式发展，实现养老服务高质量发展

伴随积极应对人口老龄化上升为国家战略，社会力量也在政府政策的引导下有序参与养老服务供给，为我国养老事业发展注入了新的活力。本研究根据养老服务机构的机构性质，养老服务的支付模式，养老服务的对象及水平的差异，创新性地提出社会力量嵌入型、社会力量瞄准型和社会力量偏好型三种社会力量参与城市养老服务供给的模式，形成以趋同性需求为基础，差异化需求为扩展的供给格局。

对于社会力量嵌入型养老服务机构，强调其"保基本"的保障功能，以"政府＋社会企业＋个人支付"的发展模式，为低收入的活力老人、失能老人和高龄老人提供基础性养老服务。对于社会力量瞄准

---

① 《民政部关于进一步扩大养老服务供给促进养老服务消费的实施意见》，中华人民共和国民政部，https://www.gov.cn/xinwen/2019－09/23/content_5432462.htm，最后访问日期：2024 年 1 月 2 日。

型养老服务机构，以"政府＋商业企业＋个人支付"的支付原则，在满足老年人基本服务需求的基础上，着重为失能老人提供照护服务。对于社会力量偏好型养老服务机构，可创新供给机制，走智慧养老或医养结合的高端服务路线，为有支付能力的老年人提供更加舒适的人居环境和高水平的软硬件配套设施，以满足其多元化、高层次、高品质的养老服务需求。

（二）完善社会力量参与农村养老服务供给的精准化路径

相对于城市，农村养老服务产业发展缓慢，基础设施建设和基本公共服务供给等方面明显滞后。党的二十大以来，我国提出了多项发展农村养老服务的新举措，开启了建设美好乡村、完善农村养老服务的新征程。但农村人口老龄化程度加深、家庭小型化、空巢老人不断增加、区域养老服务供给能力不足等问题仍不容忽视（陆杰华、沙迪，2019）。鉴于此，农村地区应尽快构建社会力量参与养老服务供给的典型模式，以模式推广倒逼养老服务供给实现可及性、可持续性，进一步扩大社会力量参与的规模，对于落实国家乡村振兴战略、实现养老服务资源城乡分配具有重要意义。

完善社会力量参与农村养老服务供给的精准化路径如图 10 - 3 所示，具体如下文所述。

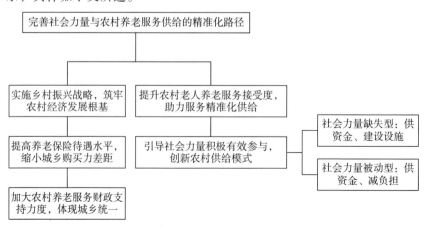

图 10 - 3 完善社会力量参与农村养老服务供给的精准化路径

1. 实施乡村振兴战略，筑牢农村经济发展根基

由于区位、政策等各方面原因，我国农村地区经济发展水平较低，基础设施、医疗卫生条件、区域营商环境等较难吸引投资，导致农村地区养老服务水平较低、养老服务供给有限。一方面，农村地区物质条件匮乏，医疗卫生等基础设施建设落后，难以与社会力量所提供的养老服务形成配套；另一方面，农村地区消费水平有限，老年人除日常开销和买药看病之外，没有足够的资金用于购买养老服务，导致区域内养老服务需求有限，一定程度上阻碍了社会力量的介入。因此，推动农村地区经济发展，加强农村医疗服务基础设施建设，提高农村老年人消费水平，成为现阶段提高农村养老服务水平的重要举措。

实施乡村振兴战略，提高农村地区经济水平。党中央高度重视农村地区经济发展，提出实施乡村振兴战略，将解决好"三农"问题作为全党工作的重中之重。习近平总书记在党的二十大报告中指出，全面推进乡村振兴。全面建设社会主义现代化国家，最艰巨最繁重的任务仍然在农村。坚持农业农村优先发展，坚持城乡融合发展，畅通城乡要素流动渠道。加快建设农业强国，扎实推动乡村产业、人才、文化、生态、组织振兴。这为贯彻实施乡村振兴战略提供了有效指引。现阶段，要推动农村地区经济发展，为养老服务发展提供物质基础，应从以下几个方面入手。一是要立足农村地区本土优势，打造具有当地特色的产业。农村地区的产业以农业为主，要打造农产品特色品牌，并加强仓储物流设施建设，为农产品储藏运输提供条件。二是要引进新兴技术，为农村地区经济发展提供技术支持。农村地区机械化程度不高，要想延长产业链、进行精深加工，就需要引进先进技术，运用现代化技术手段提高农产品附加值。三是要加大对农村地区就业的政策扶持，提高农村地区人才吸引力。现阶段，农村地区发展因缺少人才而落后，技术型人才、管理型人才严重缺乏，因此，需要制定完善的人才引进政策，为优秀人才提供生活便利和工作补贴。同时，也要加快培养本土人才，为大力发展农村经济提供支持。

加强农村地区基础设施建设，筑牢农村经济发展的根基。乡村振兴战略是实现中华民族伟大复兴的重要一环，而加强农村地区基础设施建设则是乡村振兴的重要基础。[①] 现阶段，要加强农村地区基础设施建设，要重点从以下几个方面入手。一是要改善农村地区道路运输条件，加强农村主干道建设，保障汽车、货车等运输车辆的畅通。同时，要按照城市道路的管理标准，开展城乡交通一体化建设工作，加强农村地区的对外交流。二是要优化农村地区的生态环境，集中收集和处理农村垃圾，建设空气清新、景色优美的村庄。三是要加大对农村公共服务、医疗卫生设施的投入，提高农村地区的医疗卫生水平。另外，也要在人口集中的乡村兴建图书馆、文化馆、体育馆等，尤其要丰富农村地区老年人的精神文化生活。

2. 提高养老保险待遇水平，缩小城乡购买力差距

为缓解农村地区人口老龄化的巨大压力、保障农村地区老年人的基本生活，2009 年我国全面推行新型农村社会养老保险制度，并将其作为国家社会保险体系的重要组成部分。2014 年 2 月，国务院印发《关于建立统一的城乡居民基本养老保险制度的意见》，在总结新型农村社会养老保险和城镇居民社会养老保险实践经验的基础上，将新农保和城居保制度结合。社会养老保障体系虽不断完善，但待遇水平低、参保积极性差等仍严重阻碍着我国农村养老服务业的发展进程。摆脱农村地区养老服务发展制度困境，亟须调动农村居民参保积极性、提高养老保险待遇水平，实现农村养老服务的可持续发展。

加大政府政策引导，提高农村居民参保积极性。由于农村居民收入水平较低、消费能力较差、思想观念落后，其对于城乡居民基本养老保险制度的认识程度有限，农村居民参与养老保险的积极性不高，参保动力不足。鉴于此，应逐步加强政府对养老保险政策的引导，提高农村居民参保积极性。一是要建立和完善养老保险待遇水平增长机制，并根据物价水平和社会平均工资，提高农村居民基础养老金待遇

---

① 《乡村公共基础设施建设是乡村振兴的关键》，光明网，https://m.gmw.cn/baijia/2021 – 03/02/34655125.html，最后访问日期：2023 年 9 月 12 日。

水平。二是要做好农村居民养老保险参保工作，实现全民参保。通过摸底排查、下乡调研等方式准确掌握农村居民养老保险参保情况，对于未参保居民，要通过宣传教育等方式合理引导其参与养老保险。三是要延伸养老服务的供应层次，在乡镇、农村建立养老保险代办机构或服务网点，方便农村居民参保缴费。

提高农村居民养老保险待遇水平，增强养老保险的激励效应。由于农村居民难以承受较高的保险费用，其通常选择最低档次的养老保险缴费标准，导致其养老保险待遇水平较低，拉大了城乡之间的待遇差距。完善农村地区养老服务供给机制，需要提高农村居民养老保险待遇水平，需要重点做好以下几个方面的工作。一是要鼓励农村居民提高养老保险缴费档次和年限。通过政策宣传和政府补贴，为农村居民提供一定程度的参保补助，鼓励其提高城乡居民养老保险的缴费层次和参保年限，从而提高养老保险待遇水平。二是要畅通城乡居民养老保险和城镇职工养老保险的通道，给予农村居民更多的参保选择权，鼓励有经济能力、经济状况良好的农村居民参与城镇职工养老保险，进而提高待遇水平。三是要完善城乡居民养老保险的待遇补偿机制和报销机制，将民办养老机构消费纳入养老保险报销范围，对选择在机构养老的农村居民报销一部分服务费用，适当降低服务成本。

3. 加大农村养老服务财政支持力度，体现城乡统一

充足的资金是养老服务机构正常稳定运营的物质基础，在养老服务的供给过程中发挥重要作用。2020 年中共中央、国务院印发《关于抓好"三农"领域重点工作确保如期实现全面小康的意见》，强调农村养老服务的重要性，提出要加强农村社会保障、加大政府补贴力度、多形式建立养老机构和日间照料中心，为打赢脱贫攻坚战、实施乡村振兴战略做出全面部署（郑军、秦妍，2021）。但从现实情况来看，由于经营成本高、老年人入住率低、政府补贴不足，农村养老服务机构仍面临较大的资金缺口，城市与农村的养老服务待遇水平差距仍然较大。在积极应对人口老龄化国家战略背景下，落实农村养老服务供给，亟须协调政府的财政补贴机制，加大对农村地区的财政倾斜力度，逐

步缩小农村与城市之间的资金差距。

完善资金补助项目实施方案，加大对农村地区的财政专项支持。一是要提高农村养老机构、养老综合体的补助标准，对护理型养老床位、养老机构运营提供更高的财政补贴，同时加大对养老服务人员的职业技能补贴。二是政府要统筹资金，根据当地经济情况，对设立敬老院的给予一次性建设补助，对设立农村日间照料中心的给予运营补助，对于参与农村养老服务供给的毕业生给予职业补助等，引导农村养老服务工作可持续发展。三是要明确农村养老服务补助方向，建立养老服务评价机制，并根据养老机构的服务水平和服务质量实施差额补助。

加大对农村养老机构的管理力度，提高机构财政补贴绩效监管水平。首先，要加强对农村民办养老机构预算绩效的监督管理，做好绩效监控和绩效评价工作，提高农村养老机构财政资金使用效率。其次，要不断提高信息化管理水平，助力养老机构绩效监测，运用"互联网＋"、大数据等技术支持，科学界定养老机构申领补贴的人数，确保财政补贴资金信息的真实性，杜绝虚报冒领等骗取政府补贴的行为。最后，要创新养老机构运营管理模式，积极引导专业养老机构实施科学管理，推动农村养老机构改造升级。[①]

4. 提升农村老人养老服务接受度，助力服务精准化供给

农村老人的养老是我国养老问题的重点和难点。受传统养老观念影响，农村老人仍然秉持"家庭养老""个人养老"的传统观念，对社会化养老服务的认识不足，信任程度较低，不利于社会力量参与养老服务的有效供给。

宣传和普及社会化养老观念，提升农村老人养老服务接受度。农村老年人对社会化养老服务持抵触心理，对养老机构的服务内容、服务质量、服务价格等"避之不谈"，普遍认为养老院是无儿无女的老人才去住的地方，对养老机构的接受度和认知度较低。转变农村老年人

---

① 《农村空巢老人的养老困境与化解之道》，河南老干部工作网，http：//www.hnlgb. gov.cn/2020/02－03/111946.html，最后访问日期：2024 年 1 月 2 日。

的传统思想观念，重在"积极"。需要不断宣传和普及社会化养老观念，减少农村居民的抵触心理。一是各地政府要积极承担起宣传和普及现代社会化养老观念的责任，尝试改变农村老年人"养儿防老""家庭养老"的传统观念，提高农村老年人对社会化养老服务的接受度和认知度。二是各地政府要积极实现城乡养老服务的有效衔接，可以通过养老服务下沉、养老机构下乡等方式为农村老年人提供养老服务体验，增强其切身感受。三是倡导农村老年人积极参与制定社会发展的支持政策，发挥老年人的积极作用，鼓励老年人主动转变观念，接受社会化的养老服务模式。

以提升农村老年人服务接受度为核心摸清需求，进一步提高服务供给水平和质量。一是要精准定位农村老年人的养老服务需求，创新养老服务的供给模式，为老年人提供定制化、可持续、高质量的养老服务，通过服务质量提高老年人对社会化养老服务机构的信任度和接受度。二是要加强对养老机构服务人员的专业化培训。这样既能够解决养老服务人员的短缺问题，一定程度上缓解当地就业问题，又能通过属地培训的文化优势赢得老年人的信任和依赖，还可以注重不同地区的差异性，因地制宜又协同规划，力争在兼顾效率和公平的同时，实现养老服务供给的城乡协调性发展。

5. 引导社会力量积极有效参与，创新农村供给模式

改革开放以来，我国农村地区生活水平逐渐提高，人均预期寿命不断延长。但人口老龄化程度加深、区域养老服务供给不足等问题也随之产生。一方面，由于农村家庭的小型化，农村养老方式以家庭养老和个人养老为主，年轻人面临巨大的养老压力；另一方面，随着农村地区人口流动速度加快，大部分农村青壮年劳动力选择进入城市务工，导致农村地区的劳动力平均年龄较高，"以地养老""打零工养老"等现象凸显（梁文凤，2022）。近年来国家为解决农村地区养老服务供给不足问题、弥补传统家庭养老的不足，通过各种政策措施支持社会力量参与农村地区养老服务供给，为农村地区养老事业发展注入了新的活力。但由于地理位置偏远、基础设施落后以及居民消费水平

较低，农村地区对社会力量的吸引力依然不足，从而难以满足当地老年人日常养老需求。破解农村养老服务难题，需要增加政策供给，推动社会力量参与，构建农村养老服务供给模式。

首先，加大政府政策支持力度，鼓励社会力量参与。养老事业的发展离不开完善的制度设计和政策体系。通过制度和政策设计将农村养老服务发展纳入国家规划，这种清晰的政策取向，能够增强社会力量参与农村养老服务供给的信心，也可为农村养老服务体系建设提供明确的发展方向。为此，一是制定土地优惠政策，在农村地区的土地规划和使用上预留养老机构的专用土地，并适当降低养老机构的使用租金，从而降低机构建设成本。二是制定税收优惠政策。对于民办养老机构，可以酌情减免其所得税、营业税及用水、用电、用暖、用气、通信等公共事业收费。三是制定服务补贴政策，即民政部门、财政部门、医疗卫生部门、人社部门等可以通过运营补贴、床位补贴、服务补贴等方式为民办养老机构提供支持，同时为养老服务人员提供工作补贴，全方位调动社会力量参与农村养老服务的积极性。四是加大政府财政补助力度，增加农村养老服务事业发展运营资金。各地方政府要对农村地区养老事业给予更多的资金支持，逐步提高农村老年人生活照料、医疗护理、经济供养、精神慰藉等养老服务待遇水平，逐步缩小养老服务的城乡差距。

其次，构建农村养老服务供给模式，形成可持续推广经验。本研究创新性地提出社会力量参与农村养老服务供给的两种模式，即社会力量缺失型和社会力量被动型。对于社会力量缺失型的农村，鉴于其公办民营的供给形式以及公益性、福利化的发展取向，应积极引导社会力量有效参与，为养老机构建设提供资金支持。同时要逐步完善机构养老服务设施，拟定制度化的发展规则和管理体系，以农村养老大院、农村互助养老驿站等方式为农村弱势群体提供兜底性服务保障，满足其基本养老服务需求。对于社会力量被动型养老机构，应进一步放开养老服务市场，以土地政策、税收减免等优惠措施，降低社会力量参与农村养老服务的运营成本和减轻其负担。鼓励社会力量不断丰富养老服务供给内容，推广成熟的经验模式，突出地方特色。"化被动为主动，以主动带联动"推动农村地区养老服务体系建设向质量提升和结构优化转变，缩小城乡服务供给的差距，提高城乡服务均等化水平，促进养老服务高质量发展。

第十一章　研究不足与展望

一　研究不足

虽然本研究尽可能做到内容翔实，方法科学合理，但仍存在一定局限性有待后续补充和完善。

首先，本研究的案例样本在城市方面沿着"微观调研—数据摸底—实证影响—个案深入"的脉络展开。虽然受疫情影响，调研进程延缓，但最大限度地做到了"数据反映现实问题，个案深入挖掘问题原因"。但可惜的是，案例样本在农村地区没有大规模铺开，调研所得结果是否具有代表性需要在今后的研究中进一步深入探索和完善。受限于农村老年人、村干部的文化水平，访谈人员需要花费大量时间对问题进行解释说明，因此本研究在农村部分主要依赖半结构式访谈进行资料的收集，受访对象可能并未能覆盖所有的利益相关主体，对一些特定内容的观点表述会存在遗漏重要利益相关者观点的风险，一定程度上影响了资料收集的准确性。

其次，本研究以供求关系理论、制度变迁理论、社会服务供给相关理论等为理论基础，尝试构建了社会力量参与城乡养老服务供给的分析框架。在框架指导下，归纳总结社会力量参与养老服务供给的五种模式。在此基础上，本研究虽通过目的性抽样选取了具有典型性和代表性的案例城市、机构与社区展开关联性研究，但不同地区的不同机构和社区存在老龄化程度、经济发展水平、服务供给资源等多方面差异，因此，本研究选取的个案可能无法对这些差异性要素进行精准的控制，得出的结论效度还需要进一步研究和修正。五种模式虽然在理论层面具有较强的合理性，但仍需在实践中进行检验，以更多案例给予证实，提高模式构建的现实可行性与动态修正性。

最后，在疫情常态化防控期间，大部分养老机构与社区为老服务中心实行封闭化管理，调研团队进入困难。虽然团队克服重重困难，完成了研究设计中的调研工作，但与预期结果相比仍有差距。

二 研究展望

"十四五"时期，老年人对晚年健康生活的需求与日俱增，对深层次的心理和精神需求开始凸显，对养老服务供给提出了多样化、多层次、个性化的要求。无论是理论研究创新视角，还是案例研究指导实践，当前养老服务供给从解决同质性问题走向解决异质性问题是一个必然趋势。本研究从社会力量参与养老服务供给的主体结构、动力机制、运行机制等方面构建了社会力量参与养老服务供给的城乡模式，即社会力量嵌入型、社会力量瞄准型和社会力量偏好型三种城市模式，以及社会力量缺失型和社会力量被动型两种农村模式。以理论模式构建反观实践经验总结，以期进一步修正模式。在未来的深入研究过程中，一方面，希望找到更多的实践案例给予证实，不断修正完善，以便使案例走向全国，推动构建多元供给主体共同发力，供给内容丰富方式多元，供给运行机制协调高效的社会化养老服务供给格局。

另一方面，研究发现我国养老服务供给的短板仍然在农村。在发展过程中仍然面临用于支持养老基础设施建设的资金不足、个人对养老服务的支付能力有限、居民养老思想观念较为落后、养老服务设施和基本公共服务城乡不均衡等突出问题。下一步，在推动基本养老服务均等化和新时代养老服务高质量发展的背景下，希望能够进一步对农村养老服务供给开展深入研究，丰富现有研究成果，更加注重维护社会公平正义，提升全体老年人养老服务的获得感和幸福感。

参考文献

安东尼·吉登斯，2000，《现代性的后果》，田禾译，江苏：译林出版社。

鲍伟，2020，《家庭养老、社会养老与农村老年人健康》，硕士学位论文，重庆大学。

曹海苓，2020，《中国社会化养老服务中的政府职能研究》，博士学位论文，东北师范大学。

曹献雨，2019，《中国互联网与养老服务融合水平测度及提升路径研究》，《当代经济管理》第 7 期，第 73 ~ 80 页。

曹远征，2003，《公共民营合作制在中国》，《城乡建设》第 7 期，第 20 ~ 21 页。

陈成文、陈舒，2017，《从"碎片化"困境看我国城市养老服务体系的制度建设》，《城市发展研究》第 12 期，第 76 ~ 82 页。

陈景华，2019，《马克思的供求理论及其当代价值研究》，博士学位论文，福建师范大学。

陈凯丽，2022，《积极人口老龄化背景下养老服务人才队伍建设存在的问题及对策》，《黑龙江人力资源和社会保障》第 10 期，第 106 ~ 108 页。

陈强，2014，《高级计量经济学及 Stata 应用（第 2 版）》，北京：高等教育出版社。

陈志勇、张薇，2017，《我国养老服务市场化中的财政补贴方式及标准测度》，《求索》第 1 期，第 144 ~ 148 页。

程燕蓉、慈勤英，2022，《家国一体：在乡村振兴中重塑家庭养老》，

《宁夏社会科学》第 4 期，第 166～172 页。

褚松燕，2008，《中外非政府组织管理体制比较》，北京：国家行政学院出版社。

道格拉斯·诺斯，1994，《经济史中的结构与变迁》，陈郁、罗华平译，上海：上海三联书店。

道格拉斯·诺斯、罗伯斯·托马斯，2014，《西方世界的兴起》，厉以平、蔡磊译，北京：华夏出版社。

丁学娜、周君婷、张程鞞、周蕾，2019，《风险分担视角下民办非营利养老机构运营风险的化解研究》，《中共南京市委党校学报》第 1 期，第 98～105、97 页。

董红亚，2013，《我国民办养老机构研究综述》，《浙江外国语学院学报》第 1 期，第 96～103 页。

董彭滔，2018，《供给侧结构性改革视角下的养老机构公建民营研究》，《中国物价》第 10 期，第 85～88 页。

E. S. 萨瓦斯，2002，《民营化与公私部门的伙伴关系》，周志忍等译，北京：中国人民大学出版社。

Neil Gilbert、Paul Terrell，2003，《社会福利政策导论》，黄晨熹、周烨、刘红译，上海：华东理工大学出版社。

范方春、吴湘玲，2020，《"新治理"理念下居家养老服务政策的执行》，《江汉学术》第 3 期，第 22～32 页。

风笑天，2022，《个案的力量：论个案研究的方法论意义及其应用》，《社会科学》第 5 期，第 140～149 页。

风笑天，2014，《社会调查中的问卷设计》，北京：中国人民大学出版社。

冯佳，2019，《基于政府干预理论的我国养老产业财税政策研究》，《财会通讯》第 26 期，第 124～128 页。

符美玲、陈登菊、张伟、杨巧，2013，《从长期住院研究谈构建"医养结合"照护体系的必要性》，《中国医院》第 11 期，第 21～23 页。

付子瑜，2022，《不同养老服务供给模式下的社会组织参与问题研究》，硕士学位论文，天津理工大学。

高丽莎、张伟，2008，《居家养老的海曙模式》，《浙江人大》第 4 期，第 57 ~ 59 页。

郭金来、陈泰昌、翟德华，2022，《积极应对人口老龄化国家战略的科学内涵、时代价值与实践路径》，《前沿》第 3 期，第 79 ~ 90 页。

郭敬、黄陈刘，2015，《基于养老产业进入机制的演化博弈分析》，《数学的实践与认识》第 20 期，第 112 ~ 119 页。

郭倩、王效俐，2020，《基于政府补贴的养老服务市场供给研究》，《运筹与管理》第 2 期，第 219 ~ 228 页。

韩烨，2020，《社区居家或入住机构——养老服务 PPP 模式的差异化构建与优化》，《吉林大学社会科学学报》第 2 期，第 179 ~ 188、223 ~ 224 页。

韩烨、沈彤，2021，《中国特色养老服务体系建设的逻辑起点与规划远景——从"积极老龄化"到"积极应对人口老龄化"国家战略》，《学习与探索》第 3 期，第 29 ~ 35 页。

郝涛、徐宏、岳乾月、张淑钢，2017，《PPP 模式下养老服务有效供给与实现路径研究》，《经济与管理评论》第 1 期，第 119 ~ 125 页。

何寿奎，2016，《社会组织参与养老服务供给困境成因与治理对策研究》，《现代经济探讨》第 8 期，第 5 ~ 9 页。

黄闯，2017，《社会资本参与养老服务发展的动力机制、实践逻辑和路径优化》，《学习与实践》第 1 期，第 96 ~ 103 页。

贾波，2016，《社会组织参与社区居家养老激励机制研究》，《福州党校学报》第 4 期，第 278 ~ 280 页。

贾敏、李佳靖，2018，《我国养老设施空间"适老化"的现状问题与设计建议》，《住区》第 1 期，第 32 ~ 41 页。

江玲玲，2019，《我国机关事业单位养老保险制度改革中的制约因素分析》，硕士学位论文，江西农业大学。

姜腊、李运华，2021，《社区养老照顾服务供给主体作用分析——基于福利多元主义视角》，《江汉学术》第 5 期，第 72 ~ 82 页。

蒋卓舍、卢建平，2017，《萨伊定律与凯恩斯革命——经济学视阈下的供给侧改革》，《西安电子科技大学学报》（社会科学版）第1期，第9~13页。

金燕娇、张永理，2005，《民办养老机构的产权困境——以爱地颐养中心为例》，《郑州航空工业管理学院学报》第4期，第94~96页。

金昱希、林闽钢，2021，《智慧化养老服务的革新路径与中国选择》，《兰州大学学报》（社会科学版）第5期，第107~116页。

凯恩斯，1999，《就业、利息和货币通论》，高鸿业译，北京：商务印书馆。

莱斯特·M.萨拉蒙，2008，《公共服务供给中的伙伴——现代福利国家中政府与非营利组织的关系》，北京：商务印书馆。

兰斯·E.戴维斯、道格拉斯·C.诺斯，2019，《制度变迁与美国经济增长》，张志华译，上海：格致出版社、上海人民出版社。

雷咸胜，2017，《中国长期照护服务供给体系及其PPP取向》，《老龄科学研究》第7期，第12~21页。

李兵、张恺悌、王海涛、庞涛，2011，《关于基本养老服务体系建设的几点思考》，《新视野》第1期，第66~68页。

李坚，2021，《欠发达地区民办非营利养老机构运作困境与对策研究》，硕士学位论文，江西财经大学。

李娟、姜红，2022，《养老机构的民办民营模式：资源困境、组织依赖与模式创新》，《重庆师范大学学报》（社会科学版）第1期，第77~85页。

李学斌，2008，《我国社区养老服务研究综述》，《宁夏社会科学》第1期，第42~46页。

李砚忠、牛顺娇，2021，《人口老龄化背景下的社区居家养老模式研究——以G市14家日间照料中心为例》，《南宁师范大学学报》（哲学社会科学版）第2期，第47~56页。

梁文凤，2022，《人口老龄化背景下农村养老的现实困境与路径选择》，《经济纵横》第10期，第82~88页。

梁馨月，2010，《中国社区养老方式的新探索》，《山西财经大学学报》第 S2 期，第 78 页。

林闽钢，2014，《论我国社会养老服务的公益性及实现途径》，《人口与社会》第 1 期，第 7～11 页。

林毅夫，1994，《关于制度变迁的经济学理论：诱致性变迁与强制性变迁》，载 R. 科斯、A. 阿尔钦、D. 诺斯等《财产权利与制度变迁——产权学派与新制度学派译文集》，刘守英等译，上海：上海人民出版社。

刘牧樵，2018，《"泰康之家"保险养老模式初探》，《中华建设》第 6 期，第 22～25 页。

刘青峰，2015，《当代中国教育服务公私合作中的地方政府管理研究》，博士学位论文，云南大学。

刘雅娜、江华，2022，《保险养老社区的发展及经验借鉴》，《中国保险》第 9 期，第 10～14 页。

龙玉其，2017，《民办非营利性养老机构的发展环境及其优化策略——基于 SWOT-PEST 组合模型的分析》，《首都师范大学学报》（社会科学版）第 2 期，第 93～100 页。

鲁迎春，2016，《政府供给养老服务的动力机制研究》，《中共浙江省委党校学报》第 1 期，第 109～114 页。

鲁迎春，2019，《公私合作：上海养老服务供给的探索》，上海：上海人民出版社。

陆杰华、沙迪，2019，《新时代农村养老服务体系面临的突出问题、主要矛盾与战略路径》，《新疆师范大学学报》（哲学社会科学版）第 2 期，第 78～87、2 页。

罗伯特·K. 殷，2010，《案例研究：设计与方法（第 4 版）》，周海涛、李永贤、李虞、史少杰译，重庆：重庆大学出版社。

罗伯特·K. 殷，2017，《案例研究：设计与方法（第 5 版）》，周海涛、史少杰译，重庆：重庆大学出版社。

《马克思恩格斯全集（第三十四卷）》，2008，北京：人民出版社。

《马克思恩格斯全集（第四十四卷）》，1982，北京：人民出版社。

《马克思恩格斯选集（第二卷）》，1995，北京：人民出版社。

马昕，2014，《农村互助养老模式研究》，硕士学位论文，河北大学。

牛喜霞、秦克寅、成伟，2013，《城市居民社会化养老意愿的调查研究——以淄博张店区为例》，《兰州学刊》第 7 期，第 97 ~ 103 页。

潘鸿雁，2016，《金山区颐和苑：上海养老服务领域的 PPP 模式探索》，《人口与计划生育》第 9 期，第 27 ~ 28 页。

彭聪，2021，《中国智慧养老内涵及发展模式研究》，《广西社会科学》第 1 期，第 132 ~ 138 页。

彭华民、黄叶青，2006，《福利多元主义：福利提供从国家到多元部门的转型》，《南开学报》第 6 期，第 40 ~ 48 页。

亓彩云，2022，《为何包容性的残障儿童社会服务政策产生系统性排斥?》，博士学位论文，吉林大学。

屈哲，2012，《基础设施领域公私合作制问题研究》，博士学位论文，东北财经大学。

R. 科斯、A. 阿尔钦、D. 诺斯等，1994，《财产权利与制度变迁——产权学派与新制度学派译文集》，刘守英等译，上海：上海人民出版社。

单大圣，2011，《中国养老服务管理体制的改革与发展》，《经济论坛》第 9 期，第 192 ~ 196 页。

萨伊，1982，《政治经济学概论》，陈福生、陈振骅译，北京：商务印书馆。

桑东升、舒沐晖、刘大伟、张亚，2020，《供给侧改革视角下城市养老设施规划对策探索》，《城乡规划》第 3 期，第 37 ~ 42、46 页。

沈勤、树佳伟，2018，《我国民办养老机构服务质量和价格研究——以上海市为例》，《价格理论与实践》第 6 期，第 58 ~ 61 页。

盛见，2021，《"需求响应"视角下养老服务供需错配问题及其解决对策》，《中州学刊》第 2 期，第 28 ~ 33 页。

宋全成、崔瑞宁，2013，《人口高速老龄化的理论应对——从健康老龄化到积极老龄化》，《山东社会科学》第 4 期，第 36～41 页。

宋姗、王德、朱玮、王灿，2016，《基于需求偏好的上海市养老机构空间配置研究》，《城市规划》第 8 期，第 77～82、90 页。

T. W. 舒尔茨，1994，《制度与人的经济价值的不断提高》，载 R. 科斯、A. 阿尔钦、D. 诺斯等《财产权利与制度变迁——产权学派与新制度学派译文集》，上海：上海人民出版社。

汤蕴懿，2012，《中国境外非政府组织管理困境中的"锁定效应"分析》，《社会科学》第 3 期，第 76～83 页。

田北海、王彩云，2014，《城乡老年人社会养老服务需求特征及其影响因素——基于对家庭养老替代机制的分析》，《中国农村观察》第 4 期，第 2～17 页。

王辅贤，2004，《社区养老助老服务的取向、问题与对策研究》，《社会科学研究》第 6 期，第 110～113 页。

王广辉，2020，《比较宪法学》，武汉：武汉大学出版社。

王桂新，2021，《流动社会背景下我国城乡养老困境及其破解》，《国家治理》第 39 期，第 8～15 页。

王灏，2004，《PPP 的定义和分类研究》，《都市快轨交通》第 5 期，第 23～27 页。

王锦军，2015，《政府责任、合作提供与混合竞争：现代公共服务体系构建中的组织与机制》，北京：中国社会科学出版社。

王莉莉，2019，《公办养老机构转制发展现状及对策研究》，《兰州学刊》第 2 期，第 192～208 页。

王浦劬、郝秋笛，2016，《政府向社会力量购买公共服务发展研究：基于中英经验的分析》，北京：北京大学出版社。

王桥、张展新，2018，《城市老人机构养老意愿调查设计与因素分析——基于长春市中心城四区抽样数据的研究》，《东岳论丛》第 39 卷第 1 期，第 54～62 页。

王诗宗、费迪，2014，《地方政府与社会组织在公共服务中的合作——

浙江省宁波市的案例》，《国际社会科学杂志》（中文版）第 3 期，
第 103～113、7、11～12 页。

王婷蕊，2016，《政府向社会组织购买养老服务研究》，硕士学位论文，
华北电力大学（北京）。

王伟光、郭宝平，1998，《社会利益论》，北京：人民出版社。

王阳亮，2017，《政府购买养老服务：属性、问题与对策》，《哈尔滨工
业大学学报》（社会科学版）第 4 期，第 22～27 页。

吴玉韶，2019，《构建以照护为重点的养老服务体系》，4 月 19 日，清
华养老论坛上的演讲。

吴玉韶、王莉莉，2015，《中国养老机构发展研究报告》，北京：华龄
出版社。

谢怡洁，2020，《非营利组织参与养老服务问题研究》，硕士学位论文，
江西师范大学。

徐徐、曲世琦，2022，《破解养老服务供需错配 保险养老社区大有可
为》，《中国保险》第 9 期，第 19～24 页。

许福子，2014，《辽宁养老产业发展研究——基于对辽宁省 10 个地区
的调查》，《社会福利》（理论版）第 9 期，第 58～63 页。

鄢圣文、钱思，2017，《北京市多层次养老服务体系建设问题与发展策
略》，《中国财政》第 23 期，第 61～62 页。

阎志强，2018，《城市老年人的机构养老意愿及其影响因素——基于
2017 年广州老年人调查数据的分析》，《南方人口》第 33 卷第 6
期，第 58～65、57 页。

杨方方，2021，《泰康之家养老社区营销探究》，硕士学位论文，中南
财经政法大学。

杨立雄，2013，《老年福利制度研究》，北京：人民出版社。

杨清哲，2013，《人口老龄化背景下中国农村老年人养老保障问题研
究》，博士学位论文，吉林大学。

杨秀婷、王春昕、王桂茹、何冬梅，2010，《我国空巢老人焦虑抑郁现状
及相关因素研究进展》，《中国老年学杂志》第 18 期，第 2712～

2713 页。

杨洋、韩烨，2023，《政府购买养老服务的英国经验与启示》，《中国人力资源社会保障》第 5 期，第 55～57 页。

于竞宇、符志能，2020，《我国养老机构的老年宜居环境管理：研究现状及未来研究方向》，《河南科学》第 2 期，第 337～344 页。

余晖、秦虹，2005，《公私合作制的中国试验》，上海：上海人民出版社。

约翰·D. 多纳休，理查德·J. 泽克豪泽，2015，《合作：激变时代的合作治理》，徐维译，北京：中国政法大学出版社。

岳向华、林毓铭，2019，《政府监管下养老机构服务质量博弈分析》，《广西社会科学》第 11 期，第 60～65 页。

臧传琴，2007，《从"经济人"假设到"政府失灵"——评公共选择学派的"政府失灵"论》，《江汉论坛》第 2 期，第 4750 页。

曾通刚、赵媛，2019，《中国老龄事业发展水平时空演化及其与经济发展水平的空间匹配》，《地理研究》第 6 期，第 1497～1511 页。

张备，2010，《城市基层政府公共服务职能与公众期望契合研究》，博士学位论文，武汉大学。

张海川、张利梅，2017，《个性化养老服务需求的调查分析——以成都市为例》，《首都经济贸易大学学报》第 1 期，第 58～65 页。

张金玲，2018，《让"虚拟养老院"发挥更大作用》，《人民论坛》第 27 期，第 66～67 页。

张丽萍，2012，《老年人口居住安排与居住意愿研究》，《人口学刊》第 6 期，第 25～33 页。

张奇林、赵青，2011，《我国社区居家养老模式发展探析》，《东北大学学报》（社会科学版）第 5 期，第 416～420、42 页。

张世青、王文娟，2018，《公正、共享与需要：托底社会政策的价值定位》，《济南大学学报》（社会科学版）第 1 期，第 149～156 页。

张曙光，1992，《论制度均衡和制度变革》，《经济研究》第 6 期。

张增芳，2012，《老龄化背景下机构养老的供需矛盾及发展思路——基

于西安市的数据分析》，《西北大学学报》（哲学社会科学版）第 5
期，第 35～39 页。

张珍，2020，《我国政府购买公共服务的法律困境与对策研究》，硕士
学位论文，暨南大学。

章晓懿、刘帮成，2011，《社区居家养老服务质量模型研究——以上海
市为例》，《中国人口科学》第 3 期，第 83～92、112 页。

赵萌、潘珍妮、孙高升，2021，《公建民营养老机构内部环境的风险管
理和控制》，《质量与市场》第 11 期，第 111～113 页。

赵青航，2012，《民办非企业单位的困境与发展——从民办养老机构的
发展现状谈起》，《社团管理研究》第 11 期，第 34～37 页。

郑功成，2016，《让社会组织成为养老服务生力军》，《学会》第 1 期，
第 25、44 页。

郑军、秦妍，2021，《政府财政补贴与农村养老服务供给：作用渠道与
差异效应》，《贵州财经大学学报》第 6 期，第 99～108 页。

周坚、韦一晨、丁龙华，2018，《老年长期护理制度模式的国际比较及
其启示》，《社会保障研究》第 3 期，第 92～101 页。

周亚娇，2017，《制度变迁视域下我国基本养老保险制度整合路径研
究》，硕士学位论文，武汉科技大学。

周志忍，2005，《当代政府管理的新理念》，《北京大学学报》（哲学社
会科学版）第 3 期，第 103～110 页。

朱凤梅，2019，《民办养老机构"低入住率"的原因分析：来自市、县
两级的证据》，《人口学刊》第 1 期，第 89～100 页。

Allan, R. J. 1999. *PPP: A Review of Literature and Practice*. Saskatchewan
Institute of Public Policy.

Archbold, P. G. 1983. "Impact of Parent-caring on Women." *Family Relations*, 32 (1).

Armstrong, P., A. Banerjee A., M. Szebehely, H. Armstrong, and S.
Lafrane. 2009. *They Deserve Better: The Long-term Care Experience in
Canada and Scandinavia*. Canadian Centre for Policy Alternatives.

Blomqvist, P. 2004. "The Choice Revolution: Privatization of Swedish Welfare Services in the 1990s." *Social Policy & Administration*, 38 (2).

Bravo, D., and E. Puentes. 2012. "Female Labor Force Participation and Informal Care of Adults: Evidence for A Middle-income Country." *Working Papers*.

Campbell, J. C., and Ikegami, N. 2003. "Japan's Radical Reform of Long-term Care." *Social Policy & Administration*, 37 (1).

Chul, R., Nicolae Done, and Gerard F. Anderson, 2015. "Considering Long-term Care Insurance for Middle-income Countries: Comparing South Korea with Japan and German." *Health Policy*, 119 (10).

Colombo, F., Ana Llena-Nozal, Jérme Mercier, F. Tjadens. 2011. *Help Wanted?: Providing and Paying for Long-Term Care*. OECD Publishing.

Dahlberg, L. 2005. "Interaction between Voluntary and Statutory Social Service Provision in Sweden: A Matter of Welfare Pluralism, Substitution or Complementarity?" *Social Policy & Administration*, 39 (7).

Daniel, J., Bottoni Craig, Kim David, et al. 2006. "Infections Following Arthroscopic Anterior Cruciate Ligament Reconstruction." *Arthroscopy*, 22 (4).

Davidoff, F., P. Batalden, D. Stevens, G. Ogrinc, and S. Mooney. 2008. "Publication Guidelines for Quality Improvement in Health Care: Evolution of the Squire Project." *BMJ Quality & Safety*, 17 (Suppl 1).

De Meijer, C., P. Bakx, Van Doorslaer E., et al. 2015. "Explaining Declining Rates of Institutional LTC Use in the Netherlands: A Decomposition Approach." *Health Economics*, 24.

Eggink, E., Michiel Ras, and Isolde Woittiez. 2016. "Dutch Long-Term Care Use in an Ageing Population." *The Journal of the Economics of Ageing*, 9 (9).

Eling, M. 2020. "Financing Long-term Care: Some Ideas from Switzerland Comment on Financing Long-term Care: Lessons from Japan." *International Journal of Health Policy and Management*, 9 (1).

Ellwardt, L., Aartsen Marja, Deeg Dorly, et al. 2013. "Does Loneliness Mediate the Relation Between Social Support and Cognitive Functioning in Later Life?" *Social Science & Medicine*, 98.

Endo, H. 2007. "Care and Nursing in Remodeling Long-term Care Insurance." Nihon Ronen Igakkaizasshi. *Japanese Journal of Geriatrics*, 44 (4).

Evers, A. 1990. *Shifts in the Welfare Mix: Introducing A New Approach For the Study of Transformations in Welfare and Social Policy* Bloomington: *Campus Verlag*.

Evers, A. and Olk, T. 1996. *Wohlfahrts Pluralismus: Vom Wohlfahrts Staat Zur Wohlfahrts Gesellschaft.* Opladen.

Hansmann, H. B., 1987. *Economic Theories of Nonprofit Organizations.* New Haven: Yale University Press.

Hayami, Y., Ruttan, V. W. 1984. "Toward a Theory of Induced Institutional Innovation." *The Journal of Development Studies*, 20 (4).

Heinze, K., Ashleigh Lin, Renate L. E. P. Reniers, and Stephen J. Wood. 2016. "Longer-term Increased Cortisol Levels in Young People with Mental Health Problems." *Psychiatry Research*, 236 (1).

Houtven, C. H. V., Norton E. C. 2004. "Informal Care and Health Care Use of Older Adults." *Journal of Health Economics*, 23 (6).

Ikegami, N., Campbell, J. C. 2002. "Choices, Policy Logics and Problems in the Design of Long-term Care Systems." *Social Policy & Administration*, 36 (7).

Jimenez, M. E., Hudson, Shawna V., Lima, Daniel and Crabtree, and Benjamin F. 2019. "Engaging a Community Leader to Enhance Preparation for In-Depth Interviews With Community Members." *Qualitative*

Health Research, 29（2）.

Johnson, N. 1999. *Mixed Economies of Welfare: A Comparative Perspective*. London: Prentice Hall.

Kemper, P. 2003. "Long-term Care Research and Policy." *The Gerontologist*, （43）.

Kespichayawattana, J., and Jitapunkul Sutthichai. 2008. "Health and Health Care System for Older Persons." *Ageing International*, 33（1 –4）.

Kwon S. 2008. "Future of Long-term Care Financing for the Elderly in Korea." *Journal of Aging & Social Policy*, 20（1）.

Langton, S. 2010. "Public-Private Partnerships: Hope or Hoax?" *National Civil Review*, 72（5）.

Langton, S. 1983. "Public-Private Partnerships: Hope or Hoax?" *National Civil Review*, 72（5）.

Mitchell, J. R., and Jasper C. 1984. "An Exploration of Family Interaction with the Elderly by Race, Socioeconomic Status, and Residence." *The Gerontologist*, 24（1）.

OECD. 2008. *Public-Private Partnerships: In Pursuit of Risk Sharing and Value for Money*. OECD Publishing.

Ono, S. 2007. *Ministry of Health, Labour and Welfare（MHLW, Japan）*. John Wiley & Sons, Inc.

Pauly, M. V. 1990. "The Rational Nonpurchase of Long-term-care Insurance." *Journal of Political Economy*, 98（1）.

Pfau-Effinger, B. 2005. "Welfare State Policies and the Development of Care Arrangements." *European Societies*, 7（2）.

Rose, R. 1986. *Common Goals but Different Roles: The State's Contribution to the Welfare Mix. The Welfare State East and West*. Oxford: Oxford University Press.

Salamon, L. M. 1987. *Partners in Public Services: The Scope and Theory of Government-nonprofit Relations*. New Haven: Yale University Press.

Salamon, L. M. 1994. "The Rise of the Nonprofit Sector. " *Foreign Affairs*, 73: (4).

Schaal, T. , Tonio Schönfelder, and jörg Klewe. 2015. "Market Mechanisms among Nursing Homes: A Correlation Analysis of Price, Quality, and Demand. " *Heilberufe Science*, 6 (2).

Sigurðardóttir, S. H. , and Marie Ernsth Bravell. 2013. "Older Caregivers in Iceland: Providing and Receiving Care. " *Nordic Social Work Research*, 3 (1).

Tennstedt, S. L. , S. L. Crawford, and J. B. McKinlay. 1993. "Is Family Care on the Decline? A Longitudinal Investigation of the Substitution of Formal Long-term Care Services for Informal Care. " *The Milbank Quarterly*, 71 (4)

The National Council For PPP, USA. 2002. *For the Good for People: Using PPP to Meet America's Essential Needs.*

Titmuss, R. M. , 1958. "*The Social Division of Welfare: Some Reflections on the Search for Equity* . " in *Essays on the Welfare State.* London: George Allen & Unwin.

Umegaki, H. , Madoka Yanagawa, Zen Nonogaki, et al. 2014. "Burden Reduction of Caregivers for Users of Care Services Provided by the Public Long-term Care Insurance System in Japan. " *Archives of Gerontology and Geriatrics*, 58 (1).

Van Soest-Poortvliet, M. C. , Van Der Steen, J. T. , De Vet, H. C. W. , et al. 2015. "Comfort Goal of Care and End-of-life Outcomes in Dementia: A Prospective Study. " *Palliative Medicine*, 29 (6).

Wallace, S. P. , Keven Campbell, Chih-Yin Lew-Ting. 1994. "Structural Barriers to the Use of Formal In-home Services by Elderly Latinos. " *Journal of Gerontology*, 49 (5).

Zakoscielna, K. M. , and P. A. Parmelee. 2013. "Pain Variability and its Predictors in Older Adults: Depression, Cognition, Functional Status,

Health, and Pain." *Journal of Aging and Health*, 25 (8).

Zimmerman, S., Sloane P. D., and Williams C. S., et al. 2005. "De-
mentia Care and Quality of Life in Assisted Living and Nursing Homes."
The Gerontologist, 45 (Suppl 1).

附录1 中国老年人养老服务需求调查问卷

A 基本信息

A1 性别：

1. 男 （ ）   2. 女 （ ）

A2 年龄：

1. 60～70 岁 （ ）   2. 70～80 岁 （ ）

3. 80 岁及以上 （ ）

A3 婚姻状况：

1. 未婚 （ ）   2. 已婚 （ ）

3. 离婚 （ ）   4. 丧偶 （ ）

A4 文化程度：

1. 小学及以下 （ ）   2. 初高中、中专或大专 （ ）

3. 大学 （ ）   4. 研究生及以上 （ ）

A5 健康状况：

1. 健康 （ ）   2. 慢性病 （ ）

3. 重症疾病（或残障）（ ）   4. 阿尔茨海默病 （ ）

A6 自理状况：

1. 完全自理 （ ）   2. 偶尔需要他人帮助 （ ）

3. 经常需要他人帮助 （ ）   4. 完全不能自理 （ ）

A7 子女数：

1. 无 （ ）   2. 1 个 （ ）

3. 2 个 （ ）   4. 3 个及以上 （ ）

A8 您曾经的就业情况：

1. 机关事业单位职工（　　）　　　2. 国有或集体单位职工（　　）

3. 私营企业员工（　　）　　　　　4. 个体户（　　）

5. 在家务农（　　）　　　　　　　6. 临时工（　　）

7. 没工作（　　）

A9　您退休前的月平均工资约为_____元；您退休后月平均收入约为_____元

1. 无收入　　　　　　　　　　　2. 0～3000 元

3. 3000～5000 元　　　　　　　　4. 5000～7000 元

5. 7000 元及以上

A10　您的主要经济来源为：（可多选）

1. 自己的退休金或养老金（　　）

2. 子女支持（　　）

3. 个人储蓄（　　）

4. 政府补助（低保金、"五保"金）（　　）

5. 退休后继续工作的收入（　　）

6. 财产性收入（如出租房屋、存款利息、投资理财）（　　）

7. 商业保险养老金（　　）

8. 其他_____

A11　您的日常开销主要包括：（可多选，最多选三项）

1. 饮食（　　）　　　　　　　　2. 医疗护理（　　）

3. 照看孙辈（　　）　　　　　　4. 入住养老机构费用（　　）

5. 住房（包括水电、采暖费）（　　）6. 服装及其他生活用品（　　）

7. 个人爱好（　　）　　　　　　8. 旅游休闲（　　）

9. 其他_____

A12　您是否拥有自己的住房：

1. 是（　　）　　　　　　　　　2. 否（　　）

A13　您目前参加的医疗保险是（可多选）：

1. 无（　　）　　　　　　　　　2. 城镇职工基本医疗保险（　　）

3. 城乡居民基本医疗保险（　　）　4. 大病医疗保险（　　）

5. 公费医疗（　）　　　　　　6. 长期照护保险（　）

7. 商业医疗保险（　）

B　养老服务需求

B1　您做以下哪些日常活动有困难（可多选）：

1. 吃饭（　）　　　　　　　　2. 穿衣（　）

3. 洗澡（　）　　　　　　　　4. 上下楼梯（　）

5. 上厕所（　）　　　　　　　6. 室内行走（　）

7. 乘坐公共交通工具（　）　　8. 简单家务（　）

9. 上下床（　）　　　　　　　10. 沟通交流（　）

11. 使用智能设备（　）　　　　12. 以上都没有（　）

B2　您平时闲暇活动的场所（可多选）：

1. 社区或居住机构的老年活动室（　）

2. 附近的公共娱乐场所（　）　　3. 家里（　）

B3　您平时闲暇活动的主要内容（可多选）：

1. 看电视、听广播（　）　　　2. 聊天、打牌（　）

3. 读书看报、琴棋书画、养花鸟、钓鱼等（　）

4. 照看孙辈（　）　　　　　　5. 料理家务（　）

6. 体育锻炼（　）　　　　　　7. 公益活动（　）

8. 旅游（　）　　　　　　　　9. 宗教活动（　）

10. 看手机浏览信息（　）　　　11. 无（　）

B4　您所在的机构是否有无线网络（Wi-Fi）：

1. 是（　）　　　　　　　　　2. 否（　）

B5　您平时是否会上网浏览信息和娱乐：

1. 是（　）（续答 B6）　　　　2. 否（　）（续答 B7）

B6　您经常使用的软件（App）有哪些（可多选，最多选三项）：

1. 微信（　）　　　　　　　　2. QQ（　）

3. 小视频（抖音、快手、火山等）（　）

4. 拼多多（　）　　　　　　　5. 淘宝（　）

6. 头条新闻（　）　　　　　　7. 其他＿＿＿＿＿＿

B7　如果有心事，您主要向谁倾诉（可多选）：

1. 不提（　）　　　　　　　2. 配偶（　）

3. 子女（　）　　　　　　　4. 亲朋（　）

5. 社区工作人员（　）　　　6. 养老机构工作人员（　）

B8　您最担心的养老问题是（可多选，最多选三项）：

1. 没有生活费来源或生活费不足（　）

2. 生病了没钱看病（　）　　3. 生病了没人照顾（　）

4. 日常生活没人照顾（　）　5. 生活孤单（　）

6. 子女不孝顺（　）　　　　7. 无精力/时间照顾孙辈（　）

8. 无（　）

C　养老服务供给

C1　您现在的养老方式是：

1. 家庭自我养老（　）　　　2. 机构养老（　）

3. 社区养老（社区日间照料服务或享受居家上门服务）（　）

C2　您的子女对您的赡养情况（可多选）：

1. 经济支持（　）

2. 提供买菜、做饭等日常生活服务（　）

3. 经常聊天等精神支持（　）　4. 其他_____

C3　您所在机构（社区）提供的基本养老生活服务有（可多选）：

1. 送餐（　）　　　　　　　2. 帮助洗澡（　）

3. 打扫卫生（　）　　　　　4. 陪同买菜（　）

5. 洗衣服（　）　　　　　　6. 代购生活用品（　）

7. 日间照料（　）　　　　　8. 陪同聊天（　）

9. 心理咨询（　）　　　　　10. 帮助读书读报（　）

11. 帮助使用智能设备（　）　12. 其他_____

C4　您所在机构（社区）提供的基本医疗服务有（可多选）：

1. 家庭医生和家庭病床（　）　2. 定期体检（　）

3. 健康讲座和咨询（　）　　　4. 安装救助门铃（　）

5. 临终关怀（　）　　　　　　6. 其他_____

C5　您所在机构（社区）提供的文化和娱乐服务有（可多选）：

1. 棋牌室（　）　　　　　　2. 健身设施（　）

3. 书报阅览室（　）　　　　4. 定期文艺表演活动（　）

5. 各类老年兴趣小组（如乐器、绘画学习班等）（　）

6. 普法宣传和法律咨询（　）　7. 其他_____

C6　您对所在养老机构的了解途径是：

1. 家人亲友推荐（　）　　　2. 自主咨询（　）

3. 报纸、电视及网络等媒体（　）4. 政府宣传（　）

C7　您所在养老机构提供的主要服务有（可多选）：

1. 日常生活照料（　）　　　2. 医疗服务（　）

3. 康复训练（　）　　　　　4. 心理咨询/精神慰藉（　）

5. 娱乐健身活动（　）　　　6. 临终关怀（　）

C8　您所在养老机构服务月收费是_____元

C9　您对所在机构服务的满意度：

	很满意	比较满意	一般	不满意	很不满意
服务内容					
服务质量					
收费标准					
医保报销程度					

D　养老服务预期

D1　您更期望下面哪种养老方式：

1. 居家子女养老（　）　　　2. 居家自我养老（　）

3. 护理员上门提供专门服务的居家养老（　）

4. 邻里亲朋互助（　）　　　5. 社区日间照料（　）

6. 机构养老（　）

D2　您选择预期养老方式的原因是（可多选）：

1. 得到子女照顾（　）　　　2. 帮助子女照料孙辈（　）

3. 担心增加子女经济负担（　）

4. 与子女生活方式不一样 （　　）

5. 无支付养老服务的经济能力 （　　）

6. 能够得到更好的照顾 （　　）

7. 可以与老年人在一起交流 （　　）

D3　您期望所在机构（社区）提供的基本养老生活服务有哪些（可多选）：

1. 送餐 （　　）　　　　　　2. 帮助洗澡 （　　）

3. 打扫卫生 （　　）　　　　4. 陪同买菜 （　　）

5. 洗衣服 （　　）　　　　　6. 代购生活用品 （　　）

7. 日间照料 （　　）　　　　8. 陪同聊天 （　　）

9. 心理咨询 （　　）　　　　10. 帮助读书读报 （　　）

11. 帮助使用智能设备 （　　）　12. 代收快递 （　　）

13. 其他_____

D4　您期望所在机构（社区）提供的基本医疗服务有哪些（可多选）：

1. 家庭医生和家庭病床 （　　）　2. 定期体检 （　　）

3. 健康咨询和讲座 （　　）　　　4. 安装救助门铃 （　　）

5. 临终关怀 （　　）　　　　　　6. 其他_____

D5　您期望所在机构（社区）提供的文化和娱乐服务有哪些（可多选）：

1. 棋牌室 （　　）　　　　　　2. 健身设施 （　　）

3. 书报阅览室 （　　）　　　　4. 定期文艺表演活动 （　　）

5. 老年兴趣小组（如乐器、绘画学习班等）（　　）

6. 普法宣传和法律咨询 （　　）　7. 其他_____

D6　如果社区工作人员提供服务，您期望社区养老服务人员为您服务的频率：

1. 随叫随到 （　　）　　　　　2. 每天一次 （　　）

3. 两到三天一次 （　　）　　　4. 一周一次 （　　）

5. 两周一次 （　　）　　　　　6. 一月一次 （　　）

7. 一季度一次 （ ）　　　　8. 半年一次 （ ）

D7　如果社区工作人员提供服务，您认为应以何种方式收费较合理？

1. 按小时 （ ）　　　　　　2. 按服务次数 （ ）

3. 按周 （ ）　　　　　　　4. 按月 （ ）

5. 不期望收费 （ ）　　　　6. 其他＿＿＿＿＿＿＿

D8　您期望所在机构（社区）能为老年人增建哪些设施（可多选）：

1. 医疗保健室 （ ）　　　　2. 社区养老院 （ ）

3. 老年食堂 （ ）　　　　　4. 婚介服务中心 （ ）

5. 法律咨询中心 （ ）　　　6. 其他＿＿＿＿＿＿＿

D9　您是否希望所在小区住房进行无障碍设施改造（安装电梯、安装无障碍通道、扶手等）：

1. 是 （ ）　　　　　　　　2. 否 （ ）

D10　当您的生活出现不能自理的情况，您期望谁来照顾您（可多选）：

1. 配偶 （ ）　　　　　　　2. 子女等亲属 （ ）

3. 保姆等专业家政人员 （ ）

4. 专业护工 （ ）　　　　　5. 入住养老院 （ ）

6. 志愿者 （ ）　　　　　　7. 老年人彼此互助 （ ）

D11　您选择养老服务机构会考虑哪些因素，请按顺序排列＿＿＿＿＿

1. 价格　　　　　　　　　　2. 医保是否报销

3. 服务质量　　　　　　　　4. 能否提供医疗护理

5. 离家距离

D12　当您的生活不能完全自理时，养老服务机构可以提供上门服务，您是否愿意接受：

1. 愿意 （ ）（续答 D13）　　2. 不愿意 （ ）（续答 D14）

D13　您觉得失能老人长期照护的费用应该通过哪些渠道解决（可多选，最多选两项）：

1. 老年人自己支付 （ ）　　2. 主要赡养人支付 （ ）

3. 政府支付（　　）

4. 老年人（或主要赡养人）+政府共同支付（　　）

5. 其他_____

D14　如果选择不接受上门护理，主要原因是（可多选，最多选两项）：

1. 担心安全问题（　　）　　　2. 担心价格太高（　　）

3. 担心服务质量不好（　　）　　4. 担心服务内容不可持续（　　）

5. 其他_____

D15　如果生活完全不能自理，由老年服务机构提供服务，根据您和您家庭的经济能力每个月最多能支付多少钱？_____元

D16　如果选择机构养老（去养老院），在扣除报销比例的基础上，您愿意每月支付多少钱：

1. 1000 元以下（　　）　　　2. 1000～2000 元（　　）

3. 2000～3000 元（　　）　　　4. 3000～4000 元（　　）

5. 4000～5000 元（　　）　　　6. 5000 元及以上（　　）

E　　长期照护保险预期

E1　您了解长期照护保险吗：

1. 不了解（　　）　　　2. 了解（　　）

E2　您认为政府的长期照护保险应涵盖以下哪个社会群体（单选）：

1. 完全失智、失能的老人（　　）　　2. 部分失能的老人（　　）

3. 不论年龄，所有完全失能的人（　　）

E3　您愿意接受下列哪种长期照护保险的报销方式：

1. 省直（　　）　　　2. 市直职工（　　）

3. 市直居民（　　）

E4　如果由商业保险公司为您提供长期照护保险，您愿意自费参加吗：

1. 愿意（　　）（选此项，问卷结束）

2. 不愿意（　　）（续答 E5）

E5　如果不愿意，原因何在（可多选，最多选两项）：

1. 经济上无法承受　（　　）　　　　2. 自己有储蓄　（　　）

3. 有子女赡养　（　　）　　　　　　4. 不信任商业保险　（　　）

5. 其他＿＿＿＿＿＿

感谢您的参与，祝您生活愉快！

附录 2 访谈提纲

城市部分

一 老年人

1. 基本情况：您的年龄、婚姻状况、健康状况、子女数量、文化程度、居住状况、养老方式、收入来源。

2. 您在日常活动中存在哪些不便或困难？

3. 您最担心的养老问题是什么？

4. 您对所在机构的服务满意度如何？您认为有哪些地方仍有待改进？

5. 您还期望获得怎样的养老服务或支持？

二 养老机构管理者

1. 养老机构基本情况：机构性质、床位数、入住率、收费标准、服务功能、运营情况、医养结合情况等。

2. 老年群体的基本情况：数量、年龄结构、失能自理比例、长期护理保险覆盖率等。

3. 护理人员基本情况：数量、技术水平、平均年龄、性别比、待遇水平、工作强度、流动情况等。

4. 您认为机构服务递送至社区居家时存在哪些困难，产生这些困难的原因是什么？

5. 您认为政府购买存在的问题或困难是什么？

6. 您认为目前机构运营面临的最大困难是什么？未来您还希望政府政策在哪些方面给予机构支持？

7. 您对社会力量参与养老服务供给的态度如何？您认为未来社会力量参与养老服务供给应该如何发展？

三　机构护理人员

1. 您的机构护理团队的配比情况如何？

2. 护理团队每个月的薪酬大概是多少？

3. 您在实际工作中遇到过哪些困难？

4. 您是否愿意提供居家上门护理服务，您认为居家上门服务存在的困难是什么？

5. 您希望政府为您提供哪些方面的支持与帮助？

农村部分

一　老年人

1. 基本情况：您的年龄、婚姻状况、健康状况、子女数量、文化程度、居住状况、养老方式、收入来源。

2. 您是否还在种地？粮食生产的压力大不大？收入情况如何？

3. 您平常大部分时间都在做什么？闲暇时间是如何度过的？

4. 您认为目前养老存在什么困难？

5. 您所在村是否为您提供了生活照料或经济支持？

6. 您对社会组织的了解程度如何？您是否接受过社会组织提供的养老服务？对社会组织提供的养老服务，您认为还有哪些地方可以改进？

7. 您还期望获得怎样的养老扶持？

二　村干部

1. 村庄基本情况：村庄常住人口、老年人口的数量及比例情况；村庄主要收入来源；村民的主要收入来源及收入水平如何。

2. 村干部基本情况：年龄、学历、主要职务、任职时间情况；村干部领导班子的数量和党员数量。

3. 目前村庄所在区域养老扶持政策情况如何？村里老年人的养老

金大概有多少?

4. 您认为村民互帮互助的氛围如何?

5. 您认为目前村里老年人存在哪些养老问题和困难?

6. 您认为村里老年人需要什么样的养老服务?

7. 村庄年轻人外出务工的情况如何? 据您了解村庄内子女不赡养老人的情况是否普遍? 是否有老人无人照料的情况?

8. 目前村庄是否有社会组织或民间力量参与供给养老服务? 村里是否有幸福院?

9. 如果幸福院搁置, 您认为出现这一问题的原因是什么?

10. 请问您是否了解社会组织? 您如何看待社会组织参与提供养老服务? 您认为老年人对社会组织运营互助养老的接受度和满意度会是怎样的?

三　社会组织工作人员

1. 社会组织基本情况: 组织性质、床位数、入住率、收费标准、服务功能、运营情况、医养结合情况。

2. 护理人员基本情况: 数量、技术水平、平均年龄、性别比、待遇水平、工作强度、流动情况。

3. 您认为供给服务过程中存在哪些困难, 产生这些困难的原因是什么?

4. 您认为政府购买养老服务存在的问题或困难是什么?

5. 未来您还希望政策在哪些方面给予机构支持?

6. 您对社会力量参与养老服务供给的态度如何? 您认为未来社会力量参与养老服务供给应该如何发展?

图书在版编目（CIP）数据

社会力量参与养老服务供给：路径与机制 / 韩烨著
. -- 北京：社会科学文献出版社，2023.12
ISBN 978 - 7 - 5228 - 2885 - 5

Ⅰ.①社… Ⅱ.①韩… Ⅲ.①养老 - 社会服务 - 研究
- 中国 Ⅳ.①D669.6

中国国家版本馆 CIP 数据核字（2023）第 225360 号

社会力量参与养老服务供给：路径与机制

著　　者 / 韩　烨

出 版 人 / 冀祥德
责任编辑 / 胡庆英
责任印制 / 王京美

出　　版 / 社会科学文献出版社·群学出版分社（010）59367002
　　　　　　地址：北京市北三环中路甲 29 号院华龙大厦　邮编：100029
　　　　　　网址：www. ssap. com. cn
发　　行 / 社会科学文献出版社（010）59367028
印　　装 / 三河市尚艺印装有限公司

规　　格 / 开　本：787mm × 1092mm　1/16
　　　　　　印　张：20　字　数：286 千字
版　　次 / 2023 年 12 月第 1 版　2023 年 12 月第 1 次印刷
书　　号 / ISBN 978 - 7 - 5228 - 2885 - 5
定　　价 / 128.00 元

读者服务电话：4008918866